Baedeker
Allianz Reiseführer

Madeira

VERLAG KARL BAEDEKER

Hinweise zur Benutzung

Sternchen (Asterisken) als typographisches Mittel zur Hervorhebung bedeutender Bau- und Kunstwerke, Naturschönheiten und Aussichten, aber auch guter Unterkunfts- und Gaststätten hat Karl Baedeker im Jahre 1844 eingeführt; sie werden auch in diesem Reiseführer verwendet: Besonders Beachtenswertes ist durch * einen vorangestellten 'Baedeker-Stern', einzigartige Sehenswürdigkeiten sind durch ** zwei Sternchen gekennzeichnet. Zur raschen Lokalisierung der Reiseziele von A bis Z auf der beigegebenen Reisekarte sind die entsprechenden Koordinaten der Kartennetzmaschen jeweils neben der Überschrift in Rotdruck hervorgehoben: Funchal **D 6**.

Farbige Streifen an den rechten Seitenrändern erleichtern das Auffinden der Großkapitel des vorliegenden Reiseführers: Die Farbe Blau steht für die Einleitung (Natur, Kultur, Geschichte), die Farbe Rot für die Reiseziele, und die Farbe Gelb markiert die praktischen Informationen.

Wenn aus der Fülle von Unterkunfts-, Gast- und Einkaufsstätten nur eine wohlüberlegte Auswahl getroffen ist, so sei damit gegen andere Häuser kein Vorurteil erweckt.

Da die Angaben eines solchen Reiseführers in der heute so schnellebigen Zeit fast ständig Veränderungen unterworfen sind, kann der Verlag weder Gewähr für die absolute Richtigkeit leisten noch die Haftung oder Verantwortung für eventuelle inhaltliche Fehler übernehmen. Auch lehrt die Erfahrung, daß sich Irrtümer kaum gänzlich vermeiden lassen.

Baedeker ist ständig bemüht, die Qualität seiner Reiseführer noch zu steigern und ihren Inhalt weiter zu vervollkommnen. Hierbei können ganz besonders die Erfahrungen und Urteile aus dem Benutzerkreis als wertvolle Hilfe gar nicht hoch genug eingeschätzt werden. Vor allem **Ihre Kritik, Berichtigungen und Verbesserungsvorschläge sind uns stets willkommen.** Sie helfen damit, die nächste Auflage noch aktueller zu gestalten. Bitte schreiben Sie in jedem Falle an die

Baedeker-Redaktion
Karl Baedeker GmbH
Marco-Polo-Zentrum
Postfach 3162
D-73751 Ostfildern.

Der Verlag dankt Ihnen im voraus bestens für Ihre Mitteilungen. Jede Einsenderin und jeder Einsender nimmt an einer jeweils zum Jahresende unter Ausschluß des Rechtsweges stattfindenden Verlosung von drei JRO-Leuchtgloben teil. Falls Sie gewonnen haben, werden Sie benachrichtigt. Ihre Zuschrift sollte also neben der Angabe des Buchtitels und der Auflage, auf welche Sie sich beziehen, auch Ihren Namen und Ihre Anschrift enthalten. Die Informationen werden selbstredend vertraulich behandelt und die persönlichen Daten nicht gespeichert.

Titelbild: Steilküste bei Porto da Cruz

◀ *Eine Fahrt mit dem Carro de Cesta, dem Korbschlitten, von Monte hinab nach Funchal ist ein besonderes Erlebnis auf Madeira.*

Vorwort

Dieser Reiseführer gehört zur neuen Baedeker-Generation. In Zusammenarbeit mit der Allianz Versicherungs-AG erscheinen bei Baedeker durchgehend farbig illustrierte Reiseführer in handlichem Format. Die Gestaltung entspricht den Gewohnheiten modernen Reisens: Nützliche Hinweise werden in der Randspalte neben den Beschreibungen herausgestellt. Diese Anordnung gestattet eine einfache und rasche Handhabung. Der vorliegende Band hat den portugiesischen Madeira-Archipel zum Thema; er umfaßt die Hauptinsel Madeira, die nordöstlich davon gelegene Nebeninsel Porto Santo sowie die Eilande der Desertas im Südosten der Inselgruppe. Der Reiseführer gliedert sich in drei Hauptteile: Im ersten Teil wird über Allgemeines, Bevölkerung und Verwaltung, Wirtschaft, Verkehr, Kunst und Kultur, berühmte Persönlichkeiten und die Geschichte der Insel berichtet. Eine kleine Sammlung von Literaturzitaten leitet über zum zweiten Teil des Reiseführers, in dem vor der ausführlichen Beschreibung der touristisch interessanten Reiseziele Madeiras einige detaillierte Routenvorschläge gemacht werden. Der dritte Buchteil schließlich beinhaltet eine Fülle von praktischen Informationen, die dem Besucher das Zurechtfinden vor Ort wesentlich erleichtern. Sowohl die Sehenswürdigkeiten als auch die Informationen sind in sich alphabetisch geordnet. Specials beschäftigen sich u. a. mit dem Madeirawein, dem Reid's Hotel sowie den Levadas. Baedeker Allianz Reiseführer zeichnen sich durch Konzentration auf das Wesentliche sowie Benutzerfreundlichkeit aus. Sie enthalten eine Vielzahl eigens entwickelter Pläne und zahlreiche farbige Abbildungen. Zu diesem Reiseführer gehört als integrierender Bestandteil eine ausführliche Reisekarte, auf der die im Text behandelten Reiseziele anhand der jeweils angegebenen Plankoordinaten zu lokalisieren sind.

Ein Päuschen in Ehren gönnt sich dieser Straßenbauarbeiter vor der prächtigen Kulisse, die seine Heimatinsel Madeira bietet

Wir wünschen Ihnen mit dem Baedeker Allianz Reiseführer viel Freude und einen erlebnisreichen Aufenthalt auf Madeira!

Baedeker
Verlag Karl Baedeker

Inhalt

Natur, Kultur Geschichte

Seite 8 – 55

Reiseziele von A bis Z

Seite 56 – 133

Praktische Informationen von A bis Z

Seite 134 – 185

Baedeker Specials

Bemvindo

"Oeffentliche Vergnügungen fehlen eigentlich vollständig. Es giebt weder Museen, noch Gallerien. Das Theater ist ganz unansehnlich... schrieb der deutsche Pathologe Paul Langerhans im Jahre 1885 in seinem 'Handbuch für Madeira'. Langerhans, der auf die Insel in der Hoffnung gekommen war, seine Lungentuberkulose auszukurieren, wußte aber schon vor mehr als 100 Jahren die Vorzüge Madeiras zu schätzen, welche den Umstand fehlender kultureller Einrichtungen mehr als wettmachten. In beredten Worten rühmte er das milde, wohltuende Klima, schwelgte in Superlativen von der großartigen Landschaft und lobte die Gastfreundschaft der Inselbewohner. An all dem hat sich bis heute nichts geändert. Gut, die Madeirabesucher heutiger Tage müssen nicht mehr mit kleinen, wackligen Booten an Land gebracht werden – sie schweben mit dem Flugzeug ein. Aber sonst ist Madeira geblieben, was es schon zu Langerhans' Zeiten war: eine der schönsten, vielleicht sogar die schönste Insel des europäischen Kontinents. Und Vergnügungen, Museen oder Galerien gibt es heute auf Madeira in reichlicher Auswahl. Was den Besucher jedoch zuallererst beeindruckt, ist die Vielfältigkeit des Eilandes, das ein paar hundert Seemeilen von der afrikanischen Küste entfernt im Atlantischen Ozean liegt. Wie kaum eine andere Insel bietet Madeira auf einer Fläche von gerade mal 741 Quadratkilometern ein so spektakuläres und abwechslungsreiches Bild, daß es einem schier den Atem verschlägt: Steil aufragende schroffe Felsen, tiefe grüne Täler, von wilder Bran-

Bizarre

Lavaformationen findet man an den Küsten von Madeira; einige von ihnen sind von der Natur so geformt, daß man in ihnen schwimmen kann

Madeirawein

hält, so hat man herausgefunden, mehr als 150 Jahre. Genießbar ist er freilich schon erheblich früher

a Madeira

dung umtoste Küsten. Wer einmal hoch oben auf der Aussichtsplattform über dem Curral das Freiras gestanden und vor Bewunderung nicht verstummt ist, dürfte zu den ohnehin nur schwer zu beeindruckenden Zeitgenossen zählen. Wenn es so etwas wie ein offizielles Gästebuch von Madeira geben würde, so fänden sich in ihm die Eintragungen der Crème de la crème wieder. Die 'Insel des ewigen Frühlings', wie man Madeira wegen ihres milden Klimas nannte, schlug sie alle in ihren Bann. Ob das nun die kränkelnde Kaiserin Sissi war oder der britische Premier Churchill, der sich in den kleinen Fischerhafens Câmara de Lobos so sehr verliebte, daß er ihn nicht nur einmal mit Pinsel und Palette festhielt. Es gibt aber nicht nur das faszinierende Naturwunder Madeira. Aus der abgeschiedenen Lage ergeben sich die Probleme fast von selbst. Mag der Madeirawein eine vielgerühmte Spezialität sein, spricht man doch kaum von der Mühsal, die jene auf sich nehmen müssen, die im Anbau der Reben Lohn und Brot finden. Und wer will es den jungen Menschen verdenken, daß sie ihr Leben lieber woanders verbringen wollen, als auf einer Insel, die ihnen kaum Chancen für berufliche Karrieren bietet? Schließlich zählen die durchschnittlichen Monatseinkommen zu den geringsten in Europa. Wer es schafft, sich nicht nur von der Landschaft, sondern auch von den teils ungelösten Fragen der Gegenwart beeindrucken zu lassen, wird mehr von einem Madeiraurlaub mitnehmen als den großartigen Blick tief hinunter in das Curral das Freiras. Auf jeden Fall: Bemvindo a Madeira – Willkommen auf Madeira!

Piraten

suchten immer wieder die Insel Madeira heim; zum Schutz vor ihren Überfällen wurden Festungen errichtet

Trachten

sieht man auf Madeira nur noch selten, meistens werden sie nur noch zu festlichen Anlässen getragen

Natur, Kultur Geschichte

Zahlen und Fakten

Allgemeines

Madeira – die Blumeninsel im Atlantik

Madeira, seit jeher als die ‘Blumeninsel im Atlantischen Ozean’ bezeichnet, gilt als bevorzugtes Reiseziel während der mitteleuropäischen Wintermonate. Nicht nur das angenehme Klima, das selbst in der Zeit von November bis Februar mittlere Tagestemperaturen von etwa 20 °C bewirkt, auch die zu jeder Jahreszeit üppige Pflanzen- und Blumenpracht in einer außerordentlich vielfältigen Landschaft ziehen Erholungssuchende an. Oft wird jedoch vergessen, daß Madeira – wie auch das portugiesische

Madeira

Lage: von 33° 07' bis 30° 01' nördlicher Breite und von 15° 51' bis 17° 15' westlicher Länge

Hauptinseln: Madeira, Porto Santo, Ihéu Chão, Deserta Grande, Ilhéu do Bogio

Fläche: 794 km² (davon entfallen auf Madeira 741km²)

Bevölkerung: 252800 (davon entfallen ca. 3500 auf Porto Santo)

Sprache: Portugiesisch

Mutterland, zu dem die Insel seit Jahrhunderten gehört – eher auf der Schattenseite des vereinten Europa stehen. Wer einen zweiten, genaueren Blick auf die Lebensverhältnisse der Madeirenser wagt, wird leicht erken-

◀ *In diese Ansicht des kleinen Fischerortes Câmara de Lobos verliebte sich einst der Madeirabesucher Winston Churchill.*

Madeira – die Blumeninsel im Atlantik (Fortsetzung)

nen, daß es trotz mannigfaltiger Bemühungen der Europäischen Union ein offenkundiges soziales Gefälle gibt. Dieses bewußt zur Kenntnis zu nehmen, sollte man trotz der faszinierenden Vielgestaltigkeit des Urlaubszieles Madeiras nicht versäumen.

Geographische Lage

Die Inselgruppe von Madeira (port.: Archipélago da Madeira) liegt zwischen 33° 7′ und 30° 1′ nördlicher Breite sowie 15° 51′ und 17° 15′ westlicher Länge im östlichen Atlantischen Ozean. Die Entfernung vom afrikanischen Kontinent beträgt ca. 500 km, zwischen der portugiesischen Hauptstadt Lissabon und Madeira liegen ca. 991 km. Die südwestlich von Madeira gelegenen Kanarischen Inseln sind etwa 445 km entfernt.

Topographie und Landschaftsbild

Um die Topographie der Insel Madeira zu beschreiben, wird allenthalben die – historisch freilich nicht belegte – Geschichte einer Begegnung zwischen dem Seefahrer Christoph Kolumbus und Königin Isabella von Spanien bemüht. Als die Königin ihn bat, die westindische Insel Jamaika zu beschreiben, nahm Kolumbus ein Blatt Papier, zerknüllte es und legte es vor die Regentin. Kolumbus kannte auch Madeira, und warum soll er nicht bei einer ähnlichen Gelegenheit ebenfalls ein Blatt Papier zerknüllt haben, um die Topographie der Insel Madeira zu verdeutlichen?

Madeira ist eine Insel vulkanischen Ursprungs. Eindrucksvoll sind die fjordartigen tiefen Einschnitte mit steil aufragenden Felswänden.

Die Inselgruppe von Madeira besteht aus der Hauptinsel Madeira, die aus 4000–5000 m Meerestiefe bis zu einer mittleren Höhe von über 800 m aus dem Atlantischen Ozean aufsteigt. Mit einer Länge von 57 km und einer maximalen Breite von 22 km nimmt die Hauptinsel eine Landfläche von 741 km² ein. Zur Inselgruppe zählen auch die 43 km entfernte Insel Porto Santo (507 m ü. d. M.), die 20 km südöstlich gelegenen drei Eilande Ilhéu Chão, Deserta Grande und Ilhéu do Bugio sowie die rund 315 km südlich am Nordrand der Kanaren gelegenen fünf unbewohnten Inseln Ilhas Selvagens mit einer Gesamtfläche von ca. 4 km².

Topographie und Landschaftsbild (Fortsetzung)

Sämtliche Inseln des madeirensischen Archipels sind bergig und verdanken wie auch die zu Spanien gehörenden Kanarischen Inseln ihre Entstehung vulkanischer Tätigkeit, durch die sich seit dem Erdmittelalter, also vor etwa 5 bis 25 Millionen Jahren, eine Anzahl erloschener Krater (lagoas) bildete. Auch die nachträgliche Hebung des Untergrundes bis zu 400 m über das ursprüngliche Niveau entspricht der auf den Kanaren. Das Rückgrat der Hauptinsel Madeira ist ein von Westen nach Osten streichendes Gebirge, das mit dem 1861 m hohen Pico Ruivo (Rote Spitze) de Santana seine höchste Erhebung aufweist. Dessen zackige, schroffe Felskämme erinnern in ihrer Gestalt an die Dolomiten. Im Westen der Insel breitet sich die Hochfläche Paúl da Serra aus, im Osten die kleinere von Santo António da Serra.

Am Süd- und Nordabhang der Zentralkette liegen die großartigen, von hohen Felswänden umschlossenen Talkessel (currais), deren Ausmündungen zum Meer hin tiefeingeschnittene Erosionsschluchten bilden. Besonders schön und eindrucksvoll sind diese Schluchten an der Nordküste, hier kann man den vielfachen Wechsel zwischen Asche- und Lavaschichten deutlich erkennen. Die Küsten von Madeira sind felsig und steil; schmale Strandebenen gibt es nur an einigen wenigen ins Meer mündenden, ehemaligen Lavaströmen.

Klima

Die Insel des 'ewigen Frühlings'

Die Insel Madeira verdankt ihre üppige Vegetation einem extrem ozeanischen und aufgrund der Lage in niederen Breiten zugleich auch warmem

Klima (Fortsetzung)

Klima. Im Winter bestimmen Tiefdruckgebiete aus nördlichen Breiten das Wetter, im Sommerhalbjahr hingegen dominiert der Nord-Ost-Passat. Er bewirkt starke klimatische Unterschiede zwischen der Luvseite der Insel im Norden und der Leeseite im Süden. Grund dafür ist die Wolkenbildung der durch den Nordwind herangeführten feuchten Luftmassen, die sich v. a. in den Vormittagsstunden vor den Gebirgen stauen. Etwa in den Mittagsstunden erwärmen sich diese Luftmassen, steigen auf und beeinflussen dann auch das Wetter auf der Südseite der Insel.

Ausgewählte Klimadaten

Mittelwerte	Jan.	Feb.	März	Apr.	Mai	Juni	Juli	Aug.	Sept.	Okt.	Nov.	Dez.
Tagestemperaturen in °C	19	19	19	20	21	22	24	25	25	24	22	20
Nachttemperaturen in °C	13	13	14	14	15	18	19	20	19	18	16	14
Sonnenscheindauer pro Tag in Stunden	5	6	6	7	8	6	8	8	7	7	5	5
Regentage pro Monat	7	6	7	4	2	1	0	1	2	7	7	7
Wassertemperaturen in °C	15	14	14	15	17	18	21	22	21	19	17	16

Quelle: Deutscher Wetterdienst, Offenbach

Das Klima auf Madeira läßt sich vereinfacht in vier verschiedene Zonen einteilen: eine untere bis 400 Höhenmeter hinaufreichende trockenwarme, im Sommer sogar völlig trockene und heiße Tiefenzone; eine darübergelegene, gemäßigtere und niederschlagsreichere Zone; eine etwa ab 1000 m Höhe beginnende Wolkenzone mit ganzjährigen Niederschlägen und eine ab 1400–1500 m über den Passatwolken liegende obere Trockenzone.
Auf der Nordseite, wo sich die Passatwinde an den Berghängen stauen, fallen vorzugsweise in den Wintermonaten große Niederschlagsmengen. Als Beispiel mag der Ort Santana im Inselnorden dienen: durchschnittlich fallen hier pro Jahr 1314 mm Niederschläge, wobei die Extreme im November mit 215 mm und im Juli mit nur 27 mm zu finden sind. In den Höhenlagen fallen Niederschläge von mehr als 2000 Millimeter im Jahresmittel, so z. B. auf dem Paß Encumeada mit durchschnittlich 2675 mm. Auf der Südseite der Insel bleiben die Jahresdurchschnittsmengen deutlich unter der Marke von 600 mm.
Außer in den bemerkenswert trockenen Monaten Juli und August ist überall auf Madeira mit Regenschauern zu rechnen, im Inselinneren sogar mit länger anhaltenden Niederschlägen.

Temperaturen

Die Lage der Insel auf dem selben Breitengrad wie z. B. die ägyptische Hauptstadt Kairo bestimmt auch das Jahresmittel der Temperatur. Selbst im Winter fällt das Thermometer in den niederen Insellagen nur selten unter 18 °C, wobei die Temperaturunterschiede je nach Höhenlage sehr deutlich sein können. Im Hochgebirge ist es durchaus möglich, daß Schnee fällt.
Einen signifikanten Unterschied gibt es auch zwischen der Süd- und Nordseite der Insel; während das jährliche Temperaturmittel von Funchal bei 18,2 °C liegt, beträgt es auf der (feuchteren) Nordseite bei Ponta Delgada nur 17,4 °C). Gelegentlich stoßen heiße Luftmassen aus der Sahara mit östlichen Winden bis Madeira vor; diese Winde, spanisch Leste genannt, können bisweilen sehr unangenehm wirken, da sie außer der heißen Saharaluft auch Wüstensand mitbringen.

Wassertemperaturen

Die Wassertemperaturen schwanken zwischen 17 °C im März und 20 bis 23 °C im Hochsommer (Juli/August).

Die Flora auf Madeira ist ungewöhnlich vielfältig. Außer zahlreichen prachtvollen

Pflanzen und Tiere

Flora

Ursprünglich war Madeira von dichtem Urwald besetzt…

Als João Gonçalves Zarco und Tristão Vaz Teixeira mit ihrer Gefolgschaft im Jahre 1419 Madeira entdeckten, fanden sie die Insel unwegsam, steil und von dichtem Wald bedeckt – diesem Umstand verdankt die Insel ihren Namen 'Holzinsel'.
Nicht zuletzt die offensichtliche Unwegbarkeit der Insel veranlaßte die Entdecker, sich zunächst auf der leichter zugänglichen Nachbarinsel Porto Santo niederzulassen und die Hauptinsel von dort her zu erschließen. Es bedurfte mehrerer Jahrhunderte, die Insel urbar zu machen; als geeignetes Mittel erschien den ersten portugiesischen Siedlern, die auf Madeira eintrafen, die Brandrodung.

Nicht weniger als sieben Jahre lang, berichten Dokumente aus dieser Zeit, soll es auf der ganzen Insel gebrannt haben – nachdem die Feuer gelöscht waren, war von dem ursprünglichen Urwald, der über Jahrtausende gewachsen war, nur ein kleiner Teil übriggeblieben. Die Brandrodungen und das mit Hilfe von Sklaven, die man von der afrikanischen Küste auf die Insel brachte, in der Folge ausgebaute Bewässerungssystem (Levadas) haben Madeira für den Menschen zwar nutzbar gemacht, aber zugleich ihr ursprüngliches Bild grundlegend verändert.

…geblieben sind nur Reste des Laurazeenwaldes

Vom ursprünglichen Laurazeenwald, einem nur noch auf Madeira und anderen Atlantikinseln wie beispielsweise den Kanarischen Inseln, den Azoren sowie den Kapverden anzutreffenden, im Erdmittelalter auch im Mittelmeerraum verbreiteten Wald, sind nur Reste erhalten, die heute den Kern des Naturschutzgebietes Madeira bilden. Hier finden sich noch be-

Zierpflanzen wie Orchideen gibt es auch eine Vielzahl nützlicher Gewächse.

Flora, Laurazeenwald (Fortsetzung)

trächtliche Bestände von Madeira-Lorbeer (Laurus indicus), Stinklorbeer oder Til (Oreodaphne foetens) und Lorbeerbaum oder Kanarischer Lorbeer (Laurus azorica). In Höhen über 1000 m ü. d. M. haben sich von der endemischen Flora Baumwachholder (Juniperus cedrus), Wilder Ölbaum (Olea maderensis), über 1500 m ü. d. M. Besenheide (Erica scoparia) und Schildfarn (Polystichum falcinellum) erhalten.
Der Drachenbaum (Dracaena draco), das wohl markanteste aller einheimischen Gewächse, ist wegen seines vielfältig verwendbaren Holzes weitgehend verschwunden und nur noch in wenigen, dafür um so eindrucksvolleren Exemplaren anzutreffen. In jüngerer Zeit wird er allerdings wieder zunehmend als Ziergewächs in Parkanlagen und Gärten angepflanzt.

Ein Ergebnis der Wiederaufforstung: Eukalyptuswälder

Die in Höhen über 800 m ü. d. M. verbreiteten und vorherrschenden Eukalyptuswälder sind durch Aufforstung entstanden. Die beiden Arten Eucalyptus globulus und Eucalyptus ficifolia stammen ursprünglich vom australischen Kontinent und wurden erst in diesem Jahrhundert nach Europa exportiert.
Als schnell nachwachsendes Holz mit vielfältiger Verwendbarkeit ist der Eukalyptusbaum sehr geschätzt. Den Wanderer erfreut der typische Duft der Eukalyptuswälder, ein Eukalyptuszweig im Fond des Autos sorgt für angenehme Erfrischung. Aus den ätherischen Ölen des Eukalyptusbaumes werden auf Madeira wohlschmeckende Bonbons hergestellt.

Der Fenchel gab Funchal den Namen

Wie der Eukalyptus war zur Zeit der Entdeckung Madeiras auch der Fenchel (Foeniculum vulgare) sehr verbreitet. Auch er wird heute zur Herstellung von Bonbons verwendet, darüber hinaus aber verdankt die Stadt Funchal ihm ihren Namen: Die portugiesischen Seefahrer, die hier im 15. Jahrhundert in der einem griechischen Amphitheater ähnlichen, weiten Bucht landeten, sollen von dem Duft so betört gewesen sein, daß sie die Stadt danach benannten.

Dank des milden Klimas blüht Madeira in tropischer Üppigkeit

Heute ist die Vegetation auf Madeira, der 'Blume des Ozeans' (portugiesisch 'Flor do Oceano'), bestimmt von einer tropischen Fülle prachtvoller und nützlicher Pflanzen aus allen Teilen der Erde, die hier dank der Milde des Klimas, der reichlichen Winterregen und der künstlichen Bewässerung durch die Levadas, die das Quellwasser der Berge z. T. sogar unterirdisch in Tunneln (furados) den Feldern und Gärten der Küste zuführen, von fast tropischer Üppigkeit. Neben Kiefern und europäischen Laubbäumen gedeihen hier zahllose immergrüne Bäume und Sträucher subtropischer und tropischer Herkunft, darunter Palmen, Araukarien, Hickory, Korkeichen, Kampfer- und Feigenbäume, Papaya, Palmenlilien, Yuccas, Mispeln, Mimosen, Eukalyptus, Bambus, Papyrusstauden, Baumfarne und Agaven.
Die Straßenränder sind vielfach gesäumt von meist blau blühenden und als Kulturpflanzen wachsenden Hortensien (Hydrangea macrophylla) und der ursprünglich aus Südafrika stammenden Belladonnenlilie (Brunsvigia rosea).
Orchideen werden in großer Vielfalt in Orchideengärten gezüchtet. Der Besuch solcher Aufzuchtstationen ist eher enttäuschend, weil die Blütezeit der einzelnen Arten stark variiert und sich die Pflanzen während der Ruhezeit eher unscheinbar präsentieren. Als dauerhaftes und pflegeleichtes Reiseandenken allerdings sind Orchideen sehr beliebt.
In den meist von hohen Mauern umgebenen Gärten Funchals entzückt im Winter und besonders im Frühjahr ein mannigfaltiger Blumenflor: Rosen, Kamelien, Rhododendren, Azaleen, Pelargonien, Begonien, Bignonien (u. a. Jacaranda cuspidifolia), Daturas, Bougainvilleen, Glyzinien und viele andere mehr. Der ursprünglich aus Mexico stammende Weihnachtsstern (Euphorbia pulcherrima) wächst auf Madeira zu mächtigen Sträuchern heran. Die Strelitzie (Strelitzia reginae), vor rund 200 Jahren aus Südafrika eingeführt, ist in nahezu jedem Garten zu finden und wird zudem auf Feldern für den Export angebaut. Ihre auffallenden, einem Vogelkopf ähnelnden Blüten sind, sorgsam verpackt, ein beliebtes Reisemitbringsel.

Madeira ist auch reich an Obst und Gemüse

Die Vielfalt der Pflanzenwelt Madeiras zeigt sich nicht zuletzt bei einem Marktbesuch. Da das ganze Jahr über angebaut werden kann und mehrere Ernten pro Jahr erzielt werden, kann sich die Insel mit Obst und Gemüse vollständig selbst versorgen und Teile der landwirtschaftlichen Erträge obendrein exportieren. Importiert werden Obst und Gemüse nur zum Ausgleich von Angebot und Nachfrage.
Die für Madeira wichtigsten Nutzpflanzen sind Wein und Bananen. Wein findet auf der Insel vulkanischen Ursprungs vortreffliche, kalkarme Böden, hinreichend Feuchtigkeit und viel Sonne (⟶ *Baedeker Special* s. S. 146–148).
Bananen werden entlang der Südküste in mehreren Qualitäten (z. B. Musa acuminata und Musa paradisiaca) angebaut und während des ganzen Jahres geerntet. Die kleineren und unscheinbareren Sorten sind im allgemeinen süßer und aromareicher als die größeren. Eine der Besonderheiten der madeirensischen Küche ist es, Fisch mit einer gegrillten Banane zu reichen. Das einst wirtschaftlich bedeutende Zuckerrohr wird heute nur noch zur Herstellung des 'Aguardente', des madeirensischen 'Rums', angebaut (⟶ *Baedeker Special* s. S. 22). Verwilderte Zuckerrohrbüschel findet man allerdings noch überall auf der Insel.

Fauna

Die Tierwelt auf Madeira ist recht bescheiden

So reichhaltig sich die Pflanzenwelt auf Madeira darbietet, so bescheiden zeigt sich das Tierreich. Als in der Entwicklungsgeschichte isolierter, kleiner Lebensraum ohne Anschluß an andere Faunen, konnten hier nur wenige endemische Arten entstehen und bestehen. Anders als Pflanzen, die sich durch Samen und Wind verbreiten konnten, mußten Tiere aus eigener Kraft durch Schwimmen oder Fliegen hierher gelangen.
So findet sich denn der größte Anteil einheimischer Arten unter den Insekten, darunter viele, die durch Anpassung inzwischen ihre Flugfähigkeit ver-

Fauna, Landlebewesen (Fortsetzung)

loren haben. Endemisch ist die giftige Wolfsspinne (Geolycosa ingens), die allein auf Deserta Grande zu finden ist.
An Reptilien ist verbreitet die Madeira-Mauereidechse, die in Gärten und Plantagen erhebliche Schäden anrichtet und darum von den Bauern gezielt bekämpft wird. Wild- und Nutztiere wie Rind, Pferd, Esel, Ziege, Schwein, Schaf, Igel oder Kaninchen sind nach der Entdeckung durch den Menschen auf die Insel gelangt, ebenso Schädlinge wie Ratten und Mäuse. Einziges einheimisches Säugetier ist die Fledermaus.
Ebenfalls vom Menschen eingeführt ist die Regenbogenforelle, die in Aufzuchtstationen (Ribeiro Frio) gezüchtet und später zum Angelvergnügen für einheimische Touristen in Wildbächen ausgesetzt wird.

Bei Ribeiro Frio gibt es in herrlicher Landschaft Teiche, in denen Regenbogenforellen gezüchtet werden.

Recht vielfältig ist die Vogelwelt. Etwa 200 Vogelarten sind hier heimisch oder lassen sich zur Brut auf Madeira nieder, darunter Greifvögel wie Bussard und Falke, aber auch Kanarienvogel (Serinus canaris), Madeira-Ringeltaube (Columba trocaz) und der Sturmvogel (Thalassidroma bulwerii).

Meeresfauna

Die Gewässer um Madeira sind wegen ihrer großen Tiefe wenig fischreich. Alles Meeresgetier, das in anderen Teilen der Welt im Brackwasser oder in geringer Meerestiefe lebt, wie Muscheln, Krebse, Plattfische u.a. findet hier keinen Lebensraum. Neben dem im folgenden genannten Espada werden in den Gewässern um Madeira ferner Thunfisch, Seeteufel, Rotbarsch, Tintenfisch u. a. gefangen. Der einst um Caniçal stationierte Walfang ist seit 1981 eingestellt. An die große Zeit des Walfangs auf Madeira erinnert in Caniçal ein kleines Walfangmuseum mit einigen Ausstellungsstücken und Dokumenten aus dieser Zeit.
Zum Schutz der Meeresflora und -fauna ist das Seegebiet vor der Ponta do Garajau als Reserva Natural Parcial do Garajau unter Schutz gestellt und der Fischfang stark eingeschränkt worden. Der Besuch dieser herrlichen Unterwasserlandschaft ist mit Tauchgerät oder Klein-U-Booten möglich.

Pflanzen und Tiere, Meeresfauna (Fortsetzung), Mönchsrobben

Mönchsrobben (Monachinae), eine früher auch um die Kanarischen Inseln und im Mittelmeerraum verbreitete Robbenart, die einst die Bucht von Câmara de Lobos (madeirensisch Lobos = Wolf) in übergroßer Zahl bevölkerten und dem Ort seinen Namen gaben, sind heute fast gänzlich ausgerottet. Allein um die Desertas überlebte noch ein gutes Dutzend der zur Gattung der Hundsrobben zählenden Tiere, die streng geschützt sind. Die Inseln dürfen deshalb nicht betreten werden.

Espada (Degenfisch)

Wichtigster Speisefisch, gewissermaßen der Hausfisch Madeiras, ist der Espada oder Degenfisch (Espada preta), ein nur um Madeira und bei Japan vorkommender schlangenförmiger schwarzer Tiefseefisch, der zur Gruppe der barschartigen Haarschwänze (Trichiuridae) zählt und bis zu 2 m lang wird. Da er vermutlich in Tiefen von mehr als 800 m lebt (wofür die überdimensional großen Augen sprechen) und nur nachts etwas höher aufsteigt, wird er mit bis zu 2000 m langen Angelleinen gefischt.

Auf dem Mercado dos Lavradores, dem Arbeitermarkt in Funchal, werden Degenfische – eine Spezialität der madeirensischen Küche – verkauft.

Daß der Espada eigentlich perlmuttfarben sein und erst im Kontakt mit der Luft schwarz werde, ist übrigens eine Legende: Es gibt eine helle und eine dunkle Art. Wahr ist hingegen, daß der Espada ein wohlschmeckendes, festes Fleisch besitzt und auf keiner madeirensischen Speisekarte fehlt.

Bevölkerung und Verwaltung

Fläche und Einwohnerzahl

Die Hauptinsel Madeira hat eine Fläche von 741 km², die Zahl der Bewohner beträgt nach offiziellen Angaben ca. 253 000. Zählt man die Fläche der Nachbarinsel Porto Santo, der (unbewohnten) Desertas sowie jene der ebenfalls zur Inselgruppe Madeira zählenden Selvagens-Inseln hinzu, beträgt die Gesamtfläche des Archipels 794 km².

Bevölkerungsentwicklung

Nachdem Heinrich der Seefahrer im Jahre 1433 vom portugiesischen König Duarte I. die Inselgruppe Madeira zum Lehen erhalten hatte, begann er mit der Anwerbung portugiesischer Siedler. Außerdem handelte er während einiger Fahrten entlang der afrikanischen Küste nicht nur Gold und Gewürze, sondern auch Sklaven ein. Sie wurden auf Madeira in erster Linie als Arbeitskräfte für den Zuckerrohranbau – in der Wirtschaftsgeschichte der Insel eines der gewinnbringendsten Geschäfte – eingesetzt. Heute noch leben einige ihrer Nachfahren auf der Insel, sie sind jedoch längst assimiliert und portugiesische Staatsbürger.

Menschen auf Madeira: Alte Frau, junge Diplomandin und Mann mit typischer Bommelmütze

Kennzeichnend für die madeirensische Bevölkerungsstruktur ist die Großfamilie, in der es auch heute noch – vor allem in den ländlich geprägten Inselteilen – Familien mit sechs und mehr Kindern gibt. Gleichwohl stagniert wie auch im übrigen Portugal der Bevölkerungszuwachs, der Geburtenüberschuß tendiert seit etwa 1981 gegen Null.

Bevölkerungsverteilung

Die durchschnittliche Bevölkerungsdichte von Madeira beträgt zwar nur ca. 380 Einwohner pro Quadratkilometer, diese Zahl täuscht jedoch über die eigentliche Bevölkerungsverteilung hinweg. Die klimatisch besonders begünstigte Südküste Madeiras ist nämlich ungleich dichter besiedelt als die anderen Inselteile. Allein in Funchal, der einzigen Stadt Madeiras, leben annähernd zwei Fünftel der Inselbevölkerung. Während der Inselnorden nur schwach besiedelt ist, drängen sich in Funchal und den verstreuten Vororten etwa 108 000 Menschen. Dies ist nicht zuletzt auf die Tatsache zurückzuführen, daß Funchal als Hauptort des madeirensischen Tourismus gilt und die Verdienstmöglichkeiten hier besser sind als in anderen Inselteilen.

Problem Landflucht

Auch der seit Jahren regelmäßig steigende Besucherstrom konnte nicht verhindern, daß die beruflichen Chancen v. a. für junge Menschen trotz gestiegener Qualifikation immer noch kaum ausreichend sind. Diese Tatsache drückt sich in einer zahlenmäßig auf hohem Niveau stehenden Landflucht – im Falle Madeiras eigentlich besser: Inselflucht – aus. Viele junge Menschen zieht es nach dem Schulbesuch entweder auf das portugiesische Festland oder gleich in andere europäische Länder wie z. B. nach Deutschland. Als begehrte Auswanderungsziele in Übersee gelten die portugiesisch- bzw. spanischsprachigen Länder Brasilien und Venezuela, ferner die Vereinigten Staaten von Amerika sowie Kanada.

Religion

Wie im übrigen Portugal bekennt sich mit etwa 94,5 % der weitaus meiste Teil der Madeirenser zum römisch-katholischen Glauben. Bemerkenswert ist jedoch, daß die katholische Kirche einen nicht unbedeutenden Teil ihrer einstigen Einflusses auf die Bevölkerung und hier vor allem bei der in und um Funchal lebenden Jugend eingebüßt hat. Außerhalb der Hauptstadt

Bevölkerung und Verwaltung, Religion (Fortsetzung)

gibt es allerdings noch die traditionelle Beeinflussung durch die Kirche auf das Leben der Dorfgemeinschaft. Religiöse Prozessionen gehören hier noch zu den Höhepunkten im Jahreslauf.

Verwaltung

Seit der sog. Nelkenrevoution von 1974 besitzt Madeira ein hohes Maß an Autonomie, auch wenn das förmliche Autonomiestatut im Jahre 1980 durch die portugiesische Verfassungskommission sowie den seinerzeit noch amtierenden Revolutionsrat abgelehnt wurde. Das Mutterland Portugal vertritt die Insel nur noch in außenpolitischen Belangen. Mit dem stillschweigenden Zugeständnis der inneren Autonomie kam die Regierung in Lissabon in den siebziger Jahren Bestrebungen einer radikal antikommunistischen Separatistengruppe namens FLAMA (Frente de Libertação da Madeira) zuvor, die sich für eine vollständige Loslösung von Portugal einsetzten. Sie verlor ihren zeitweise erheblichen Einfluß, als der unblutige Staatsstreich (deshalb auch 'Nelkenrevolution') vom April 1974 die Ära des Diktators António de Oliveira Salazar (1889–1970) endgültig beendete.

Flagge der Região Autonoma da Madeira

Funchal ist die Hauptstadt von Madeira

Funchal, die einzige größere Stadt auf Madeira, ist Sitz der Verwaltung, des Präsidenten und der gesetzgebenden Organe. Die Regierung Madeiras besteht aus einem Präsidenten, einem Vizepräsidenten sowie sechs Regionalsekretären; die politischen Entscheidungen werden von einem 55 Mitglieder zählenden Regionalparlament getroffen.
Seit 1976 stellt ohne Unterbrechung die Sozialdemokratische Partei (PSD) die Mitglieder der Regierung. Die PSD ist jedoch von ihrer politischen Ausrichtung her eher mit der deutschen CDU als mit der SPD vergleichbar.

Verwaltungsgliederung

Die Insel Madeira ist in elf Kreise (concelhos) aufgeteilt, diese wiederum in etwa 50 Gemeinden (Freguesias). Eine gewisse Selbständigkeit besitzt die Nachbarinsel Porto Santo, die einen zwölften Kreis bildet. Die PSD stellt im übrigen auch in den Gemeinden die weitaus größte Zahl an Bürgermeistern.

Wirtschaft

Das größte Problem ist die Topographie der Insel Madeira

Seit jeher leidet die wirtschaftliche Entwicklung Madeiras unter der Tatsache, daß nur etwa ein Drittel der Inselfläche kultivierbar ist. Und selbst dieses Drittel ließ sich im 15. und 16. Jh. für die ersten Siedler erst nutzbar machen, nachdem sie auf radikale Weise den ursprünglichen Baumbestand rodeten. Dieser Maßnahme fiel praktisch der gesamte, über Jahrtausende auf Madeira gewachsene Urwaldbestand zum Opfer.
Das landschaftliche Bild der Insel, wie es sich heute dem Betrachter besonders vom Meer her darbietet, ist das Ergebnis dieser jahrhundertelangen, menschlichen Arbeit. Terrassen (poios) wurden aufgeschichtet, deren landwirtschaftliche Nutzung möglich wurde, nachdem man ein äußerst kunstvolles und weitverzweigtes Netz an Bewässerungskanälen angelegt hatte, die sog. Levadas. Sie führen das Wasser aus dem regenreicheren Norden in den trockeneren, gleichwohl für die Landwirtschaft stärker genutzten Inselteil. Die ersten dieser Levadas dienten zur Bewässerung von Zuckerrohrfeldern und zum Betrieb von Mühlen, sie wurden vermutlich von maurischen Sklaven angelegt, die man aus Nordafrika nach Madeira holte. Der weitaus größte Teil des heute bestehenden Levadanetzes wurde freilich erst in der Zeit um die letzte Jahrhundertwende angelegt (⟶ *Baedeker Special* S. 108/109).
Heute spielen vermehrt finanzielle Mittel der Europäischen Union eine große Rolle beim Ausbau von Madeiras Wirtschaft. Mit erheblichem Aufwand wird z. B. das Verkehrsnetz auf der Insel erweitert und modernisiert.

Landwirtschaft

Das heute etwa 2150 km lange Levadanetz ist die wichtigste Voraussetzung für die ertragreiche Landwirtschaft auf Madeira. An der Nordküste, besonders aber an der Südküste wird seit 1452 Zuckerrohr angebaut, bis weit ins 19. Jh. hinein der bedeutendste Wirtschaftsfaktor der Insel (⟶ *Baedeker Special* S. 22). Zucker von Madeira war in ganz Europa begehrt und wurde entsprechend teuer gehandelt. Erst als man die Entdeckung gemacht hatte, daß Zucker nicht nur aus Zuckerrohr, sondern auch aus Zuckerrüben gewonnen werden kann, verlor der Madeirazucker rasch seine Bedeutung. Da das Zuckerrohr über die Jahre hinweg die Böden stark auslaugte, konnten die meisten Felder lange Zeit nicht mehr bebaut werden. Heute wird Zuckerrohr nur noch in sehr bescheidenen Mengen angebaut und v. a. zur Herstellung des Aguardente-Schnapses verwendet.

Bananen

Bananenstauden zählen zu den empfindlichsten und pflegeintensivsten Gewächsen der Landwirtschaft. Um so erstaunlicher ist es, daß auf der vor Wind und Wetter fast ungeschützten Insel Madeira fast jeder Quadratmeter mit Bananenpflanzen besetzt ist. An einigen Stellen, wie z. B. im Westen der Insel, wird sogar ein unverhältnismäßig hoher Aufwand getrieben, um die Pflanzen vor den Einflüssen der Witterung zu schützen.

Der Hafen von Funchal wird nicht nur von Kreuzfahrtschiffen aus aller Herren Länder angelaufen, er ist auch ein bedeutender Umschlagsort für Bananen und andere Naturalien.

Doch ist dieser Eindruck nur teilweise richtig, denn seit man zu Beginn des vorigen Jahrhunderts die relativ robuste Dwarf Cavendish, eine aus Südchina stammende Bananenart, auf die Insel brachte und sie dort in großen Plantagen kultivierte, ist der Export von Bananen zu einem nicht unbedeutenden Wirtschaftsfaktor geworden.
Seine Blütezeit erlebte der Bananenanbau auf Madeira etwa in den zwanziger Jahren dieses Jahrhunderts. Auf der Insel lebende britische Kaufleute sorgten dafür, daß die Bananenproduktion binnen weniger Jahre um

Baedeker Special

Zucker für den Hof des Zaren

Ein Besuch der kleinen, etwas heruntergekommenen Fabrik bei Porto da Cruz gehört zum Pflichtprogramm einer jeden Sightseeingfahrt durch den Osten von Madeira. Vor dem Tor türmt sich zur Erntezeit meterhoch geschnittenes Zuckerrohr, und während Arbeiter das Rohr bündelweise in das Halbdunkel des Gebäudes hineintragen, sorgen Lastwagen immer wieder für Nachschub. Drinnen ist es laut, weißer Dampf zischt stoßweise aus kupfernen Ventilen, lederne Treibriemen knattern. In der Zuckerrohrfabrik von Porto da Cruz, einer der letzten auf Madeira, fühlt man sich in die Anfangszeit der Industrialisierung zurückversetzt: mit Dampf werden die Maschinen aus den zwanziger Jahren dieses Jahrhunderts betrieben, in denen das Zuckerrohr gehäckselt, gemahlen, gepreßt und der Zuckersaft gereinigt wird, um anschließend eingedampft zu werden. Nach etlichen weiteren Verarbeitungsschritten – zuletzt wird der Rohzucker noch einmal gewaschen, wobei die unreine Schicht von den Oberflächen der Zuckerkristalle entfernt wird – bleibt der Weißzucker.

Zucker war, neben dem berühmten Madeirawein, über Jahrhunderte hinweg das wichtigste Exportprodukt der madeirensischen Landwirtschaft. Selbst am Hofe des russischen Zaren wurde Zucker aus Madeira verwendet. Überhaupt zählten die europäischen Fürstenhäuser zu den wichtigsten Abnehmern. Doch das Ende des Zuckers aus Zuckerrohr kam im 18. Jahrhundert. Nachdem 1747 der Berliner Chemiker Andreas Sigismund Marggraf die Entdeckung gemacht hatte, daß Zucker nicht nur aus Zuckerrohr, sondern auch aus Zuckerrüben gewonnen werden kann und im Jahre 1801 Franz Carl Achard die industrielle Herstellung erfand, verlor der bis dahin teuer gehandelte Zucker aus Madeira rasch seine Bedeutung. Heute gibt es auf Madeira zwar noch einige Zuckerrohrplantagen, der Zucker wird jedoch fast nur noch zur Herstellung des Schnapses 'Aguardente' verwendet. Und bei einem Besuch in Porto da Cruz sollte man ein Probeschlückchen von diesem 'Feuerwasser' frisch aus dem Destillator nicht versäumen.

Mit Dampfmaschinenkraft wird in Porto da Cruz der 'Aguardente' destilliert.

Landwirtschaft, Bananen (Fortsetzung)

ein Vielfaches gesteigert wurde. Wegen der Empfindlichkeit der Früchte werden diese – wie überall auf der Erde – noch grün geerntet und erfahren ihre vollständige Reifung erst während des Transports in das jeweilige Bestimmungsland. Die Notwendigkeit möglichst kurzer Transportwege war der wichtigste Grund, warum lange Zeit das portugiesische Festland als Hauptabnehmer für Madeira-Bananen galt.
Heute ist etwa ein Fünftel der landwirtschaftlichen Anbauflächen Madeiras mit Bananenstauden bepflanzt, die Bauern selbst haben sich zu Kooperativen zusammengeschlossen, die für eine bessere Vermarktung sorgen sollen. Freilich gilt die Qualität der Früchte als nicht besonders hoch, weshalb den Madeirensern die klassischen Exportmärkte wie z. B. Deutschland, Österreich und die Schweiz lange Zeit verschlossen blieben. Erst im Zuge der europäischen Binnenmarktordnung wurden Verordnungen erlassen, die Einfuhrbeschränkungen für Bananen aus karibischen und lateinamerikanischen Ländern vorsahen. Überdies gibt es von der Europäischen Union Subventionen v. a. für Bananen minderer Qualität.

Weinbau

Unter den auf Madeira angebauten landwirtschaftlichen Produkten hat die Weinrebe die längste Tradition. Bereits kurze Zeit nachdem die Insel wiederentdeckt war und die ersten Siedler seßhaft wurden, erkannten sie die außerordentliche Fruchtbarkeit des Lavabodens. Die Brandrodung, mit der die Menschen die Insel kultivierten, brachte dann sogar noch eine weitere Anreicherung des Bodens durch Brandasche.

Wie im nördlichen Portugal werden auch auf Madeira die Weinreben auf Stellagen gezogen.

Wie im nördlichen Portugal werden auch auf Madeira die Reben auf Kopfhöhe gezogen, was den Vorteil mit sich bringt, daß man die darunterliegende Fläche für andere landwirtschaftliche Produkte wie z. B. Süßkartoffeln oder Gemüse nutzen kann.
Da der Madeirawein von Natur aus eine leicht säuerliche Geschmacksnote aufweist, unterzieht man ihn einem höchst ungewöhnlichen Verfahren: Er

Landwirtschaft, Weinbau (Fortsetzung)

wird über vier oder fünf Monate in speziellen Holzfässern (estufas) auf bis zu 50 Grad Celsius erhitzt und besitzt danach seinen typischen feinen Geschmack. Zuvor wird dem jungen Wein, um den Prozeß der alkoholischen Gärung aufzuhalten, auch noch ein gewisser Anteil Brandy beigegeben (⟶ *Baedeker Special* s. S. 146–148). Dies macht den Wein überdies deutlich haltbarer als andere Sorten; es wird von Flaschen berichtet, die nach mehr als 100 Jahren geöffnet wurden und deren Inhalt eine große Intensität, Tiefe und Frische aufwiesen. Für Madeirawein gilt der Satz "Je älter, desto besser" – Weine mit einem Alter von 20 oder 30 Jahren sind von ihrer wirklichen Genußreife noch weit entfernt. Freilich gibt es auch Weine, die bereits im zarten Alter von 10 oder 15 Jahren getrunken werden können. Madeirawein wird in aller Regel nach dem traditionellen, in der spanischen Stadt Jerez begründeten Solera-Verfahren verschnitten. Ziel dieser Prozedur, selbstredend das streng gehütete Geheimnis eines jeden Weinhändlers auf Madeira, ist die Erzielung einer gleichbleibenden Qualität. Als feinste Madeiraweine gelten im übrigen die 'Reserve'-Weine, deren Trauben nur aus einem einzigen Jahrgang stammen dürfen.

Tierzucht

Nur wenige Flächen auf Madeira eignen sich zur Tierzucht, darunter die Hochebene Paul da Serra, auf der es einige, zumeist wildlebende Schaf- und Ziegenherden gibt. Die Zahl der auf Madeira lebenden Schafe wird auf etwa 10 000 geschätzt, dazu kommen ca. 12 000 Ziegen. Während sich die Wolle der Schafe nur zum Spinnen grober Wolle eignet, ist Ziegenbraten eine beliebte Festtagsmahlzeit.

Typisch für die Landwirtschaft auf Madeira ist die kleinflächige Parzellierung der Anbauflächen.

Typisch für die Landschaft sind die sogenannten Palheiros – grob zusammengefügte, kleine Ställe, in denen Kühe untergebracht werden. Daß man diese nur selten sieht, liegt daran, daß sie den größten Teil ihres Lebens in diesen Hütten verbringen und nur stundenweise ans Tageslicht gelangen. Erst seit wenigen Jahren und wohl auch erst im Zusammenhang mit dem

Wirtschaft, Viehzucht (Fortsetzung)

gestiegenen Tourismus werden Schweine gezüchtet. Bei Santo da Serra gibt es eine große Schweinefarm, die unter deutscher Supervision entstand.

Industrie

Die Industrie spielt auf Madeira keine Rolle, nicht zuletzt deshalb, weil die topographischen Gegebenheiten die Ansiedlung größerer Produktionsstätten nicht gestatten. Rund um die Hauptstadt Funchal gibt es einige kleinere Betriebe, die jedoch fast ausschließlich Produkte zur Verwendung auf der Insel selbst herstellen.

Tourismus

Die Insel Madeira gilt bereits seit dem 18. Jh. als geschätztes Urlaubsziel. Das milde Klima auf der Atlantikinsel zog jedoch nicht nur gewöhnliche Urlauber aus Großbritannien und anderen europäischen Ländern an, sondern auch Lungen- und Gichtkranke, die sich hier Heilung von ihren Leiden versprachen. Zu ihnen gesellten sich etwa ab der Mitte des 18. Jh.s viele Mitglieder der Fürsten- und Königshöfe, aber auch der Geldadel blieb nicht aus. Schließlich galt es als ausgesprochen nobel, Madeira zum Urlaubsdomizil während der naßkalten mitteleuropäischen Wintermonate zu wählen. Die ersten Hotels auf Madeira, darunter das traditionsreiche "Reid's Hotel" (⟶ *Baedeker Special* s. S. 86/87), entstanden bereits vor der letzten Jahrhundertwende. Als hinderlich für die weitere Entwicklung des madeirensischen Tourismus erwies sich freilich die langwierige und kostspielige Anreise mit dem Schiff. 1921 landete erstmals ein Wasserflugzeug in der Bucht von Funchal, der Betrieb wurde 1958 jedoch nach zwei

Viele Hotels auf Madeira – wie hier das "Madeira Carlton" – zählen zur gehobenen Kategorie.

spektakulären Abstürzen, die auch Todesopfer forderten, wieder eingestellt. Danach dauerte es bis ins Jahr 1964, bis Madeira einen eigenen Flughafen in Betrieb nehmen konnte.
Die Einweihung des Flughafens Santa Catarina, etwa 18 km östlich von Funchal, war die beste Voraussetzung für eine kontinuierliche Entwicklung

Wirtschaft, Tourismus (Fortsetzung)

des Madeiratourismus. Seither wurde die Zahl der Hotelbetten vervielfacht, zur Zeit gibt es etwa 17000 Betten in 118 Hotels und zahlreichen kleinen Landherbergen. Ein weiterer, gleichwohl behutsamer Ausbau der Übernachtungskapazitäten ist bis zum Jahr 2000 geplant, wobei die ländlichen Regionen außerhalb Funchals stärker gefördert werden sollen. Der Flughafen selbst wird zur Zeit ausgebaut, um auch größere Flugzeuge landen lassen zu können.

Individual- statt Massentourismus

Geht es nach dem Willen der Regionalregierung, soll jedoch weiter der Individual- statt der Massentourismus gefördert werden. Ein Ausbau der Kongreß- und Tagungskapazitäten soll Madeira zu einem bevorzugten Austragungsort solcher Veranstaltungen werden lassen. Im Jahre 1996 wurde in Funchal ein 5000 m^2 großes Messe- und Konferenzzentrum in Betrieb genommen.

Heute stellt der Tourismus eines der Standbeine der madeirensischen Wirtschaft dar, jährlich kommen ca. 500000 Urlaubsgäste auf die Insel. Etwa 5000 Menschen sind direkt in den Hotels beschäftigt, weitere 15000 Arbeitsplätze stehen im direkten Zusammenhang mit dem Tourismus, wobei allein der Hotelsektor etwa 10% zum Bruttosozialprodukt der Wirtschaft in der Region beiträgt.

Das Jahr 1995 brachte aus der Sicht der Tourismusindustrie von Madeira ein interessantes Ergebnis. Erstmals wurde die Zahl der Gäste aus Großbritannien – die seit jeher das Gros der Madeirabesucher darstellten – von jener der Gäste aus Deutschland übertroffen. Bemerkenswert ist in diesem Zusammenhang die Steigerungsrate von 1994 auf 1995, als 30,6% mehr Besucher aus Deutschland kamen.

Verkehr

Über viele Jahrhunderte gab es auf Madeira nur ein einfaches Wegenetz...

Seit jeher ist die topographische Gestalt der Insel Madeira das Haupthindernis bei der verkehrstechnischen Erschließung. Über Jahrhunderte hinweg mußten selbst schwere Lasten von Menschen zu ihren Bestimmungsorten getragen werden. Um die teils erheblichen Höhenunterschiede zu überwinden, wurde ein höchst einfaches, kopfsteingepflastertes Wegenetz angelegt, über Schluchten wurden schmale steinerne Brücken gespannt. Noch heute gibt es in den ländlich geprägten Inselteilen viele Häuser, die mit Fahrzeugen nicht erreichbar sind. Das bringt beispielsweise mit sich, daß Bauern die Produkte ihrer Landwirtschaft zu Fuß über teils längere Strecken zur nächstgelegenen Straße und erst von dort mit Fahrzeugen zu den Märkten bzw. Großabnehmern bringen können.

Seit einigen Jahren erfährt Madeira jedoch eine erhebliche Verbesserung des Straßen- und Wegenetzes. Nicht zuletzt dank der finanziellen Unterstützung durch die Europäische Union werden z. Z. teils mehrspurige Straßen gebaut, über die auch die entlegeneren Inselteile erreichbar werden.

...dafür aber einige einzigartige Verkehrsmittel

Die für Madeira typischen Straßen- und Wegeverhältnisse brachten im 17. und 18. Jh. einige vielleicht einzigartige 'Verkehrsmittel' mit sich. 'Rede' nannte man beispielsweise die an zwei Stangen befestigte Hängematte, in der sich nicht nur die bessergestellten Madeirenser transportieren ließen (Abbildung s. S. 28). Besonders Wagemutige wurden mit solchen Hängematten gar auf den Pico Ruivo, Madeiras höchsten Berg, getragen.

Ein anderes Verkehrsmittel war der Palanquin, eine Art Sänfte. Er diente nicht nur zum Transport von Personen, sondern auch von Waren aller Art und bestand aus einem Brett, das von einem hölzernen, bisweilen auch eisernen Geländer umgeben war. Getragen wurde der Palanquin von den sogenannten portadores, zwei Männern, die nicht nur kräftig, sondern auch trittsicher und schwindelfrei sein mußten.

Die topographische Gestalt Madeiras ist seit jeher eines der Haupthindernisse bei der verkehrstechnischen Erschließung. ▶

Historische Verkehrsmittel auf Madeira (Fortsetzung)

Schließlich gab es noch den carro de bois, den von zwei Ochsen gezogenen Kufenschlitten, der um 1848 von dem englischen Major Buckley erfunden wurde. Im Vergleich zu den zuvor genannten Verkehrsmitteln bot er ungleich mehr Komfort; die Angehörigen der feineren Gesellschaft ließen sich ihre carro de bois gar mit feinen Tüchern verhüllen, die dem Insassen Schutz vor den Unbilden der Witterung boten.

Die 'Rede', eine an zwei Stangen befestigte Hängematte, war eines der auf Madeira beliebten Transportmittel.

Relikte aus einer längst vergangenen Zeit sind die Korbschlitten, mit denen man auch heute noch auf einer etwa 4,8 km langen Strecke die Distanz von Monte nach Funchal zurücklegen kann. Allerdings werden diese Schlitten fast nur noch von Touristen benutzt, während sie einst ein durchaus gebräuchliches Verkehrsmittel darstellten.
Bis 1943 gab es auf Madeira sogar eine Eisenbahn, die bereits 1893 als Zahnradbahn eingerichtet wurde und zwischen Funchal und Monte verkehrte. Nach einer spektakulären Dampfkesselexplosion im Jahre 1930 gingen die Fahrgastzahlen drastisch zurück, 1943 wurde der Betrieb eingestellt. Nur noch der alte Bahnhof sowie einige Brückenbögen sind stumme Zeugen dieser technischen Meisterleistung, durch die bemerkenswerte 917 Meter Höhenunterschied überwunden wurden.

In den vergangenen Jahren sehr verbessert: der öffentliche Nahverkehr

Die Verbesserung der Verkehrsverbindungen auf Madeira wird besonders im Ausbau des öffentlichen Nahverkehrs deutlich. Ein umfassendes Netz an Omnibusverbindungen ermöglicht es, fast alle Inselteile bequem und rasch zu erreichen. In der Hauptstadt Funchal gibt es einen zuverlässigen Linienverkehr, der mit modernen Omnibussen bedient wird.

Viele Fahrzeuge, aber enge Straßen

Die hohe Zahl der Neuzulassungen privater Kraftfahrzeuge gerade in den vergangenen Jahren wird besonders in der Hauptstadt Funchal deutlich. Da das Straßennetz auf geringere Fahrzeugzahlen ausgelegt ist, kommt es hier wenigstens zeitweise zu Verkehrsstörungen.

Straßennetz (Fortsetzung)

Bis das Straßennetz außerhalb Funchals ausgebaut ist, muß man sich mit einigen Besonderheiten Madeiras hinsichtlich der Beschaffenheit der vorhandenen Straßen abfinden. Sie sind teils oft so eng, daß eines von zwei sich begegnenden Fahrzeugen an den dafür vorgesehenen Ausweichstellen warten muß. An den zahlreich vorhandenen Tunnelportalen ist stets damit zu rechnen, daß herabfließendes Wasser die Fahrbahnbeschaffenheit plötzlich verändert.
Zur Tagesordnung gehören auch Straßensperrungen infolge kleiner oder mittlerer Fels- und Steinabstürze. Entsprechende Warntafeln sollte man unbedingt ernstnehmen.

Santa Catarina heißt der einzige Flughafen

Der Flughafen Santa Catarina ist Madeiras einziger Airport und liegt ca. 18 km östlich der Hauptstadt Funchal. Wegen seiner Lage entlang eines steilen Berghangs und der nur schwer berechenbaren Fallwinde gilt er als einer der am schwierigsten anzufliegenden Flughäfen Europas. Die Verlängerung der Start- und Landebahn von nur 1800 Metern verbunden mit

Der Airport Santa Catarina gilt als einer der am schwierigsten anzufliegenden Flughäfen Europas.

einer leichten Drehung, die 1997 fertiggestellt sein wird, soll die Start- und Landebedingungen entschärfen.
Auf Madeiras Nachbarinsel Porto Santo wird für den Flugverkehr die Landebahn des dortigen NATO-Flughafens benutzt, die allerdings nur im Regionalverkehr von Propeller- und Turbopropmaschinen angeflogen wird.

Geschichte

Vor etwa 20 Millionen Jahren: Madeira entsteht

Als Folge intensiver tektonischer Vorgänge und gewaltiger unterseeischer Vulkanausbrüche kommt es im Atlantischen Ozean während des Erdmittelalters (vor etwa 5 – 25 Millionen Jahren) zu Aufschichtungen von Lavamaterial. Der Meeresuntergrund hebt sich bis zu 400 m über das ursprüngliche Niveau. Einige Jahrmillionen später erlöschen die letzten Vulkane, und auf der fruchtbaren Lavaschicht wachsen Pflanzen und Bäume.

Die erste Entdeckung Madeiras

Um 600 v. Chr.: Waren die Phönizier auf Madeira?

Geschickte und erfahrene Seeleute waren sie, die Phönizier, und möglicherweise waren sie die ersten Entdecker der Insel Madeira. Um 600 vor unserer Zeitrechnung segelten sie durch die Straße von Gibraltar und danach die westafrikanische Küste entlang. Hier gründeten sie Handelsniederlassungen; ob sie allerdings eine solche auch auf der Atlantikinsel errichteten, ist nicht überliefert. Zur Zeit des Königs Juba II. von Mauretanien (1. Jh. v. Chr.) allerdings waren die Inseln wegen der hier betriebenen Purpurfärberei unter dem Namen Insulae Purpurariae bekannt.

14. Jahrhundert: Madeira = Holzinsel

Unter dem Titel “Parte dell’Affrica tratta dalla Carta V. del Portulano” erscheint eine florentinische Seekarte, auf welcher der madeirensische Archipel erstmals verzeichnet ist. Madeira trägt den Namen ‘Isla de Iolegname’, vielleicht eine Abwandlung des arabischen Wortes ‘el agham’, was soviel wie ‘Holz’ bedeutet. Auch die Nachbarinsel Porto Santo ist unter dem Namen ‘Porto Séo’ verzeichnet.

15. Jahrhundert: Die Europäer erforschen den afrikanischen Kontinent

Sagenhafte Goldschätze, Gewürze und Sklaven lockten europäische Schiffsbesatzungen an die Atlantikküste des afrikanischen Kontinents. Heinrich der Seefahrer fuhr etwa seit 1420 von Lagos aus die afrikanische Küste entlang nach Süden, um Sklaven und afrikanischen Goldstaub einzuhandeln. Die Sklaven benötigte man nicht zuletzt auch auf Madeira, um die Insel wirtschaftlich nutzbar zu machen. Bereits 1419 gelangte der portugiesische Seefahrer João Gonçalves Zarco auf die Insel Madeira, die er in seinem Bordtagebuch als “unbewohnt und von dichtem Wald besetzt” beschrieb. So erhielt die Insel ihren heute noch gültigen Namen: Ilha de Madeira – Insel des Holzes. Allerdings fehlte Zarco und seinen Männern zunächst der Mut, Madeira zu betreten. Erst nachdem er von Porto Santo aus einige Wochen lang mißtrauisch die Insel beobachtet hatte, wobei ihm besonders die bisweilen dramatische Wolkenbildung über Madeira seltsam vorkam (er vermutete gar, es handle sich möglicherweise um den direkten Zugang zur Hölle), wagte er die Überfahrt.
Die Kolonisation der Insel Madeira geschah im Zuge einer Wanderbewegung, die im späten Mittelalter von Spanien und Portugal ausging. Die Por-

◀ *Der Platz vor dem Rathaus von Funchal ist ein schönes Beispiel für die hohe Kunst der Pflasterer.*

15. Jahrhundert (Fortsetzung)

tugiesen waren ständig auf die Einfuhr von Nahrungsmitteln – insbesondere Getreide – angewiesen. Unter dieser Prämisse fand auch die landwirtschaftliche Erschließung Madeiras statt, wobei der Anbau von Weizen und Gerste nur in den ersten Jahren eine gewisse Bedeutung erlangte. Bereits um 1460 nämlich wurde das Getreide durch Zuckerrohr ersetzt, das von Indien aus über Ägypten in die Mittelmeerländer gelangte. Schnell hatte man erkannt, daß der Handel mit Zucker trotz eines erheblichen Kapitaleinsatzes für die Herstellung ein äußerst gewinnbringendes Geschäft war; und bald wurde Madeira in der gesamten abendländischen Welt bekannt für die ausgezeichnete Qualität des von der Insel stammenden Zuckers. Selbst aus Italien kamen Geschäftsleute nach Madeira, um sich hier niederzulassen und mit dem Zucker Geld zu verdienen. Auch der Anbau von Weinreben nahm einen raschen Aufschwung.

1440–1497: Madeira ist zweigeteilt

Im Jahre 1440 wurde Machico zur Hauptstadt des östlichen Inselteils erklärt und Tristão Vaz Teixeira unterstellt, vier Jahre später erhielt Bartolomeu Perestrelo die Nachbarinsel Porto Santo. Der westliche Inselteil von Madeira gelangte schließlich im Jahre 1450 an João Gonçalves Zarco. König Heinrich der Seefahrer stattete alle drei mit dem Recht aus, Lehen zu vergeben; er machte allerdings zur Bedingung, daß ein Teil der Pachteinnahmen an ihn abgeführt werden.

Handelsschiffe in der Bucht vor Funchal (im 19. Jahrhundert)

1440–1497 (Fortsetzung)

Von 1479 an lebte vermutlich der Seefahrer Christoph Kolumbus (⟶ Berühmte Persönlichkeiten) auf Porto Santo. Hier soll er die die ersten nautischen Berechnungen gemacht haben, die 1492 zur Entdeckung Amerikas führten. Die Zweiteilung Madeiras endete jedoch schon wieder im Jahre 1497, als König Manuel I. die Insel in sein Königreich eingliederte und Funchal zur alleinigen Hauptstadt erklärte. 1508 erhielt Funchal die Stadtrechte, damit verbunden war das Recht, ein eigenes Stadtwappen zu führen. Es zeigt fünf Zuckerhüte und verweist damit auf die Bedeutung Madeiras als Zuckerlieferant. Im Jahre 1514 hat Funchal bereits mehr als 5000 Einwohner, ein nicht geringer Teil davon sind allerdings versklavte Menschen, die vornehmlich aus Afrika stammen.

Ständige Bedrohung durch Piraten, Funchal wird zum Bischofssitz

Immer wieder wurden Handelsschiffe, die vor Madeira aufkreuzen, von Piraten überfallen, die auch versuchten, auf der Insel zu landen. Zum Schutz der Hauptstadt Funchal ließ Manuel I. die Festung São Lourenço erbauen; auf Madeira wie auch auf Porto Santo wurden ständig besetzte Wachposten eingerichtet. Diese hatten die Aufgabe, bei Annäherung von Piratenschiffen mächtige Holzstöße anzuzünden und damit die Bevölkerung zu warnen.
1516 schließlich wurde in Funchal die Kathedrale Sé eingeweiht und ein Bischof sein Amt eingeführt. Papst Leo X. erhielt zum Dank eine Nachbil-

Piraten sind eine ständige Bedrohung (Fortsetzung)

dung der Peterskirche zu Rom aus Zucker. Im Jahre 1566 gelang es französischen Flibustiers (Freibeuter), Funchal zu überfallen. Bevor Hilfe vom portugiesischen Festland eintraf, wurden alle Kirchen geplündert.
Als Portugal nach dem Tode Heinrichs II. seine Unabhängigkeit an Spanien verlor, wurde auch Madeira spanisch. Auch das schützte die Bewohner nicht vor immer wieder drohenden Piratenüberfällen: 1620 war es der englische Seeräuber John Ward, der Funchal angriff, 1200 Männer, Frauen und Kinder gefangennahm, nach Tunesien deportierte und dort als Sklaven verkaufte.

Englische Kaufleute kommen nach Madeira

17. Jahrhundert: Die Blütezeit der Wirtschaft

Im 17. Jh. ließen sich die ersten englischen Kaufleute auf der Insel nieder, sie erkannten schon bald den Wert des Madeiraweines als gewinnträchtige Handelsware. Auch nachdem 1668 Portugal seine Unabhängigkeit wieder zurückerhielt, blieb die angelsächsische Welt der bedeutendste Handelspartner Madeiras. Zucker und Wein waren die wichtigsten Handelsgüter.

1801: Madeira wird besetzt

Die Napoleonischen Kriege warfen ihre Schatten auch auf Madeira. Englische Truppen landeten auf der Insel und richteten einen Stützpunkt ein. Sechs Jahre später erklärten sie Madeira gar für ganz besetzt, ein Zustand, der allerdings nur sieben Jahre anhielt. Aber auch nach dem Abzug der englischen Streitkräfte blieben viele Briten auf Madeira, einige von ihnen verließen die Armee und betätigten sich fortan als Kaufleute.

1852: Der Mehltau zerstört die Weinreben

Im Jahre 1852 wurde der Weinbau auf Madeira von einer schweren Krise getroffen. Der Mehltau und später dann die Reblaus zerstörten einen Großteil der Weinreben. Es dauerte Jahre, bis an den neuen Reben wieder Trauben wachsen; vielen verarmten Menschen blieb nur die Auswanderung. Andere versuchten ihr Glück als Korbmacher, einem aufblühenden Zweig der madeirensischen Wirtschaft. Auch die Einführung neuer Muster und Sticktechniken durch die Engländerin Elisabeth Phelps sorgte für einen kleinen, aber beständigen wirtschaftlichen Aufschwung.
Dazu kamen die ersten Besucher auf die Insel, die das gleichmäßig angenehme Klima zu schätzen wußten. 1891 wurde das heute weltberühmte Reid's Hotel eröffnet, zu seinen Gästen zählten schon bald gekrönte wie ungekrönte Häupter aus ganz Europa. Die Anreise erfolgte zunächst mit dem Schiff, später dann – ab 1947 – auch mit dem Flugzeug, als zwischen London und Funchal ein regelmäßiger Flugdienst eingerichtet wurde.

Von der Jahrhundertwende bis zur Gegenwart

1916: Deutsche U-Boote vor Funchal

Nachdem die portugiesische Regierung auf Drängen Englands alle deutschen Besitzungen sowie etliche Schiffe beschlagnahmt hatte, tauchten plötzlich während des Ersten Weltkriegs deutsche U-Boote vor Funchal auf. Sie versenkten nicht nur das französische Handelsschiff "Surprise", sondern beschossen auch die Stadt, wobei mehrere Gebäude zerstört wurden. Während einer Bittprozession gelobte die Bevölkerung, nach dem Ende des Krieges eine Madonnenfigur aufzustellen. Diese wurde mit Spenden aus aller Welt finanziert (auch die österreichische Kaiserin Zita soll dazu beigetragen haben) und 1927 oberhalb von Monte aufgestellt.

Die Zeit der Salazar-Diktatur

Mit einem Staatsstreich am 28. Mai 1926 begann die Ära des Diktators António de Oliveira Salazar. Der studierte Volkswirtschaftler gründete 1930 die faschistische 'União Nacional' und erklärte sie zur Einheitspartei. Auf Madeira gab es Proteste gegen die zentralistische Regierung in Lissabon; 1931 kam es sogar zu heftigen Unruhen, die jedoch mit Gewalt niedergeschlagen wurden.
Der Zweite Weltkrieg ging an Madeira vorbei, nicht zuletzt aufgrund der Tatsache, daß sich Portugal für neutral erklärte. Am 6. Mai 1943 brach die

Regierung in Lissabon die diplomatischen Beziehungen mit Deutschland ab und überließ den Engländern (1943) sowie ein Jahr später den US-Amerikanern militärische Stützpunkte auf den Azoren.

Die Zeit der Salazar-Diktatur (Fortsetzung)

Die Eröffnung des neuen Flughafens Santa Catarina östlich von Funchal machte Madeira zu einem von nahezu allen europäischen Flughäfen leicht erreichbaren Urlaubsziel. Bis zu diesem Zeitpunkt mußten Besucher auf dem NATO-Flughafen auf der Nachbarinsel Porto Santo landen und dann eine mehrstündige Überfahrt nach Madeira in Kauf nehmen. In der Folge verzeichnet die Tourismusindustrie zweistellige Zuwachsraten bei den Besucherzahlen. Die Regierung bekräftigt jedoch ihre Absicht, Madeira solle auch weiterhin vorzugsweise ein Ziel für Individualtouristen sein.

1964: Madeira erhält einen eigenen Flughafen

Nach dem Rücktritt von Salazar im Jahre 1968, dem etliche Putschversuche demokratisch gesonnener Kräfte vorausgegangen waren, kam vorübergehend der Salazar-Vertraute Marcelo José das Neves Alves Caetano an die Macht. 1974 obsiegt die Demokratie, als es zur 'Nelkenrevolution' kam: Mitglieder des Militärs ergriffen durch einen weitgehend unblutigen Staatsstreich die Macht und schlugen einen sozialistisch orientierten Reformkurs ein.

1974: Demokraten übernehmen die Regierung

Wie die anderen portugiesischen Überseekolonien erhielt auch Madeira im Jahre 1976 weitgehende Selbstverwaltungsrechte. Die Inseln des Archipels wurden zur 'Região Autónoma da Madeira', zur Autonomen Region Madeira, erklärt. Dr. Alberto João Jardim, ein bei der Bevölkerung sehr beliebter Politiker, übernahm als Sieger der ersten Wahlen die Regierung – die er bis heute nicht abgegeben hat. Jardims Partei, die PSD, erhielt den größten Teil der Sitze im Regionalparlament, der Regierungschef selbst gilt bis heute als Verfechter eines Kurses, der Madeiras Zukunft in der Zugehörigkeit zu Portugal sieht.

Madeira bleibt portugiesisch, aber...

Die Einführung des europäischen Binnenmarktes brachte Portugal und damit auch Madeira erhebliche Fördermittel der Europäischen Union. Sie fließen auch heute noch vor allem in die verkehrstechnische Erschließung der Insel, die seit jeher unter höchst mangelhaften Verkehrswegen zu leiden hatte.

1993: Der europäische Binnenmarkt wird eingeführt

Berühmte Persönlichkeiten

Hinweis

Die nachstehende namensalphabetisch geordnete Liste vereinigt Persönlichkeiten, die durch Geburt, Aufenthalt oder Tod mit Madeira verbunden sind und überregionale Bedeutung erlangt haben.

John Blandy
(1783–1855)
Kaufmann

Der Brite John Blandy wurde im Jahre 1783 in Dorchester (England) geboren und kam im Jahre 1807 als Quartiermeister der britischen Garnison zum ersten Mal nach Madeira. Er fand an der Insel solch großen Gefallen, daß er sich – nachdem er den militärischen Dienst quittiert hatte – vier Jahre später für immer dort ansiedelte. Blandy erwarb das Haus an der Rua de São Francisco No. 8 und begründete ein Unternehmen, das mit dem Handel mit Madeirawein alsbald einen großen Aufstieg erfuhr. 'Blandys Madeira Wine Company' wurde zu einem in ganz Europa bekannten Handelshaus, das nicht nur in England, sondern auch in Lissabon sowie später auch auf Gran Canaria prosperierende Filialen unterhielt. Die Methode, mit der Blandy den Grundstock für seinen späteren Reichtum legte, war sicher ebenso simpel wie einleuchtend: Die Schiffe, die Madeira anliefen und z. B. Kohlen auf die Insel brachten, fuhren nicht etwa leer zu ihren Ausgangshäfen zurück, sondern wurden zu günstigeren Frachtpreisen mit Wein beladen. John Blandys Sohn Charles Ridpath (1812–1879) erfuhr während der Zeit seiner Geschäftsführung zwar etliche Rückschläge, er verstand sich aber doch darauf, das durch seinen Vater begründete Unternehmen weiter auszubauen. Er beschäftigte sich nicht nur mit dem Handel von Weinen, sondern auch mit dem Import von Kohle, die seine Schiffe aus England nach Madeira brachten. Charles Ridpath's Söhne wiederum machten sich einen Namen, als sie in Funchal die Verlegung eines öffentlichen Leitungsnetzes für Trinkwasser anregten. Überdies zeichneten sie als Herausgeber der ersten Zeitung von Madeira, der heute noch bestehenden "Diário de Notícias", verantwortlich. Im Jahre 1936 erwarb die Familie Blandy das bereits zu dieser Zeit renommierte Reid's-Hotel, das sie erst im Sommer 1996 an eine international operierende Hotelkette verkaufte.
Das Familiengrab der Blandys befindet sich auf dem Britischen Friedhof in Funchal.

Das Familiengrab der Blandys auf dem Britischen Friedhof in Funchal

Winston Churchill
(1874–1965)
Britischer Politiker

Unter der Vielzahl berühmter Persönlichkeiten, die Madeira wegen des milden Klimas und der üppigen Vegetation schätzten, ragt der britische Politiker Winston Churchill heraus. Er wurde am 30. November 1874 als Sohn

Winston Churchill (Fortsetzung)

Winston Churchill (mit Gattin) auf der Terrasse des Reid's Hotel

des konservativen Politikers Lord Randolph Churchill in Blenheim Palace geboren. Zunächst machte Churchill mit seinen Berichten über den Burenkrieg auf sich aufmerksam, im Jahre 1900 schlug er eine politische Karriere ein. Nachdem er zu den Liberalen gewechselt und ab 1906 verschiedene Ämter in der britischen Regierung innehatte, wurde er im Jahre 1911 Erster Lord der Admiralität und trieb v. a. die Aufrüstung der britischen Flotte voran. Nach seiner Rückkehr ins konservative Lager 1924 wurde Churchill zunächst Schatzkanzler, 1939 wieder Erster Lord der Admiralität und 1940 – während des Zweiten Weltkriegs – Premierminister einer Allparteienregierung.

Winston Churchill steht bis heute als Symbol für den britischen Widerstandsgeist; er wurde berühmt mit seinen Durchhalteappellen an das Volk während der deutschen Fliegerangriffe auf britische Städte sowie die legendäre 'Blut-Schweiß-und-Tränen-Rede'.

Im Jahre 1949 kam Winston Churchill erstmals auf die Insel Madeira, wo er in erster Linie seinem Hobby, der Malerei, frönte. Heute noch erinnert in dem Fischerort Câmara dos Lobos, in den er sich geradezu verliebte, ein kleiner Aussichtsbalkon an die Stelle, von der aus Churchill nicht nur einmal das bunte Treiben malte. Er starb am 24. Januar 1965 in London.

Elisabeth I. (1837–1898) Kaiserin von Österreich und Königin von Ungarn

Elisabeth I. wurde am 24. Dezember 1837 als zweite Tochter von Herzog Maximilian Joseph in München geboren. Als Folge einer von deutschen Interessen geprägten Heiratspolitik wurde sie im Jahre 1854 mit dem österreichischen Kaiser Franz Joseph I. verheiratet und Kaiserin von Österreich, 1867 auch Königin von Ungarn. Dieser Ehe entstammten außer dem Thronfolger Rudolph die drei Töchter Sophie, Gisela und Marie Valerie. Elisabeth I., die im Volksmund liebevoll 'Sissi' genannt wurde, war hochbegabt, musisch, sportlich – aber auch eigensinnig. Zeitlebens der strengen höfischen Etikette abgeneigt, geriet sie immer mehr in eine seelische Vereinsamung und wurde zur Außenseiterin am kaiserlichen Hofe. Rastloses Umherreisen kennzeichnete von nun an ihren weiteren Lebensweg. Eine dieser Reisen führte sie auf die Insel Madeira, wo sie kränkelnd (manche Ärzte sprachen sogar von einer Schwindsucht) ankam. Dort bewohnte sie fast ein halbes Jahr lang die Quinta das Angústias (die auf dem Gelände der heutigen Quinta Vigia, dem Amtssitz des Präsidenten der Regionalregierung, stand). Das milde Klima der Atlantikinsel sorgte rasch für eine Besserung ihrer Beschwerden. Getrieben von innerlicher Unrast verließ sie

Elisabeth I.
(Fortsetzung)

Madeira wieder am 28. April 1861, um über einige Zwischenstationen an den kaiserlichen Hof nach Wien zurückzukehren. Am 10. September 1898 wurde Elisabeth I. in Genf von dem italienischen Anarchisten Luigi Luccheni ermordet. Ihr Leben war die Grundlage für zahlreiche romantisierende Romane, die überdies auch verfilmt wurden und die Schauspielerin Romy Schneider zu einem Weltstar werden ließen.

Heinrich der Seefahrer
(1394–1460)
Entdecker

Obwohl der am 4. März 1394 als dritter Sohn des portugiesischen Königs Joãos I. geborene Heinrich (portugiesisch: Henrique) nie an einer längeren Seereise teilgenommen hat, wurde ihm später von der Historie der Beinamen 'der Seefahrer' (portugiesisch: o Navegador) verliehen. Seinen Ruhm begründete der junge Infant (der Titel des spanischen und portugiesischen Thronfolgers) mit der Eroberung von Ceuta im Jahre 1415. Als Dank dafür wurde er vom König zum Herzog von Viseu ernannt und mit der Verteidigung und Verwaltung der eroberten Stadt betraut.

Alte Seekarten, Handschriften und die Erzählungen zurückkehrender Seefahrer erweckten in dem jungen Prinzen das Interesse an der Seefahrt. Seine Ernennung zum Großmeister des Christusritterordens im Jahre 1418 brachte ihn in den Besitz der Finanzmittel des aufgelösten Templerordens. Diese ermöglichten es ihm, seine seefahrerischen Träume in die Realität umzusetzen. Im äußersten Südwesten von Portugal, in Sagres, begründete er der mündlichen Überlieferung zufolge eine Seefahrerschule, in der neue Seefahrtstechniken erprobt und an junge Seeleute vermittelt werden. Auf den angeschlossenen Werften soll dazu ein völlig neuer Schiffstyp, die Karavelle, konstruiert worden sein. Sie war herkömmlichen Segelschiffen an Manövrierfähigkeit und Seetüchtigkeit weit überlegen.

In den folgenden Jahren finanzierte Heinrich etliche Erkundungsfahrten. Zunächst wird die Madeiragruppe entdeckt bzw. wiederentdeckt und bis 1423 kolonialisiert (im Jahre 1433 erhielt Prinz Heinrich die Inselgruppe von König Duarte zum Lehen). Es folgten die Azoren, später dann stießen die Schiffe Heinrichs des Seefahrers immer weiter an der afrikanischen Küste (der sog. Pfefferküste) vor: Sie erreichen Kap Verde, Gambia und schließlich auch Guinea. Ein wesentlicher Antrieb für diese Entdeckungsreisen war nicht nur der lockende Handel mit Gold, Gewürzen und Sklaven, sondern auch die Bekämpfung des Islam. Heinrich dem Seefahrer kommt das Verdienst zu, den Grundstein für die Entwicklung Portugals zur Kolonialmacht gelegt zu haben. Er starb am 13. November 1460 in Sagres.

Karl I.
(1888–1922)
Kaiser von Österreich und König von Ungarn

Karl I., ein Großneffe Kaiser Franz Josephs I., wurde am 17. August 1887 in Persenbeug (Niederösterreich) geboren. Nach dem Tode seines Onkels und eigentlichen Thronfolgers Franz Ferdinand, der am 28. Juni 1914 in Sarajewo einem Attentat zum Opfer fiel, bestieg er am 21. Dezember 1916 als Kaiser von Österreich und König von Ungarn den Thron. In seine nur zweijährige, glücklose Regierungszeit, mit der die Ära der habsburgischen Regenten endete, fiel das Ende des Ersten Weltkriegs; in der österreichischen Innenpolitik gelang es ihm nicht, entscheidende Reformen in Angriff zu nehmen. Nicht zuletzt unter dem Druck der russischen Revolution von 1918 verzichtete er im November desselben Jahres auf die Ausübung der Regierung in Österreich und Ungarn, ohne freilich offiziell abzudanken. Nachdem er zwei Versuche unternommen hatte, die Monarchie in Ungarn wiederherzustellen, wurde er von der Entente nach Madeira verbannt. Hier starb der letzte Habsburger auf dem Kaiserthron am 1. April 1922 an einer Lungenkrankheit. Der Sarkophag mit den sterblichen Überresten Karls I. steht heute in der Kirche Nossa Senhora do Monte in Monte.

Christoph Kolumbus (1451–1506) Seefahrer und Entdecker

Christoph Kolumbus (italienisch: Cristoforo Colombo, spanisch: Cristóbal Colón) wurde im Jahre 1451 vermutlich in Genua geboren und bekam schon in jungen Jahren mit der Seefahrt zu tun. Im Alter von 25 Jahren kam er in die portugiesische Hafen- und Residenzstadt Lissabon, wo er sich schon bald für den seit der Antike erwähnten westlichen Seeweg nach Indien interessierte. Da seine Idee, eine Expedition zur Erkundung dieses Seeweges auszusenden, beim portugiesischen Königshaus nicht das gewünschte Ergebnis zeigte, beschäftigte sich Kolumbus zunächst u. a. mit dem Seehandel. Im Jahre 1478 besuchte er zum ersten Mal die Insel Madeira, um dort für einen in Lissabon lebenden Geschäftsmann genuesischer Abstammung Zucker einzukaufen. Dort lernte er Filipa Moniz kennen, die Tochter von Bartolomeu Perestrello, des ersten portugiesischen Gouverneurs auf der Nachbarinsel Porto Santo, die er etwa ein Jahr später ehelichte. Diese Heirat brachte ihm den Zugang zu den höheren Kreisen der portugiesischen Gesellschaft.
Kolumbus lebte vermutlich von 1479 bis 1484 auf Porto Santo, wo er möglicherweise den Plan für eine Westfahrt erarbeitete. Nachdem die 'Junta dos Mathemáticos' in Lissabon die Finanzierung dieses Planes abgelehnt hatte, ging Kolumbus nach Spanien. 1492 verließ Kolumbus den Hafen von Palos mit einer kleinen Flotte von drei Schiffen, drei Monate später entdeckte er die Bahamas-Insel Guanahaní (das heutige San Salvador) und damit statt dem erhofften indischen den amerikanischen Kontinent. Bis zu seinem Tode am 20. Mai 1506 im spanischen Vallodolid glaubte Kolumbus jedoch unbeirrt daran, den westlichen Seeweg nach Indien gefunden zu haben. Seit 1899 befindet sich die letzte Ruhestätte des großen Seefahrers in Sevilla, es ist jedoch umstritten, ob sich die sterblichen Überreste des Seefahrers auch wirklich in dem Sarkophag befinden.
Auf Porto Santo gibt es heute ein Haus mit dem Namen Casa de Colombo (Kolumbushaus), in dem ein Museum eingerichtet ist. Kolumbus soll in diesem Haus gelebt haben, was historisch jedoch nicht bewiesen ist.

Paul Langerhans (1847–1888) Deutscher Pathologe

Paul Langerhans wurde am 25. Juli 1847 in Berlin geboren. Nach vollendetem Medizinstudium wurde er von dem berühmten Pathologen Rudolf Virchow (1821–1902, seit 1856 Leiter des neugegründeten pathologischen Institutes in Berlin) als Schüler angenommen. In seiner Dissertation beschrieb er die später nach ihm benannten Langerhansschen Inseln in der menschlichen Bauchspeicheldrüse. Hierbei handelt es sich um Zellgruppen, in denen die für die Blutzuckerregulation notwendigen Hormone Insulin und Glukagon gebildet werden. Eine weitere Entdeckung, nämlich die einer besonderen Zellform in der Epidermis, erfuhr erst viele Jahre nach seinem Tode die ihr gebührende Beachtung.
Im Jahre 1874 wurde bei Paul Langerhans eine Lungentuberkulose diagnostiziert, mit der er sich vermutlich während seiner wissenschaftlichen Arbeit infiziert hatte. Danach entfloh er mehrfach dem naßkalten Norden und gelangte über Capri und Teneriffa auf die Insel Madeira. Dort beschäftigte er sich in wissenschaftlicher Weise nicht nur mit der Fauna der Insel, sondern schrieb auch ein “Handbuch für Madeira”, in dem er Besuchern nützliche Ratschläge für ihren Madeira-Aufenthalt gab.

Paul Langerhans
(Fortsetzung)

Nachdem er noch einmal nach Berlin zurückgekehrt war und dort geheiratet hatte, übersiedelte Langerhans im Jahre 1885 auf Dauer nach Madeira. Dort starb er am 20. Juli 1888 im Alter von nur 40 Jahren an den Folgen der Tuberkulose. Er wurde auf dem Britischen Friedhof von Funchal beigesetzt.

Manuel I.
(1469–1521)
König von Portugal

Auch auf der vom portugiesischen Festland gut 1000 km entfernten Insel Madeira stößt der Besucher immer wieder auf König Manuel I., der wegen seiner glücklichen Amtszeit auch der 'Große' oder der 'Glückliche' genannt wird. Der während dieser Zeit entwickelte und nach Manuel benannte Baustil, der auf Elemente der Frührenaissance, des maurischen Mudéjarstils und orientalisch-indische Versatzstücke zurückgriff, fand auch auf Madeira Verwendung.
Geboren wurde Manuel im Jahre 1469 als der jüngste Sohn des Infanten Fernando. Als der Thronerbe, der Infant Afonso, bei einem Reitunfall tödlich verunglückt, ruft man Manuel am 27. Oktober 1495 in Alcácer do Sal zum König aus.
Mit seiner Heiratspolitik schaffte Manuel I. enge Beziehungen zum spanischen Königshaus. In erster Ehe verheiratete er sich 1497 mit Isabella von Kastilien, der Witwe des Infanten Afonso. Nach ihrem Tode nimmt er ihre Schwester Maria von Kastilien zur Frau; dieser Ehe entstammte der spätere Thronerbe João III. Dritte und letzte Gattin Manuels III. wurde Leonor von Spanien, die eigentlich seinem Sohn versprochen war.
Die Regierungsmaßnahmen Manuels I. führen zu einer Stärkung der königlichen Macht gegenüber dem Adel, die Verwaltung wird zentralisiert, das Steuer- und Zollwesen vereinheitlicht. Vor allem ist die Regierungszeit Manuels I. aber verbunden mit den Entdeckungsfahrten, die der portugiesische Monarch in erster Linie aus handelspolitischen Erwägungen fördert. In seinem Auftrag fand Vasco da Gama den Seeweg nach Indien, und Pedro Álvares Cabral segelt nach Brasilien. In der Folge wurde Lissabon zum führenden Handelshafen Europas; Reichtum fließt ins Land, der auch in der Baukunst seinen sichtbaren Ausdruck findet.
Doch das 'Goldene Zeitalter' Portugals ist nur von kurzer Dauer: Bereits beim Tode Manuels I. – er starb 1521 an einem Fieber in Lissabon – ist der Höhepunkt von Portugals Glanzzeit überschritten.

William Reid
(1822–1888)
Hotelier

William Reid, der Begründer von Reid's Hotel, wurde im Jahre 1822 als eines von zwölf Kindern eines verarmten schottischen Kleinbauern in Schottland geboren. Im Alter von 14 Jahren verdingte sich der kränkelnde Junge auf einem Schiff, das von Schottland nach Madeira fuhr. Dort versprach er sich nicht nur Arbeit, sondern auch die Besserung seiner Gesundheit. Zunächst verdingte er sich in Funchal bei einem deutschen Bäkker, später dann wandte er sich dem Weinhandel zu. Neben dieser Tätigkeit erkannte er eine Marktlücke, die seinen späteren Lebensweg prägen sollte: Zusammen mit seiner Gattin Margaret Dewey vermietete er auf Madeira komplett eingerichtete Herrensitze an ausländische Besucher. Einige Jahre später baute William Reid sein erstes Hotel, wozu er freilich noch die finanzielle Unterstützung des Herzogs von Edinburgh benötigte. Weitere Hotels folgten, so das Santa Clara Hotel und das Miles Carno Hotel in Funchal.

Die Vollendung seines Traumes von einem Hotel für gutbetuchte Mitmenschen erlebte William Reid freilich nicht mehr, er starb 1888 im Alter von 66 Jahren. Erst seinen Söhnen Willy und Alfred war es vergönnt, jenes Hotel einzuweihen, das bis heute als die allererste Adresse auf Madeira gilt.

Kunst und Kultur

Architektur und Kunstgeschichte

Auch auf Madeira findet man Beispiele für den Manuelinischen Stil

Die wirtschaftliche und kulturelle Blüte Portugals, die sich unter König Manuel I. (1495–1521) aus der Dynastie Avis vollzog, beeinflußte auch die Architektur in Portugal. Nach dem Regenten benannt ist der Manuelinische Stil, der sich in seinen gestalterischen Grundsätzen zwar mit der etwa zeitgleich entstehenden Spätgotik vergleichen läßt, insgesamt jedoch eine große Eigenständigkeit erlangte. Nicht zuletzt deshalb, weil im Manuelinischen Stil nicht nur Elemente der Frührenaissance, sondern auch des maurischen Mudéjarstils sowie orientalisch-indische Einflüsse deutlich sichtbar sind.

Daß Portugal in dieser Zeit, die auch mit dem Namen von Heinrich dem Seefahrer eng verbunden ist, zur führenden Seemacht der Welt heranwuchs, fand also auch seinen Ausdruck in Architektur und künstlerischem Schaffen.

Charakteristisch für diese spezifisch portugiesische Stilvariante ist eine ausgeprägte Freude am Dekor, das – ähnlich wie im plateresken Stil Spaniens – oft naturalistische Elemente aufgreift, die gern der Welt des Meeres und der Seefahrt entnommen sind (wie z. B. Seilknoten, gedrehte Taue, Muscheln, Korallen u. a.). Ein besonders schönes Beispiel für diesen Formenreichtum findet man in Form eines Manuelinischen Fensters im Garten der Quinta das Cruzes in Funchal.

Manuelinisches Fenster (im Garten der Quinta das Cruzes)

Die Tatsache, daß auf Madeira zwar vieles im Manuelinischen Stil erbaut bzw. dekoriert wurde, doch kein Bauwerk so imposant ist wie beispielsweise das Hieronymitenkloster von Belém in Portugal, kann vielleicht darauf zurückgeführt werden, daß die weitab des portugiesischen Festlandes gelegene Insel Madeira als Provinz galt. Hier genügte eine weitaus schlichtere Architektur, die zwar grundsätzliche Stilelemente aufgriff, in Formenreichtum und Ausgestaltung jedoch weit hinter den weitaus prächtigeren Vorbild der Festlandsarchitektur zurückblieb.

Auch auf Madeira hielten im Laufe der Jahrhunderte Änderungen des künstlerischen Geschmacks ihren Einzug, allerdings blieb man – vielleicht aus Kostengründen – althergebrachten Vorbildern treu. Eine deutlich sichtbare Wende trat jedoch während des Zeitalters des Barock ein, der

Zahlreiche Werke flämischer Künstler gelangten im Tausch gegen madeirensischen Zucker auf die Insel (hier ein Flügelaltar im Museu de Arte Sacra in Funchal).

Manuelismus und Barock (Fortsetzung)

während seines Höhepunktes im 18. Jh. auch bei der Umgestaltung einiger Kirchen auf Madeira verwendet wurde. Ihr Inneres, das bis zu diesem Zeitpunkt im Manuelinischen Stil – oder auch im artverwandten Mudéjarstil – gehalten war, wurde barockisiert und mit der ganzen Pracht dieses Stils ausgestattet. Zahlreich sind die Beispiele für den spätbarocken Stil, bei dem Altäre, Wände, Nischen und Decken mit kunstvoll geschnitzten und mit Blattgold überzogenen Holzteilen ausgekleidet wurden. Wo der Stil des Spätbarock auf jenen des Manuelinischen Stils trifft, offenbaren sich dem aufmerksamen Betrachter jedoch interessante Wechselwirkungen (z. B. in der Sé, der Kathedrale in Funchal).

In der Malerei gingen von Madeira keine bemerkenswerten Impulse aus

Während sich zwischen dem 15. und 18. Jh. auf dem portugiesischen Festland eine relativ eigenständige Malerei entwickelte, konnten auf Madeira geborene bzw. lebende Maler zu dieser Entwicklung kaum etwas beitragen. Im Gegenteil, sie bezogen ihre Inspirationen vom Mutterland, was insbesondere auf dem Gebiet der sakralen Malerei deutlich wird. Kein Maler von Madeira errang mit seinen Werken auch nur annähernd den Ruf so bedeutender portugiesischer Maler wie Grão Vasco, Gregório Lopes oder Cristóvão de Figueiredo.
Daß es heute in den Kirchen und Museen auf Madeira so zahlreiche Gemälde z. B. flämischer Provenienz gibt, ist übrigens darauf zurückzuführen, daß Zucker von der Insel eine so begehrte Handelsware darstellte, daß einige Kaufleute im Gegenzug Bilder namhafter Künstler erhielten. Etwa ab 1472 bestand eine direkte Geschäftsverbindung zwischen Madeira und Flandern.

Azulejos: kleine, blaue Kostbarkeiten

Auch wenn eine gewisse Ähnlichkeit des Wortes Azulejo mit dem Wort Azul für die Farbe Blau nicht zu leugnen ist – der etymologische Ursprung von Azulejo ist nicht hier, sondern in der arabischen Sprache zu suchen. Hier steht das Wort 'az-zuleycha' für 'Mosaikstein' oder auch 'kleiner polierter Stein'. Azulejos (sprich: 'Asuléschus') sind Keramikkacheln, die seit An-

Azulejos (Fortsetzung)

fang des 16. Jh.s aus Spanien nach Portugal importiert wurden. Zunächst handelte es sich dabei nur um Reliefffliesen, die von maurischen Handwerkern in Blau und anderen Grundfarben mit geometrischen Mustern hergestellt wurden. Nachdem die Mauren gegen Ende des 16. Jh.s aus Spanien vertrieben worden waren und somit ihre Kachellieferungen ausblieben, bildeten sich in Portugal (v. a. in Lissabon, Porto und Coimbra) eigene Azulejo-Manufakturen. In diesen Handwerksbetrieben wurden nun nicht mehr nur geometrische Muster verwendet, sondern auch andere Motive. Auch wurden sie nicht mehr als Reliefplatten, sondern als Flachkacheln nach italienisch-flämischem Vorbild gefertigt. Hierbei erhielten die gebrannten Tonkacheln eine weiße Zinnglasur, auf die mit Metalloxidfarben gemalt wurde.

Vom portugiesischen Festland gelangten die Azulejos auch in die zu Portugal gehörenden Kolonien und Überseegebiete. Man findet sie heute in Macao (bei Hongkong) genauso wie auf Madeira und anderswo.

Ihre größte Blüte erfuhr die Herstellung von Azulejos im Laufe des 17. Jh.s. Charakteristisch für diese Zeit sind ganze Fliesenteppiche (Tapetes) in den Farben Blau, Weiß und Gelb mit den verschiedensten Bildmotiven. Mit solchen Teppichen wurden alle nur erdenklichen Bauflächen – Altar- und Seitenwände in Kirchen, Treppenaufgänge, Brunnen, Bänke, Außen- und Innenwände von vornehmen Häusern verkleidet. Auch als Schilder für Straßennamen fanden sie Verwendung.

Als zu Beginn des 19. Jh.s der portugiesische Königshof nach Brasilien ausweichen mußte und das Land von Bürgerkriegen erschüttert wurde, kam auch die Herstellung von Azulejos fast völlig zum Erliegen; erst um die Mitte des Jahrhunderts erlebte sie eine neue Blüte. Nach brasilianischem Vorbild begann man nun, Fliesen auch zur Verkleidung von ganzen Fassaden und Innenwänden von bürgerlichen, kommerziellen oder städtischen Gebäuden zu verwenden. Eine letzte Blüte erlebte die Fliesenkunst in Portugal um die Wende vom 19. zum 20. Jahrhundert, heute ist sie in wirtschaftlicher Hinsicht eher von untergeordneter Bedeutung.

Die Kunst, aus kleinen Kacheln ganze Bildteppiche zu gestalten, entstand im 16. Jahrhundert und erfreute sich auch in den portugiesischen Kolonien und Überseegebieten großer Beliebtheit.

Architektur und Kunstgeschichte, Azulejos (Fortsetzung)

Die meisten der Azulejos, die man heute noch überall auf Madeira sieht, stammen aus neuerer Zeit, und es handelt sich im allgemeinen um Massenproduktion. Hübsch anzusehen sind sie trotzdem, die aus mehreren kleinen Kacheln bestehenden Heiligenbilder neben der Eingangstüre oder auch z. B. die vielteiligen Flächenbilder mit Szenen aus dem ländlichen Leben auf Madeira. Außerdem gibt es noch einige Kirchen mit bemerkenswerten Azulejo-Bildern, wie beispielsweise die Kollegiumskirche in Funchal. Aus dem 16. Jh. stammen die Kacheln an der Turmspitze der Sé, der Kathedrale von Funchal; sie zählen damit zu den ältesten erhaltenen Azulejos auf Madeira. In der Quinta das Cruzes schließlich werden einige kostbare Kachelmosaiken aufbewahrt, die beim Abriß des Klosters Santa Clara (über dessen einstigem Areal sich heute der Flughafen Santa Catarina ausbreitet) gerettet werden konnten.

Sprache

Portugiesisch zählt zu den romanischen Sprachen

Portugiesisch (português, sprich purtugéhsch), zählt zur Familie der romanischen Sprachen, ist jedoch ein weitgehend isoliertes Idiom geblieben und wird sowohl auf dem portugiesischen Festland als auch auf den portugiesischen Atlantikinseln (Azoren und Madeira) sowie in Macao (Südchina) gesprochen. Daneben wird die Sprache in den ehemaligen portugiesischen Kolonien in Afrika, Indien und Indonesien verwendet. Eine abgewandelte Form des Portugiesischen ist das Brasilianisch, das von etwa 115 Mio. Menschen in Brasilien (Südamerika) gesprochen wird. Insgesamt sprechen zwischen 125 und 135 Mio. Menschen Portugiesisch, die Sprache nimmt damit den siebenten Platz in der Rangfolge der am weitesten verbreiteten Weltsprachen ein.

Die Ursprünge der portugiesischen Sprache sind im lusitanischen Vulgärlatein zu suchen. Unter den romanischen Sprachen am ehesten mit dem Spanischen verwandt, ist Portugiesisch im ganzen jedoch archaischer als jenes. Die Unterschiede zwischen den einzelnen portugiesischen Mundarten sind im übrigen weit weniger ausgeprägt wie in Ländern mit anderen westromanischen Sprachen.

Der Wortschatz entstammt überwiegend den latino-romanischen Idiomen. Selten sind baskische und germanische Elemente, die letztgenannten sind zumeist westgotischer Herkunft. Arabische Relikte finden sich infolge der in Portugal wesentlich früher als in Spanien erfolgten Befreiuung von maurischer Herrschaft weniger zahlreich als im Kastilischen.

Die portugiesische Schriftsprache und maßgebliche Aussprache, auf welcher die Sprache der gebildeten Stände von Coimbra und Lissabon hauptsächlich bestimmend einwirkte, nahm früh französische, italienische und spanische Elemente auf.

Folklore

Traditionelle Trachten

Die einst von den Madeirensern getragene Tracht ist heute aus dem Alltagsleben fast völlig verschwunden, sie wird nur noch zu bestimmten Anlässen getragen. Als regelmäßige Trachtenträger sind eigentlich nur noch die Frauen auf dem kleinen Blumenmarkt hinter der Kathedrale in Funchal sowie die Korbschlittenfahrer von Monte zu sehen. Die farbenprächtigen Trachten der Blumenfrauen und die 'Dienstkleidung' der Korbschlittenfahrer sind jedoch das Ergebnis amtlicher Verordnungen – beide Berufsgruppen müssen diese während der Ausübung ihrer Tätigkeit tragen. Bei den Frauen besteht die Tracht aus einem knielangen, gestreiften Faltenrock, einer weißen Bluse sowie aus einer kunstvoll bestickten Weste, über der eine Art Cape getragen wird. Typisch für die Korbschlittenfahrer von Monte sind die Strohhüte mit schwarzem Hutband sowie die weitgeschnittenen weißen Hosen und Hemden.

Trachten der Madeirenser (Fortsetzung)

Einige Bestandteile der ursprünglichen Tracht der Madeirenser sind jedoch im Alltagsleben zu sehen. Dazu zählen z. B. die von Männern getragenen Schafwollmützen (Barrete de lã), die entweder mit wärmenden Ohrenklappen oder einem hochstehenden Bommel versehen sind (dann handelt es sich um die sog. carapuça). Typisch sind auch die Stiefel aus Ziegenleder und mit umgeschlagenem Schaft (botas), die weißen (bisweilen auch braunen) Anzüge, die an Fest- und Feiertagen mit einer roten Schärpe um die Taille getragen werden. Die Tracht der Frauen und Mädchen besteht im wesentlichen aus einem langen, roten Wollrock und einer weißen Bluse, über die ein einfarbiges rotes oder ein bunt besticktes Tuch geworfen wird.

Die Blumenfrauen hinter der Sé, der Kathedrale in Funchal, sind per Dekret verpflichtet, während der Arbeit ihre traditionellen Trachten zu tragen.

Musik

Während in der spanischen Volksmusik der arabisch-maurische Einfluß unverkennbar ist, behielt Portugal in dieser Hinsicht eine gewisse Eigenständigkeit. Dies gilt auch für die Insel Madeira, die sich – abgesehen von kürzeren Intermezzi – seit Jahrhunderten im Besitz Portugals befindet und sich auch in der Kultur am portugiesischen Mutterland orientiert. Einflüsse anderer Kulturgemeinschaften, wie z. B. jene, die von den etwa ab dem 15. Jh. auf die Insel deportierten Sklaven mitgebracht wurden, sind heute nur noch für den Kenner nachvollziehbar.
Die für Madeira vielleicht typischste Form der Volksmusik ist der desfaio (auch despique genannt), er fehlt auf keinem der zahlreichen Dorffeste auf der Insel. Dabei handelt es sich um eine Art Wechselgesang, bei dem zwei Sänger in gereimter Form die Ereignisse im Leben eines Dorfes, mitunter auch die in einer Familie vortragen. Begleitet werden diese Lieder, die nach dem Motto "Wer den Schaden hat..." meist für große Heiterkeit unter den Zuhörern sorgen, von einfachen Instrumenten wie z. B. der braguinha, einem der Ukulele nicht unähnlichen, viersaitigen Instrument. Woher der desfaio stammt, ist nicht ganz geklärt; eine ähnliche Form der vokalistischen Darbietung findet man jedoch auch im nördlichen Portugal.

Baedeker Special

Wehmut im Herzen, Glut im Blut

Wenn Ludovina plötzlich das Serviertablett zur Seite legt und sich auf einen einfachen hölzernen Schemel in der Mittes des Gastraumes setzt, wissen die meisten Besucher des kleinen Restaurants in der Altstadt von Funchal, daß ihnen der Höhepunkt des Abends unmittelbar bevorsteht. Es wird still, selbst aus der Küche dringt nur noch das allernötigste Geräusch von klapperndem Besteck und leise aneinanderscheppernden Tellern. Die vielleicht fünfzigjährige Servierin mustert mit einem langen, intensiven Blick das gute Dutzend Gäste, dann gibt sie den beiden Männern einen kurzen Wink. Einer von ihnen hält eine zwölfsaitige Melodiegitarre, die guitarra, in der Hand, während der zweite die Fingerkuppen auf die Saiten der viola, der sechssaitigen Rhythmusgitarre, legt. Und nachdem nun es nun auch in der Küche still geworden ist, Koch und Köchin mit verschränkten Armen im Türrahmen lehnen, beginnt Ludovina zu singen. Leise, mit rauher Stimme erzählt sie eindringlich die Geschichte einer längst verflossenen Liebe. Die einheimischen unter den Gästen nicken verständnisvoll und nehmen ab und zu einen kleinen Schluck aus dem Weinglas. Als die Frau mit der weißen Kittelschürze endet, bestimmt sekundenlang eine fast unwirkliche Stille das Lokal. Dann klopfen die, die den Text nicht nur gehört, sondern auch verinnerlicht haben, zum Zeichen des Verständnisses für Ludovinas Weltschmerz mit den Fingerknöcheln leise auf die Holztische.

Manches auf Madeira erinnert an das portugiesische Festland, auch der **Fado**, der von dort auf die Insel kam. In Funchals Altstadt gibt es einige Lokale, in denen der zumeist schwermütige, von einfachen Akkorden auf spanischen Gitarren begleitete, vorwiegend in Moll-Tonart gehaltene Gesang die Gäste in seinen Bann schlägt. Das Wort Fado ist eine Ableitung des lateinischen Begriffes fatum, was soviel wie Unheil, Mißgeschick oder Schicksal bedeutet. Kern eines Fado-Gesanges ist die Saudade, in der von allem ein bißchen enthalten ist, was den Portugiesen bewegt: Weltschmerz, Sehnsucht und auch Fatalismus. Mag etwas dran sein, denn das einst so stolze Volk der Seefahrer und Entdecker lebt heute auf der Schattenseite Europas.

Und doch muß der Fado nicht immer traurig sein, zumindest nicht traurig enden. Es gibt Gesänge, in denen zunächst die Schwermut ihren Platz hat, die aber dann in einem hoffnungsfrohen, der Zukunft Raum gebenden Finale schließen.

In den seltensten Fällen treten Fadosänger gegen Gage auf. Einige von ihnen würden es gar als ungehörig empfinden, wenn man ihnen Geld dafür gäbe, daß sie sich Sehnsucht und Schmerz von der Seele singen. Oft genug kommt es sogar vor, daß der erste Fadista von einem anderen abgelöst wird und dieser wiederum von einem nächsten. Ist dies der Fall, können Abende mit Fadogesängen sehr, sehr lang werden. Denn schließlich hat jeder etwas zu erzählen, und sei es auch nur die erst neulich erlebte traurige Geschichte von dem Mädchen, das dem Liebeswerben des Sängers ablehnend gegenüberstand.

Es gibt einige Erklärungen dafür, woher der Fado kommt, den man übrigens in den 'fado de lisboa' und den 'fado de Coimbra' unterscheidet. Am sinnfälligsten ist vielleicht jene, daß er aus dem Seemannsmilieu stammt – worauf die im Fado enthaltene rhythmische Komponente hindeutet. Möglicherweise ist der Fado aber auch einfach nur das, als was ihn der portugiesische Schriftsteller Ventura de Abrantes bezeichnete: "Es ist die Liturgie der Volksseele."

Folklore, Musik (Fortsetzung), Fado

Eine ganz besondere Art der portugiesischen Volksmusik, die auch auf Madeira gepflogen wird, ist der Fado. Seine Herkunft vermutet man in der afrikanischen oder brasilianischen Volksmusik, andere Musikforscher gehen davon aus, daß der Fado maurischen Ursprungs ist. Ein Fadosänger (fadista) wird stets von zwei Gitarrenspielern begleitet, die Lieder haben erzählenden Charakter und besitzen meist einen tiefsinnigen, bisweilen sogar außerordentlich traurigen Inhalt. Zu Zeiten des portugiesischen Diktators Salazar war der Fado offiziell verboten, er wurde im Verborgenen jedoch weiter gesungen.

Instrumente

Auf den zahlreichen kirchlichen und weltlichen Volksfesten werden traditionelle Tänze meist von Gesang und Musik begleitet, die auf volkstümlichen Instrumenten gespielt wird. Dazu zählen auf Madeira wie auch in Portugal neben der bereits erwähnten Braguinha in erster Linie Gitarren (guitarra, viola), Geige (rabeca), Flöte (flauta), Trommeln (tambor) oder auch eine Art Ratsche ('reque-reque'), die vermutlich aus Afrika stammt. Eine madeirensische Besonderheit, die freilich aus dem nördlichen Portugal stammt, ist der Brinquinho, eine Art Schellenbaum: Er besteht aus einem Holzstab, an dem ein Mechanismus befestigt ist, den man mit der Hand auf- und abbewegt. An diesem Mechanismus sind kleine Püppchen in der traditionellen Tracht der Madeirenser befestigt, während der Auf- und Abwärtsbewegung schlagen kastagnettenartige Holzkläppchen und kleine Glöckchen aneinander und sorgen für den Rhythmus.

Madeira Musik Festival

Vielgerühmt wird das Stadttheater von Funchal wegen seiner großartigen Akustik. Höhepunkt des Jahres ist das "Madeira Musik Festival" (Mai/Juni), das nicht zuletzt aufgrund dieser Tatsache namhafte Ensembles aus aller Welt lockt.

Theater

Das städtische Theater in Funchal ist eine reine Gastspielbühne und besitzt kein festes Ensemble. Bisweilen gastieren Schauspieltruppen aus Portugal, manchmal machen auch Ensembles aus Übersee hier Station.

Tanz

Ebenfalls aus dem nördlichen Portugal stammt der Minho, der vor allem bei dörflichen Festen getanzt wird. Dabei handelt es sich um einen langsamen Rundtanz, bei dem die Akteure Oberkörper und Kopf nach vorne neigen. Bei den Schritten heben sie die Füße kaum vom Boden, wodurch ein schlurfendes Geräusch entsteht. Die Ursprünge des Minho sind vielleicht bei den Sklaven zu suchen, die kurz nach der Ankunft der ersten portugiesischen Siedler nach Madeira gebracht wurden. Die gebeugte Haltung der Tänzer wird oft als Symbol für die Unterdrückung der Sklaven gedeutet.
Die Herkunft anderer beliebter Tänze ist in den kirchlichen Prozessionen zu suchen, die im streng katholischen Portugal bzw. Madeira das ganze Jahr über veranstaltet werden und einen hohen Stellenwert genießen. Besonders hervorzuheben ist außerdem das alljährlich im Juli stattfindende Folklorefestival in Santana, wo Tanz und Gesang noch weitestgehend unverfälscht dargeboten werden.

Literatur

Im Gegensatz zum portugiesischen Festland, wo sich Literaten wie beispielsweise Luís Vaz de Camões (Ende 1524 oder Anfang 1525 bis 1580) mit ihren Werken in die Weltliteratur einreihten, führte die Kunst des Schreibens auf Madeira eher ein Schattendasein. Größere Bedeutung erlangte nur der auf Madeira geborene Dichter Francisco Álvares de Nóbrega (1773–1807), den man in Anspielung auf den großen portugiesischen Dichter auch den 'kleinen Camões' nannte.

Kunsthandwerk

Stickereien made in Madeira

Die Ursprünge der Stickerei auf Madeira gehen vermutlich bis ins 16. Jahrhundert zurück, bereits zu dieser Zeit wurde die hohe Kunstfertigkeit der

Stickereien made in Madeira (Fortsetzung)

Madeirenserinnen gerühmt. Tischdecken in zahllosen Variationen, kunstvoll verzierte Servietten und Taschentücher oder gar ganze Gobelins fanden ihren Weg von der Insel in alle Welt, selbst in vornehmsten Häusern wußte man die Qualität der Handarbeiten zu schätzen. Dabei wird oft vergessen, daß die Stickerei auf Madeira für viele Familien ein unverzichtbarer Beitrag zum Haushaltseinkommen ist, daß gut 20000 Frauen auf Madeira vom Erlös ihrer Handarbeit leben.
Auch heute noch wird mehr als die Hälfte aller Stickereien in Heimarbeit hergestellt; die vorbereiteten Textilien kommen allerdings aus der Fabrik und erhalten dort auch den 'letzten Schliff'. Im Gegensatz zu früher werden die Muster jedoch nicht mehr von Hand aufgebracht, sondern mit einer Maschine, der máquina de picotar, in den Stoff perforiert. Die Muster selbst sind vielfach das strenggehütete Geheimnis der Bordadeiras, der Stickerinnen, das von Generation zu Generation vererbt wird.

Die meisten Stickereien werden auch heute noch in Heimarbeit hergestellt – die traditionellen Muster oft von Generation zu Generation weitervererbt.

Wurde etwa bis zur Mitte des 19. Jh.s fast ausschließlich für den Eigenbedarf produziert, wurde um das Jahr 1850 der Grundstein für eine erste industrielle Herstellung von Stickereien gelegt. Elisabeth ('Bella') Phelps, der Tochter eines englischen Missionars, ist es zu verdanken, daß die feinen Handarbeiten unter anderem auch nach England gelangten. Dort erregten sie 1851 auf der Weltausstellung in London großes Aufsehen.
Ihre größte Blüte erlebte die Stickerei auf Madeira nach der letzten Jahrhundertwende. Nicht unwesentlich daran beteiligt waren Deutsche wie beispielsweise Max Kiekeben, dessen 1909 begründetes Unternehmen heute noch existiert. In den dreißiger Jahren dieses Jh.s wurde die industrielle Stickerei eingeführt, wobei die Muster in größeren Mengen kopiert und an die Stickerinnen geliefert wurden. Nach dem Zweiten Weltkrieg gab es einen bemerkenswerten Rückgang beim Export, dem man dadurch begegnete, daß man die Qualitätsmaßstäbe für Stickereien erhöhte. Im Jahre 1978 wurde das Instituto de Bordados, Tapeçeria e Artesanto da

Stickereien made in Madeira (Fortsetzung)

Madeira (I. B. T. A. M.) gegründet, das Institut für Kunsthandwerk von Madeira. Es bemüht sich um eine qualifizierte Ausbildung und leistungsgerechte Bezahlung der Stickerinnen, vergibt Qualitätssiegel und organisiert den Verkauf in alle Welt.

Die Korbflechter von Camacha

Einen ausgezeichneten Ruf genießen auch die Korbflechter von Madeira, vor allem aber jene aus dem kleinen Dorf Camacha im Osten der Insel. Während die Rohware an vielen Stellen auf Madeira wächst – vorzugsweise in den feuchten Tälern an der Nordküste – gilt Camacha als Zentrum der Korbflechterei. Sie ist etwa genauso alt wie die Tradition der Stickerei; ihre Anfänge werden bereits auf die Mitte des 16. Jh.s datiert, als man Körbe zum Transport von Waren und Lasten benötigte. Doch erst im 19. Jh. begann die industrielle Herstellung, wie man sie heute kennt. Geflochten wird mit besonderen Weidenruten, einer Kreuzung zwischen der

Im Café Relógio in Camacha findet man eine riesige Auswahl an Korbflechtereien.

Salix alba und der Salix fragiles. Nach der Ernte werden sie in einem arbeitsintensiven Prozeß geschält und in großen Bottichen gekocht, wobei sie ihre typische braune Färbung annehmen. Der Einsatz von Maschinen bei der Flechtarbeit ist nicht möglich, jedes Stück ist mithin ein Unikat.
Ein Rundgang durch das Café Relógio in Camacha, dem Verkaufshaus für die im Ort hergestellten Korbwaren, zeigt die Vielfalt der Produkte. Vom kleinen Brotkörbchen über Wäsche- und Proviantkörbe bis hin zu kompletten Sitzgarnituren reicht die Palette. Zunehmender Beliebtheit erfreuen sich kleine geflochtene Kunstwerke, wie z. B. Nachbildungen von Tieren. Große Sorgen bereitet den Flechterfamilien von Camacha die zunehmende Konkurrenz. Obwohl das I. B. T. A. M., das Institut für Kunsthandwerk, die Ausbildung von Flechtern fördert, gibt es – im Gegensatz zu den Stickereien von Madeira – noch kein Gütesiegel. Zu bemerken ist auch ein Rückgang bei der Zahl der beschäftigten Menschen, vor allem junge Leute suchen sich eine weniger anstrengende, dafür einträglichere Tätigkeit.

Madeira in Zitaten

Hinweis

Die nachstehend aufgeführten Zitate sind chronologisch nach den Lebensdaten der Autoren geordnet.

Cada Mosto
um 1420–1465
Venezianischer Seefahrer

Es gab schon achthundert Menschen dort, darunter hundert zu Pferde (...) Die Erde brachte ursprünglich sechzigfache Frucht hervor; jetzt hat sich das auf das Dreißig- bis Vierzigfache verringert, weil der Boden sich zusehends verschlechtert. (...) Man gewinnt dort einen ausgezeichneten Zukker und stellt Süßigkeiten hervorragender Qualität her. (...) Die Weine kann man nur empfehlen; die Weinstöcke tragen mehr Trauben als Blätter; diese sind ungewöhnlich groß, jedes Blatt drei oder vier Handbreit. (...) Es gibt prachtvolle Pfauen; von glaubwürdigen Personen hörte ich, daß es ursprünglich unzählige Tauben gab, die man mit einem Rohrstock, den man ihnen um den Hals schlug, von den Bäumen 'angeln' konnte; sie fielen herunter, ohne zu erschrecken, denn sie kannten den Menschen noch nicht.

Aus einem Reisebericht des venezianischen Seefahrers Cado Mosto, der von 1445 bis 1450 auf Madeira lebte.

João de Barros
1496–1570
Portugiesischer Chronist

Denn ehe sie die Küste von Afrika sichteten, erhob sich ein so entsetzlicher Sturm, daß sie alle Hoffnung auf ein Überleben verloren, nachdem das Schiff so klein war und das Meer so hoch ging, daß es sie beinahe zu verschlingen drohte, während sie, dieser Gewalt mit bloßen Masten preisgegeben, dahintrieben. Und weil die Seeleute zu jener Zeit nicht gewohnt waren, sich so weit in die offene See hinauszuwagen, und ihre ganze Schiffahrt auf kleine Tagfahrten mit ständiger Landsicht beschränkt war, sie sich aber nun, wie es ihnen schien, von der Küste dieses Reiches weit entfernt hatten: da gerieten sie in solche Bestürzung und waren derart von Sinnen, weil die Angst sie aller klaren Gedanken beraubt hatte, daß sie nicht zu beurteilen vermochten, in welcher Breite sie sich befänden. Aber es gefiel Gott in seinem Erbarmen, daß der Sturm sich legte; und obwohl die Winde sie von der Route, welcher sie dem Befehl des Infanten gemäß gefolgt waren, abtrieben, so entfernten sie jene doch nicht von ihrem guten Schicksal, denn sie entdeckten die Insel, die wir heute Porto Santo nennen; ein Name, den sie ihr damals gaben, weil sie durch dieselbe aus der Gefahr befreit wurden, die sie in den Tagen des Mißgeschicks bestehen mußten. (...)

João Gonçalves und Tristão Vaz, denen ein günstigeres Schicksal und mehr Glück beschieden sein sollte, wollten nicht nach dem Reiche zurückkehren, aber ebensowenig auf jener Insel bleiben; und als Bartolomeu Perestrello abgereist war, nahmen sie sich vor, einen großen Schatten, den die Insel, welche wir jetzt Madeira nennen, darstellte, auf den Grund zu gehen und zu untersuchen, ob es sich dabei um Land handelte. Darüber waren sie viele Tage lang uneinig, weil sie es wegen der großen Feuchtigkeit, die sich durch die dichte Beholzung bildeten, immer von jenen Dünsten eingehüllt sahen, weshalb ihnen schien, es seien nur dicke Wolken; andere Male aber behaupteten sie wieder, es müsse Land sein, denn sooft

João de Barros (Fortsetzung)

sie jene Stelle mit den Blicken aufsuchten, fanden sie diese nie frei wie den übrigen Raum.
Von diesem Wunsch getrieben, fuhren sie also in zwei Fahrzeugen, die sie aus dem Holz besagter Insel gemacht hatten, auf jene Insel hinüber, als das Meer gerade dafür günstig schien. Und wegen des großen und dichten Gehölzes, mit dem sie bewachsen war, gaben sie ihr den Namen Madeira (...). Und sie zeigte sich so edel, fruchtbar und herrlich in ihren Bewohnern, daß sie mit Ausnahme Englands, welches der Bevölkerung nach sehr alt ist und durch die Majestät seiner Könige hoch erhaben ist, vor allen anderen die Fürstin des gesamten, unserem Europa westlich gelegenen Weltmeeres genannt werden kann.

Aus: Heinrich der Seefahrer oder Die Suche nach Indien (João de Barros: Die Fahrten entlang der Westküste Afrikas und die Entdeckung der Inseln Porto Santo und Madeira und des Cabo Verde). Herausgegeben von Gabriela Pögl und Rudolf Kroboth; Edition Erdmann in K. Thienemanns Verlag; Stuttgart und Wien (1989)

John Ovington
Lebensdaten unbekannt
Englischer Seefahrer

Die englischen Kaufleute hier – man zählt kaum ein Dutzend – leben nach englischem Stil. Sind sie des Landlebens müde, ziehen sie sich auf die Landgüter zurück und geben sich dort so 'englisch', als seien sie geladene Gäste bei sich selbst. Unter dem dichten Gezweig von Orangen- und Zitronenbäumen erholt man sich, während die Natur ein Schauspiel der Freude und Lebenslust inszeniert und mit dem Besten und Schönsten prunkt, was Feld und Flur zu bieten haben. Die Berge sind überzogen mit Reben, die Täler erfüllt vom Duft der Früchte der üppigen Weingärten. Hain und Wald bieten einen erfreulichen Anblick, nichts scheint matt und müde zu sein, vielmehr lächeln alle Dinge, um uns froh zu stimmen. Die Luft ist klar und erfüllt von den Liedern der Vögel.
Auf dem Ozean, in angenehmer Entfernung liegen Schiffe, wohin man auch seinen Blick wendet – immer neue, wunderbare Eindrücke, und alles ist bemüht, unsere Sinne zu bereichern. So verbrachten wir die Tage in Überfluß und Vergnügen, glücklich und weitab aller Melancholie und Aufregung.
Die Kost der einfachen Leute besteht, abgesehen von der Zeit der Weinlese, aus Brot und Früchten. Wenn echter Hunger dazukommt und der Gaumen den Geschmack von Braten nicht kennt, ist man damit zufrieden...

Aus dem Reisebericht "A Voyage to Surat in the Year 1689" des englischen Seefahrers John Ovington.

Henry Nelson Coleridge
Lebensdaten unbekannt
Reiseschriftsteller

Phantasiebegabter Leser, hast du schon einmal im Golf von Biskaya in einer steifen Brise gestanden? Wenn nicht und wenn du etwas Neues erleben möchtest, dann solltest du einen Trip von Lissabon nach Madeira unternehmen. Plane diese Reise für den Dezember oder Januar. Wenn der Südwest dann so richtig bläst, wirst du eines der ausgesuchtesten und ungemütlichsten Dinge der Welt erleben. Mein Orkan dauerte von Sonntag bis zum Mittwoch abend, vielleicht etwas zu lang für ein Vergnügen, aber man hat Zeit zum Beobachten und Philosophieren. Ich glaube jetzt noch den unbeschreiblichen Tumult zerbrechender Teller und Gläser, kreischender Frauen, pfeifender Matrosen, fluchender Offiziere im Ohr zu haben und dazu das Brüllen des Sturmes und das Rauschen der See. (...) Doch dann legte sich der Wind, das Meer wurde still, die Sonne strahlte am wolkenlosen Himel – es war der letzte Tag des Jahres 1824, wir passierten Porto Santo, und dann, eingehüllt in Dunst, tauchte Madeira vor uns auf.

O Madeira, Edelstein im Ozean, Paradies des Atlantik! (...) Liebes England, edles, an Erfahrung reiches, mächtiges Land voller Kunstwerke, du hast nicht diese Purpurwellen, wie sie uns nach Funchal trugen, du kennst nicht die berauschenden Brisen, die meine Wangen berührten und Munterkeit in mein Herz trugen, nicht die mit Wein überwölbten Straßen, nicht die golde-

Henry Nelson Coleridge (Fortsetzung)

nen Hügel mit Orangen und Lemonen, nicht die Quintas und nicht die Korallen. (...)

Aus einem Bericht des englischen Reiseschriftstellers Henry Nelson Coleridge über eine Fahrt von Lissabon nach Madeira am Jahreswechsel 1824/1825.

George Bernard Shaw 1856–1950 Irischer Schriftsteller

To the only man who ever taught me anything. (Dem einzigen Mann, der mir jemals in meinem Leben etwas beigebracht hat.)

Widmung auf einer Fotografie, die der irische Schriftsteller dem Tanzlehrer in Reid's Hotel, Max Rinder, schenkte. Rinder hatte dem 68jährigen Shaw während eines Aufenthaltes im Reid's vom 30. Dezember 1924 bis zum 12. Februar 1925 den Tangoschritt beigebracht.

George Bernard Shaw (auf dem Bild mit Gattin und Tanzlehrer Max Rinder) lernte während seines Madeira-Aufenthaltes den Tango.

Baedekers "Madeira"

Madeira wird seines gleichmäßigen, milden Klimas wegen (...) das ganze Jahr hindurch besucht; Erholungsbedürftige und Leidende (schwer Lungenkranke sind nicht zugelassen) finden im Hochsommer hier kühlen und angenehmen Aufenthalt.
Wer im Ausland reist, sollte sich stets bewußt sein, daß er überall als Vertreter seines Volkes angesehen wird und daß sein Auftreten und sein Verhalten das Urteil über seine Landsleute mitbestimmt. Gute Form und Höf-

lichkeit werben am besten für den einzelnen wie für die Heimat. Auch achte man auf Haltung und Kleidung, nach der man mehr als bei uns beurteilt wird. Man denke stets daran, daß bei dem in Spanien und Portugal stark entwickelten Sinn für Gleichheit auch der Geringste erwartet, als 'caballero' behandelt zu werden; Vertraulichkeit ist dagegen nirgends am Platze. Der empfindliche Nationalstolz des Spaniers sowohl wie des Portugiesen ist leicht zu verletzen; man sei also zurückhaltend in politischen Gesprächen und bei der Kritik der Landeseigentümlichkeiten.

Baedekers "Madeira" (Fortsetzung)

Aus: Madeira, Kanarische Inseln, Azoren. Westküste von Marokko. Handbuch für Reisende von Karl Baedeker; Leipzig (1934)

Ladies and Gentlemen, here is a famous wine indeed, vintaged when Marie Antoinette was still alive.
(Meine Damen und Herren, das ist tatsächlich ein ausgezeichneter Wein, der gelesen wurde, als Marie Antoinette noch lebte.)

Winston Churchill (1874–1965) Britischer Politiker

Ausspruch des britischen Politikers während seines Aufenthaltes auf Madeira im Januar 1950, als er eine Flasche Madeirawein des Jahrgangs 1792 öffnete.

Während man an den europäischen Höfen heftig über ihre Gesundheit diskutiert und sie bereits mit einem Fuß im Grabe sieht, sticht die Kaiserin in See. Königin Viktoria hat der vornehmen Kranken eine ihrer Luxusyachten überlassen, die *Osborne*. Die Sterbenskranke schifft sich in Antwerpen ein und fühlt sich bereits beim ersten Sturm wie neugeboren. Das kaiserliche Gefolge hingegen liegt schon beim leichtesten Schlingern in den letzten Zügen. (...) Die Kaiserin segelt bereits ihrer Gesundung entgegen. Es ist, wie der Dichter sagt: 'Ich liebe das Meer wie meine Seele.' Vielleicht schafft sie es auf dieser Insel im Atlantik, fünfhundert Kilometer vor der afrikanischen Küste und vor allem weit, weit weg von Wien, mit sich selbst ins reine zu kommen. (...) Die wohlwollende Freundlichkeit der Fischer und ein Willkommensbrief von König Pedro V. ist alles, was sie bei der Ankunft vorfinden. Nach Lissabon und Portugal sind es Gott sei Dank mehr als tausend Kilometer. Auf dieser fernen Insel kann man das Protokoll getrost vergessen. Die gemietete Villa liegt auf einem Felsvorsprung; ihre Blumenveranda beherrscht das Meer. Ein Nest aus Lorbeerbäumen und Palmen. Unzählige Kamelien voller Knospen. (...)
Elisabeth hustet immer noch, und auch die *Traviata* bringt ihren Appetit nicht zurück. Die Boten aus Wien sind nicht zufrieden. Die Mahlzeiten werden in rund zwanzig Minuten abgewickelt, die Kaiserin zeigt kein großes Interesse. Auf die Spaziergänge hingegen verwendet sie wesentlich mehr Zeit. Sie durchstreift die Insel in allen Richtungen und lernt die Namen der Blumen und Vögel. Ihr Gefolge ist von den langen Fußmärschen erschöpft. Hat sie eigentlich so etwas wie Ruhe wiedergefunden? Es ist nicht einmal sicher, ob sie es überhaupt will. Zu viele Schuldgefühle lasten auf ihr, weil sie ihre Kinder und ihren Mann im Stich gelassen hat. (...) Damit sie ihre Mutter nicht ganz vergessen, sendet sie ihnen auch Negative. Die Fotografie – besonders für den praktischen Gebrauch, steht zwar noch ganz am Anfang; doch die Kaiserin ist von dieser neuen Technik begeistert. Sie befriedigt sowohl ihren Narzißmus als auch ihren Wunsch, überall präsent zu sein. Eines dieser Fotos sorgt in Wien für einen Skandal, und die Höflinge zerreißen sich die Mäuler darüber, auch wenn es die meisten von ihnen nicht einmal mit eigenen Augen gesehen haben: Umgeben von ihren Gesellschaftsdamen, spielt die lächelnde Kaiserin auf einer Mandoline. Alle tragen Matrosenblusen und Kapitänsmützen. Ungezwungenheit und jugendlicher Übermut an Stelle von festlicher Kleidung, wie man sie von offiziellen Porträts erwartet. (...)
Elisabeth hustet nicht mehr. Sie ist wieder bei Kräften (...) Ihre Eigenliebe hat Genugtuung erfahren. Eines Tages vielleicht kommt der Franz, den sie geliebt hat, wieder. Die Kinder fehlen ihr entsetzlich. Immer häufiger spricht sie von der Heimreise. (...) Am 28. April verläßt sie Madeira an Bord

Nicole Avril geb. 1956 Französische Schriftstellerin

A ESPERANÇA
FIGUEIRAL

Nicole Avril (Fortsetzung)

der luxuriösen *Victoria-and-Albert II.* Die englische Königin hat sie ihr zur Verfügung gestellt: Die 240köpfige Besatzung ist es gewohnt, das Schiff nahezu lautlos zu führen, um die gekrönten Häupter während der Reise nicht mit Lärm zu belästigen. (...)
Nach vier Tagen Hofburg geht es ihr bereits schlechter als vor ihrer Abreise nach Madeira: völlige Appetitlosigkeit, Hustenanfälle und fürchterliche Kopfschmerzen. Ihr Gesicht ist schmerzverzerrt, die Wangen sind eingefallen. Der verzweifelte Kaiser zieht sich mit ihr auf Schloß Laxenburg zurück. Die Ärzte sprechen erneut von galoppierender Schwindsucht. Alle offiziellen Besuche und Termine werden abgesagt.

Aus: Nicole Avril. Elisabeth. Portrait einer Kaiserin. Ein biographischer Roman. Droemersche Verlagsanstalt Th. Knaur Nachf., München (1995)

Prof. Paul Langerhans (1847–1888) Deutscher Pathologe

Über seine Landung auf Madeira am 4. Oktober 1875:
Man weiß aber heutigen Tages vorher, ob für Schiffe irgend welcher Herkunft Quarantäne verhängt wird, und so ist die Visite wenig mehr als eine Form, wenn anders die Papiere des Schiffes in Ordnung sind. Unmittelbar danach drängt sich eine Schaar von Booten heran, und der Fremde wird sofort von laut schreienden und lebhaft gesticulierenden Kerlen umgeben, die sich lebhaft um die Ehre streiten, ihn und sein Gepäck an Land zu bringen. Die Scene ist fremdartig für den Nordländer und erinnert an den Orient. Der Weise beschränkt sich darauf, eine beobachtende Neutralität zu bewahren, bis die Leute oder die Besitzer der verschiedenen Hotels an Bord kommen und vertraut sich dann mit Hab und Gut dem von ihnen an, den er dazu gewählt hat; der Deutsche also fast immer dem Herrn Francisco Nunes. So wird er auf's Bequemste mit seinen Sachen ans Land kommen. Es soll für das Landen eine Taxe existieren, aber sie hat nur eine platonische Bedeutung.

Wenn die See bewegt ist, empfiehlt es sich, mit dem Boot nach der Potinha zu fahren, wo man, etwas geschützt durch den Ilheo-Felsen, leichter landen kann. Sonst wird mitten in der Stadt am Strande gelandet. Hart am Strande wird das Boot gewendet, so daß seine Spitze dem Meere zugewandt ist, und dann mit der geschickten Benutzung einer größeren Welle auf den Strand gefahren, genau wie die Pinguine sich auf St. Paul im Indischen Ocean auf den Strand werfen lassen.
Das ist die Geschichte Madeiras. Sie ist sehr kurz – kaum fünfhundert Jahre. Und sie ist erstaunlich einfach. Am meisten Interesse flösst uns noch ihre erste Seite ein: die Entdeckung der Insel durch ein Volk, das damals einen Ehrenplatz einnahm unter den Nationen der Erde. Aber ausser dem Entdecktwerden ist der Insel nichts von Bedeutung zugestossen. Sie ist mit dem Volke, das sie entdeckt hat, langsam eingeschlafen, und sie schläft noch jetzt, gefächelt von milden Lüften und bekränzt von Blumen. Und aus fernen Ländern kommen die Fremdlinge her, um in diesem schlafenden Lande die Ruhe zu finden, die den Müden und Kranken wieder herstellen soll. Sie gibt uns die Ruhe, diese stille Insel. Aber schön wie ihre Landschaft ist, wie viel schöner wäre sie, wenn eine reiche Geschichte sie mit poetischem Glanze umwebte, wenn der Blick, der stets wieder entzückt auf der schönen Natur ruht, dabei erinnert würde an eine Zeit, wo auch die Menschen hier etwas waren, wo Wissenschaften hier gepflegt wurden oder Künste blühten, wo tapfere Krieger oder stolze Bürger die Kraft eines Volkes zur selbstbewussten Geltung brachten. (...) Davon ist hier nichts zu finden. Madeira schläft und nie ist hier gedacht oder gewirkt worden über die engsten Grenzen menschlicher Thätigkeit hinaus. Das Einzige, was die Insel zum allgemeinen Besten beigetragen hat, ist ihr Wein.

Aus: Prof. Björn Hausen. Die Inseln des Paul Langerhans. Eine Biographie in Bildern und Dokumenten. Verlag Ueberreuter Wissenschaft; Wien und Berlin (1988)

◀ *Malerischer Anblick: Bunte Fischerboote in Câmara de Lobos*

Reiseziele von A bis Z

Routenvorschläge

Hinweis

Die nachstehenden Empfehlungen sollen dem Reisenden, der zum ersten Mal nach Madeira kommt, als Leitlinie dienen, um den Aufenthalt auf der Insel möglichst eindrucksvoll zu gestalten und die landschaftlichen Reize Madeiras gezielt zu entdecken. Die fettgedruckten Sehenswürdigkeiten, Orte und Plätze beziehen sich auf die Beschreibungen der "Reiseziele von A bis Z" im Hauptteil dieses Reiseführers. Die genannten Kilometerangaben beziehen sich jeweils auf die einfache Strecke.

Straßenzustand

Die Straßen auf Madeira sind in gutem Zustand, allerdings oft schmal, steil und kurvig. Nebenstrecken sind gelegentlich nicht asphaltiert, sondern gepflastert. Als durchschnittliches Reisetempo sind daher nicht mehr als 80 km/h zu veranschlagen.

Funchal – Monte – Faial – Funchal (Halbtagestour; ca. 35 km)

Funchal – Monte

Die gut befahrbare Straße 103 führt von Funchal in nördlicher Richtung und in zahlreichen Windungen aufwärts zwischen blumenreichen Gärten und Villenanwesen hindurch zu der 8 km nördlich inmitten prachtvoller Platanen- und Eichenwaldungen gelegenen Ortschaft ****Monte**. Bekanntestes Ziel hier ist die Kirche Nossa Senhora do Monte mit dem Sarkophag des letzten Habsburgerkaisers Karl I. und einer beachtenswerten Marienstatue, die an Christi Himmelfahrt im Mittelpunkt einer großen Prozession steht. Zu den Sehenswürdigkeiten zählen aber auch die 7 ha großen herrlichen tropischen Gärten von Monte.

Monte – Ribeiro Frio

Von Monte führt die Straße 103 weiter nach ****Ribeiro Frio**, ein aus wenigen Häusern bestehender Ort, der jedoch durch seine Forellenzucht große Bekanntheit erlangt hat.

Ribeiro Frio – Faial

Weiter der Straße 103 folgend erreicht man nun nach gut halbstündiger Fahrt den bescheiden wirkenden Ort **Faial** an der Nordostküste der Insel. Er liegt 150 m über dem Meer, hat etwa 1500 Einwohner und ist umgeben von Weinterrassen, Zuckerrohr- und Gemüsefeldern. Eine gute Aussicht hat man von der Kirchenterrasse, aber auch von einem besonderen Aussichtspunkt kurz vor Faial, von dem aus man die Halbinsel ****Ponta de São Lourenço** und die Nachbarinsel ****Porto Santo** sehen kann. Die Rückfahrt nach Funchal erfolgt über die zuvor beschriebene Strecke.

Funchal – Curral das Freiras – Funchal (Halbtagestour; 14 km)

Funchal – São Martinho

Die Straße 105 verläßt Funchal in nordwestlicher Richtung und erreicht nach 3 km das Dorf ***São Martinho** mit einer beachtenswerten Kirche (im Innern u. a. ein silbernes Prozessionskreuz aus dem 18. Jh. und verschiedene kostbar bestickte Gewänder).

◀ *Wenn es in den Tallagen Madeiras neblig ist, kann im Hochgebirge wie hier auf dem Pico de Arieiro durchaus die Sonne scheinen.*

Funchal – Curral das Freiras – Funchal (Fortsetzung)

Die Fahrt führt weiter über die Straße 105 in Richtung Santo Antonio, wo man sie bei dem Ort Chamarra verläßt, um über die Straße 107 zum Aussichtspunkt **Eiro do Serrado** (Serrado-Sattel; 1026 m ü. d. M.) am Nordostrand des ****Pico Serrado** zu gelangen. Hier zweigt nach rechts eine Straße (1 km) ab zum Miradouro. Den Parkplatz umstehen Stände von Händlern, die allerlei Andenken feilbieten. Ein bequemer schattiger Waldweg führt in etwa zehn Minuten zur Aussichtsplattform hoch über dem Curral-Tal. Der Blick aus schwindelerregender Höhe in den tiefen Talkessel, umgeben von steilen Felssabstürzen, gehört zu den schönsten Eindrücken die Madeira zu bieten hat. Weitere 3 km durch eine blumen- und waldreiche Berglandschaft aufwärts erreicht man den Miradouro Pico dos Barcelos (355 m ü. d. M.). Die in eine üppige Blumenpracht gebettete Aussichtsterrasse bietet bei einigermaßen klarem Wetter einen prächtigen Blick über die Südküste Madeiras.

São Martinho – Pico dos Barcelos

Empfohlener Abstecher zum Pico Serrado

Vom nahen Gipfel des Pico Serrado (wörtlich 'abgesägter Gipfel'; 1115 m ü. d. M.), ergibt sich der wohl großartigste Ausblick über die Hochgebirgskette Madeiras vom **Pico Ruivo de Santana** (1861 m ü. d. M.) und **Pico de Arieiro** (1818 m ü. d. M.) im Osten bis zum Pico Grande (1607 m ü. d. M.) und zum Pico do Jorge (1692 m ü. d. M.) im Westen.

Eiro do Serrado – Curral das Freiras

Jenseits des Sattels windet sich die Straße in vielen Serpentinen und durch Tunnel abwärts und erreicht nach 4 km den fruchtbaren Talboden des rundum von hohen Felsabbrüchen umschlossenen ****Curral das Freiras** (Stall der Nonnen) oder Gran Curral. Hier liegt über dem mit Felstrümmern übersäten Bett der Ribeira dos Socorrídos, gleich einer Oase inmitten der Steinwüste, das Dorf Curral das Freiras (690 m ü. d. M.).

Alternative: Wanderung vom Eiro do Serrado nach Curral das Freiras

Vom Parkplatz Eira do Serrado führt der alte, größtenteils gepflasterte Saumpfad, der bis 1959 die einzige Verbindung zwischen dem Curral-Tal und Funchal herstellte, in unzähligen Windungen hinab in die Ortschaft Curral das Freiras. Die lohnende Wanderung nimmt für die einfache Strecke eine gute Stunde in Anspruch.

Funchal – Câmara de Lobos – São Vicente – Funchal (Tagestour)

Funchal – Pico da Ponta da Cruz

Man verläßt Funchal in westlicher Richtung entweder auf der Autobahn oder auf der der prächtige Ausblicke bietenden Küstenstraße, die alsbald den Südabhang des Pico da Ponta da Cruz (263 m ü. d. M.; guter Aussichtspunkt) umzieht, eines alten Kraters unweit des gleichnamigen Vorgebirges. Nach weiteren 3 km erreicht man ***Câmara de Lobos** (Wolfsschlucht), einen kleinen, malerisch gelegenen und besonders von Malern

Funchal–Cámara de Lobos–São Vicente–Funchal (Fortsetzung)

Estreito da Câmara de Lobos

(u. a. einst auch von Winston Churchill) besuchten Fischereihafen am Ostfuß des Cabo Girão. Hinter Câmara de Lobos steigt die Straße bergan und entfernt sich allmählich in zahlreichen Windungen und Kehren von der Küste, um das Cabo Girão nördlich zu umgehen. Nächstes Ziel ist **Estreito da Câmara de Lobos**, ein für seinen Wein bekanntes Dorf. Im Herbst findet alljährlich zur Weinlese ein mehrtägiges Weinfest statt. Besuchenswert ist der Sonntagsmarkt mit buntem, völkstümlichem Treiben. Von Estreito da Câmara de Lobos führt eine Seitenstraße 4 km nördlich zur Quinta Jardim da Serra mit schöner Aussicht.

Nach harter Arbeit Zeit für ein Schwätzchen: Fischer im Hafen von Cámara de Lobos

Estreito da Câmara de Lobos–Cabo Girão

Etwa 4 km hinter Estreito da Câmara de Lobos zweigt eine Straße links ab zum Aussichtspunkt über dem ****Cabo Girão** (→ Estreito da Câmara de Lobos). Die hier 589 m senkrecht zur Küste abstürzende Felswand soll die höchste Steilküste Europas sein. Von dem Aussichtspunkt zeigen sich bei einem schwindelerregenden Blick in die Tiefe immer wieder kleine und kleinste, wohlbestellte Terrassenfelder.

Cabo Girão–Campanário

Campanário–Ribeira Brava

Ribeira Brava–São Vicente

Pousada dos Vinháticos

Die Küstenstraße erreicht alsbald das hübsch am Berghang gelegene Dorf Campanário, in dem lediglich eine Kirche aus dem 17. Jh. bemerkenswert ist. Von hier sind noch ca. 6 km bis ***Ribeira Brava**, einem Fischerstädtchen in hübscher Lage an der Mündung des gleichnamigen Wildbaches, zurückzulegen. Einen Besuch lohnt die reizvolle, von einem weithin sichtbaren weiß-blauen Turmdach gekrönte Pfarrkirche São Bento, sie ist eines der ältesten Gotteshäuser auf der Insel. Die Straße 104 nach ***São Vicente** verläßt Ribeira Brava in nördlicher Richtung, steigt landeinwärts meist über dem Westufer der Ribeira Brava bergan und führt dabei durch eine großartige Berglandschaft. Nach etwa 12 km passiert man die auch von Einheimischen viel besuchte Pousada dos Vinháticos (660 m ü. d. M.) in schöner, waldreicher Aussichtslage. Sie ist Ausgangspunkt für zahlreiche lohnende Bergtouren (z. B. Pico Grande, Pico do Jorge, Pico Ruivo).
***São Vicente,** das Ziel dieser Rundfahrt, entwickelte sich in den vergan-

genen Jahren vom einfachen Fischerort zu einem kleinen touristischen Brennpunkt; sehenswert ist die 1692 errichtete Kapelle São Roque mit Sandkieselmosaiken an der Barockfassade. Die Rückfahrt nach Funchal erfolgt über die zuvor beschriebene Strecke

Funchal – Câmara de Lobos – São Vicente – Funchal (Fortsetzung)

Funchal – Paúl da Serra – São Vicente – Santana – Funchal (92 km)

Funchal – Ponta do Sol

Zu dieser Tagestour verläßt man Funchal in westlicher Richtung über die Küstenstraße 101 und fährt über ***Câmara de Lobos**, ***Ribeira Brava** nach ***Ponta do Sol**, dem ersten Etappenziel. Ponta do Sol hat 6000 Einwohner; die malerische Ortschaft liegt zu beiden Seiten des gleichnamigen Flüßchens. Die Kirche Nossa Senhora da Luz geht wie viele Gotteshäuser Madeiras auf das 15. Jh. zurück, erfuhr aber später, insbesondere im 18. Jahrhundert starke Veränderungen. Etwa 2 km oberhalb von Ponta do Sol liegt im Ortsteil Lombada, inmitten ausgedehnter Bananenpflanzungen, die Quinta von João Esmeraldo, eines Weggefährten von Christoph Kolumbus, der hier im 15. Jh. große Zuckerrohrplantagen unterhalten haben soll. Das Herrenhaus dient heute als Schule. Unweit westlich von Ponta do Sol liegt das Fischerstädtchen **Madalena do Mar.** Es wurde im Jahre 1457 von einem Henrique Alemão (Heinrich der Deutsche) gegründet. Hinter diesem Namen soll sich jedoch König Ladislaus III. von Polen verborgen haben, der im Asyl auf Madeira gelebt haben soll. Etwa 5 km hinter Ponta do Sol zweigt eine Nebenstraße nach Norden hin ab und führt, sich später nach Westen wendend, über die Hochfläche ***Paúl da Serra** hinweg zurück zur Küstenstraße, auf die sie unweit südlich von Santa trifft. Die nebelreiche Hochfläche Paúl da S erra (Bergsumpf; 1300–1400 m ü. d. M.) erstreckt sich über eine Fläche von 102 km² und bietet einen etwas eigenartigen Kontrast zu der landschaftlichen Vielfalt Madeiras. Von der Straße über die Hochfläche mit mehreren Aussichtspunkte bieten sich Bergwanderern gute Ausgangspunkte für schöne Hochgebirgstouren. Am westlichen Ende der Ebene zweigt rechts die Straße nach **Rabaçal** ab, einer bescheidenen Ansammlung von Ferienhäusern.

Madalena do Mar

Paúl da Serra

Rabaçal

***Wanderung zu den Risco-Wasserfällen**

Von Rabaçal empfiehlt sich eine Wanderung zu den Risco-Wasserfällen (1 Std. hin und zurück) oder zu den Vinte-e-cinco fontes (25 Quellen; 2 Std. hin und zurück). Unweit nordöstlich bietet sich vom 'Balcão' ein herrlicher Blick auf den Wasserfall des Risco und nahebei auf die grüne Schlucht Vinte e Cinco Fontes (Schlucht der 25 Quellen).

Nossa Senhora de Loreto

Der Küstenstraße 101 folgend gelangt man nach weiteren 5 km zu der mozarabisch-manuelinischen Kapelle Nossa Senhora de Loreto aus dem 16. Jh. Alljährlich am 8. September findet eine Wallfahrt statt. Unterhalb der Küstenstraße liegt inmitten von Bananenkulturen und Weinterrassen das Hafenstädtchen ***Calheta**, einstmals das Zentrum des Zuckerrohranbaus auf Madeira mit einer kunstvoll geschnitzten Holzdecke im Chor der Pfarrkirche vor 1639. Von Calheta führt eine einfache Nebenstraße vorbei an dem Aussichtspunkt Arco da Calheta (846 m ü. d. M.) und weiter zur Schutzhütte von Rabaçal. Die Küstenstraße führt nunmehr weiter in Windungen aufwärts nach **Estreito da Calheta** mit der manuelinischen Capela dos Reis Magos (Dreikönigskapelle) aus dem 16. Jh. (u. a. schöne Holzmalereien). Eine Seitenstraße führt von Estreito da Calheta steil abwärts nach Jardim do Mar in reizvoller Lage.

Calheta

Estreito da Calheta

Die Hauptstrecke verläuft weiter nach Prazeres in prächtiger Aussichtslage auf einer waldreichen Hochfläche. In der Umgebung des Ortes kann man noch die ursprünglichen Natursteinhäuser aus Basalt sehen, die für diese Gegend Madeiras typisch waren. Nach 6 km zweigt links eine Nebenstraße ab zu dem von Wäldern umgebenen und sich am Fuße eines mächtigen Felsblockes ausdehnenden Dorf Fajã da Ovelha und zu dem Fischerdorf Paúl do Mar, das sich ebenfalls unter einer hohen Felswand duckt. Nach weiteren 9 km erreicht die Küstenstraße 101 ***Ponta do Pargo**, 473 m ü. d. M.), den westlichsten Ort der Insel. Das Landstädtchen liegt in einer der traditionsreichsten Gegenden der Insel. Noch heute sind

Prazeres

Fajão/
Paúl do Mar

Ponta do Pargo

Funchal – Pául da Serra – São Vicente – Santana – Funchal (Fortsetzung)

hier an Festtagen die schönen alten Trachten zu sehen. Vom Ort führt eine einfache Straße zum Leuchtturm mit einer guten Aussicht über die Westspitze der Insel. Vom Ort führt ein Fußweg hinab zur felsumrahmten Praia do Pesqueiro, dem Fischerstrand. Über Achadas da Cruz erreicht man nach 14 km Santa Maria Madalena, ein langgestrecktes Dorf, das heute kurz Santa genannt wird. Schließlich windet sich die Küstenstraße in zahlreichen Spitzkehren hinab zum Meer und erreicht nach 7 km ** **Porto do Moniz,** den von Funchal am weitesten entfernt liegenden Ort. Bei entsprechender Witterung laden die natürlichen Felsschwimmbecken zu einem erfrischenden Bad. Typisch für die Landschaft um Porto Moniz sind die kleinparzelligen Anbauflächen für Wein. Die Route verläuft nunmehr entlang der Nordküste Madeiras in östlicher Richtung über dem Meer hin. Die in die Felswand tief eingeschlagene Trassierung ist abenteuerlich und oft nur einspurig durch Tunnel und unter Wasserfällen hindurch geführt.

Porto do Moniz

Nächstes Ziel dieser Rundfahrt entlang der landschaftlich äußerst eindrucksvollen Nordküste ist * **São Vicente** mit einem sorgfältig restaurierten Ortskern. Von hier aus geht es weiter nach ** **Santana,** in dem die für die Region Comarca de Santana typischen Häuser mit den bis zum Boden

São Vicente

Santana

Bananen sind eines der wichtigsten landwirtschaftlichen Produkte auf Madeira – wie überall auf der Welt werden sie grün geerntet.

herabgezogenen Dächern bemerkenswert sind. **Faial**, der nur wenige Kilometer entfernte Ort, besitzt einen malerischen Ortskern und ist alljährlich das Ziel einer großen 'Romária'. Über * **Ribeiro Frio** und ** **Monte** führt die Straße 103 nunmehr zurück nach Funchal.

Funchal – São Vicente – Machico – Funchal (Tagestour; 90 km)

Ponta Delgada

Man verläßt Funchal in westlicher Richtung über die Küstenstraße 101 und fährt über * **Câmara de Lobos** nach * **Ribeira Brava.** Von hier verläuft die

Funchal – São Vicente – Machico – Funchal (Fortsetzung)

Straße 104 in nördlicher Richtung durch eine teils großartige Landschaft bis nach ***São Vicente.** Hier bietet sich die Möglichkeit, über die Straße 101 entweder nach links und damit nach ****Porto do Moniz** oder in die entgegengesetzte Richtung nach ***Ponta Delgada** zu fahren. Ponta Delgada ist ein reizvoll auf einer Landzunge zwischen Orangen- und Zuckerrohrkulturen gelegenes Dorf mit einem schlichten weißen Kirchlein und einem Meerwasserschwimmbad. Der Ort ist bekannt für seine 'Romária', die an jedem ersten Sonntag im September stattfindet.

Boaventura

Jenseits des Ortes entfernt sich die Straße vom Meer, um einen weiten Bogen zum Inselinneren hin zu beschreiben. Sie passiert nach 2 km **Boaventura**, die Landschaft wird hier geprägt von Obstkulturen und Weidenpflanzungen für die einheimische Korbflechterei. Touristen schätzen den Ort als Ausgangspunkt für schöne Wanderungen, besonders zum ****Curral das Freiras.**

Arco de São Jorge

Der Straße 101 weiter folgend kommt man hinter Arco de São Jorge an einer Aussichtsstelle vorbei, die einen viel gerühmten Blick über die Nordküste bietet.

São Jorge

Der Ort ***São Jorge** besitzt eine Barockkirche des 17. Jh.s mit bemerkenswerten Altarbildern. Von der nahen Ponta de São Jorge bietet sich ein weiter Blick auf die Nordküste bis Porto Moniz im Westen und Porto da Cruz im Osten.

Santana

Nach wenigen Kilometern erreicht man nun ****Santana,** den Hauptort der Comarca de Santana, des fruchtbarsten Bezirks von Madeira, und mit seinen von schönster Blumenpracht umgebenen, strohgedeckten Häusern eine der malerischsten Ortschaften der Insel.

Empfohlener Abstecher

Von Santana führt ein sehr schöner Ausflug zum Schutzhaus Casa das Queimadas (883 m ü. d. M.), dann weiter zu Fuß südlich zum Parque das Queimadas an den Hängen des **Pico Ruivo** (1861 m ü. d. M.), der von hier auch bestiegen werden kann und bei ausnahmsweise klarer Sicht ein großartiges Panorama über die Bergwelt der Insel Madeira öffnet.

Penha de Aguia

Hinter Santana folgt die Küstenstraße weiterhin dem Meer und bietet dabei mehrfach schöne Ausblicke. Einen auffälligen Akzent in der Landschaft setzt kurz nach **Faial** der eigentümlich geformte, 594 m hohe Felsblock Penha de Aguia (Adlerfelsen).

Porto da Cruz

Der kleine Hafenort ***Porto da Cruz** liegt am Fuße mächtiger Felswände und besitzt einen kleinen Aschestrand. Bekannt ist der Ort aber auch für eine der letzten Schnapsbrennereien auf Madeira, in welcher aus Zuckerrohr der "Aguardente" destilliert wird.

Portela-Paß

Die Straße wendet sich jenseits von Porto da Cruz vom Meere ab und führt südlich aufwärts ins Gebirge; beim Portela-Paß ist man schon auf 662 m Höhe. Der Blick reicht von hier nach Porto da Cruz und auf die Bucht von Machico.

Abkürzung nach Funchal

Vom Portela-Paß führt die Straße EN 102 (30 km) durch prächtigen Bergwald über das Korbmacherdorf ***Camacha** direkt zurück nach Funchal.

Machico

Wählt man den längeren Weg, gelangt man über die Straße 101 zunächst nach Santo António da Serra, einen bekannten Luftkurort, und dann nach ***Machico.** Dieses kleine Städtchen war einst Sitz der Regierung des östlichen Teils der Insel Madeira. Aus dieser Zeit stammen Teile der Cristo-Kapelle, die nach Flutschäden allerdings mehrfach wieder aufgebaut werden mußte.

Santa Cruz

Von Machico aus folgt man der Straße weiter und gelangt nach ***Santa Cruz** mit einer beachtenswerten Kirche aus dem 16. Jahrhundert. Vorbei am Flughafen Santa Catarina erreicht man nun ***Caniço,**, wo sich ein Abstecher zur monumentalen Christusstatue lohnt. Im Ort selbst ist die imposante Barockkirche aus dem 18. Jh. eine beachtenswerte Sehenswürdigkeit.

Von Caniço sind es nur noch wenige Kilometer bis nach Funchal, dem Ausgangspunkt dieser überaus eindrucksvollen Rundfahrt.

Reiseziele von A bis Z

Agua de Penha C 7

Lage: 21 km nordöstlich von Funchal
Höhe: 2–30 m ü. d. M.
Einwohnerzahl: ca. 6000

Lage und Bedeutung

Die in den siebziger Jahren dieses Jh.s für eine gezielte Weiterentwicklung des Tourismus auf Madeira ausgebaute kleine Ortschaft Agua de Penha liegt nur wenige Kilometer von Santa Cruz und damit vom Flughafen Santa Catarina entfernt. Diese Lage bringt den wesentlichen Nachteil mit sich, daß es zwar eine großzügig und komfortabel angelegte Siedlung für Touristen gibt, diese jedoch nicht gerade zu den ruhigsten Anlagen zählt. Nach der Fertigstellung der im Bau befindlichen Verlängerung der Start- und Landebahn des Flughafens soll Agua de Penha als Touristenort aufgegeben werden und als 'Trabantenstadt' für Machico dienen.

Sehenswertes in Agua de Penha

Miradouro Francisco Álvares de Nóbrega

Bei Agua de Penha zweigt eine Straße rechts zum Miradouro Francisco Álvares Nóbrega (etwa 1 km) ab. Der Aussichtspunkt bietet einen schönen Blick auf die Bucht von → Machico und die → Ponta do São Lourenço. Franciso Álvares de Nóbrega (1773–1807), nach dem der Aussichtspunkt benannt ist, war im übrigen einer der bekanntesten Dichter, die auf Madeira geboren wurden; bis heute wird er in Anspielung auf den großen portugiesischen Dichter gern als "der kleine Camões" bezeichnet. Allerdings nutzte de Nóbrega seine dichterische Begabung, seine Kritik an der katholischen Kirche in satirische Verse zu fassen. Die Verfolgung durch die Inquisition endete, nachdem er im Gefängnis an Lepra erkrankt war, mit dem Selbstmord des Dichters im Alter von nur 34 Jahren.

Boaventura B 6

Lage: 51 km nördlich von Funchal
Höhe: 5–150 m ü. d. M.
Einwohnerzahl: 3000

Lage und Bedeutung

Jenseits des Ortes → São Jorge entfernt sich die Straße vom Meer, um einen weiten Bogen zum Inselinneren hin zu beschreiben. Sie passiert nach 2 km den Ort Boaventura, der eingebettet ist zwischen Obstkulturen und ausgedehnten Weidenpflanzungen für die einheimische Korbflechterei. Grundlage für die Fruchtbarkeit dieser Gegend ist der Wasserreichtum.

◀ *An vielen Stellen hat die Erosion im Laufe der Jahrmillionen tiefe Spuren hinterlassen.*

Boaventura (Fortsetzung)

da sich einige kleine, vom zentralen Gebirgsmassiv kommende Flußläufe hier in den Atlantik entwässern. Während der Erntezeit der Weiden kann man vielerorts beobachten, wie die geschnittenen Ruten in großen Bottichen gekocht werden und dadurch ihre typische bräunliche Färbung erhalten.

Guter Ausgangspunkt für Wanderungen

Während es in Boaventura selbst keine bemerkenswerten Sehenswürdigkeiten gibt, ist der Ort ein guter Ausgangspunkt für schöne Wanderungen. Sie führen beispielsweise über einen alten Fußweg in das Flußtal des Ribeira do Porco und hinauf zum Pico das Torrinhas (1509 m ü. d. M.). Eine ausgedehnte Wanderung kann man von Boaventura aus zum ⟶ Curral das Freiras unternehmen.

Boca da Encumeada (Paßhöhe) B/C 4

Lage: 21 km nordöstlich von Funchal
Höhe: 1004 m ü. d. M.

Lage

Die Paßhöhe Boca da Encumeada (Encumeada = Aussichtspunkt, Paßhöhe) liegt auf einer Höhe von 1004 m ü. d. M. etwa in der Mitte der gut ausgebauten Straße 104, die von Ribeira Brava in nördlicher Richtung nach São Vicente führt.

**Aussicht

Der Aussichtspunkt gibt – einigermaßen klare Sicht und nicht zu tief hängende Wolken vorausgesetzt – prächtige Blicke auf die Serra de Água (1405 m ü. d. M.) und auf den Pico Grande (1657 m ü. d. M.) frei.
Von der Paßhöhe führt ein Wanderweg westlich in das Gebiet der Hochfläche ⟶ Paúl da Serra und zur Schutzhütte von Rabaçal.

Cabo Girâo

⟶ Estreito de Câmara de Lobos

Calheta C 2

Lage: 62 km nordwestlich von Funchal
Höhe: 2–230 m ü. .d. M.
Einwohnerzahl: ca. 5500

Lage und Bedeutung

Calheta liegt im südwestlichen Teil von Madeira und ist von Funchal über die gut ausgebaute Straße 101 zu erreichen. Einst war Calheta das Zentrum des Zuckerrohranbaus auf Madeira, an diese Zeit erinnern nur noch die Moinho de Açúcar, eine verfallene Zuckermühle unweit des Strandes, und eine noch in Betrieb befindliche Brennerei, in welcher der Zuckerrohrschnaps 'Aguardente' destilliert wird. Bekannt ist der Ort aber auch für seine weitläufigen Rebenflächen und für seinen Getreideanbau.

Geschichte

Calheta zählt zu den nachweislich ältesten Orten auf Madeira, bereits im Jahre 1502 erhielt der Ort die Stadtrechte. João Gonçalves Zarco, der Wiederentdecker Madeiras, soll hier große landwirtschaftliche Anbauflächen an seine Kinder vergeben haben, die sich darauf verstanden, die durch Brandasche zusätzlich verbesserte Fruchtbarkeit der Böden zu nutzen. In späterer Zeit besaß Calheta einen eigenen Zollposten, in dem die Akzise für Exportzucker von Madeira kassiert wurde. Mit dem Niedergang der madeirensischen Zuckerindustrie im 19. Jahrhundert verlor auch Calheta an Bedeutung.

Sehenswertes in Calheta

**Pfarrkirche

Im Chor der Pfarrkirche, die in ihren ältesten Teilen bereits um 1430 errichtet, 1639 jedoch grundlegend umgebaut wurde, ist die kunstvoll zusammengefügte Holzdecke im Mudéjarstil beachtenswert. Dabei handelt es sich um eines der schönsten Beispiele der von christlichen Mauren in Spanien entwickelten orientalischen Ornamentik, die auf Madeira noch erhalten sind. Beachtung verdient ferner ein von König Manuel I. gestiftetes Tabernakel aus Ebenholz mit Silbereinlegearbeiten.

Ziele in der Umgebung

Von Calheta führt eine einfache Nebenstraße vorbei an dem Aussichtspunkt Arco da Calheta (846 m ü. d. M.) und weiter zur Schutzhütte von Rabaçal.
Lohnend ist auch ein Abstecher nach ⟶ Estreito da Calheta mit der Capela dos Reis Magos (Dreikönigskapelle).

Camacha C 6

Lage: 15 km nordöstlich von Funchal
Höhe: ca. 715 m ü. d. M.
Einwohnerzahl: ca. 6300

Lage und Bedeutung

Camacha liegt im östlichen Teil der Insel Madeira und steht ganz im Zeichen der Korbflechterei. Fast jeder der etwa 6300 Einwohner hat in irgendeiner Weise mit diesem Gewerbe zu tun, das vor allem auf die Initiative englischer Kaufleute zurückgeht, die sich im 19. Jh. auf Madeira ansiedelten. Fast überall sieht man vor den Häusern die langen Bündel brauner Weidenruten, denn die Korbwaren werden zumeist in Heimarbeit gefertigt.

Das Flechten von Körben ist eine mühsame Arbeit – kein Wunder, daß immer mehr junge Menschen aus Camacha leichtere Jobs suchen.

Korbflechterei in Camacha (Fortsetzung)

Einen Höhepunkt erlebte die Korbflechterei auf Madeira, als nach dem Zweiten Weltkrieg die Nachfrage nach Korbmöbeln und -waren in ganz Europa stieg. Nach einem drastischen Rückgang in den siebziger Jahren dieses Jahrhunderts, als die Herstellungskosten stark anstiegen, die Erlöse hingegen stagnierten, erlebt die Korbmachertradition jetzt wieder eine neue Blüte. Diese ist zwar auch auf die gestiegenen Besucherzahlen zurückzuführen, wohl aber auch auf die Einführung moderner Techniken und Maschinen bei der Ernte und Verarbeitung der Weidenruten. Außerdem werden jetzt unter der Regie des staatlichen Handwerksinstituts IBTAM traditionelle Flechttechniken wiederbelebt.

Sehenswertes in Camacha

*Ortsbild

Recht unauffällig sind die zumeist nur schlicht gebauten Gebäude von Camacha, die sich um den hübsch gestalteten Largo da Achada, den zentralen Dorfplatz, gruppieren. In vielen Häusern arbeiten Korbflechter, die sich gern über die Schulter blicken lassen.
Auf dem Platz, der von Restaurants mit regionalen Spezialitäten und Souvenirgeschäften umgeben ist, erinnert eine Gedenktafel an ein Fußballspiel, das im Jahre 1875 auf Madeira stattfand – und damit das erste in Portugal überhaupt war. Einem Mann namens Harry Hinton wird das Verdienst zugeschrieben, einen Fußball auf die Insel mitgebracht und so die große Tradition des portugiesischen Fußballs begründet zu haben.

Café O Relógio

Am Rande des Dorfplatzes erhebt sich das Café O Relógio, das in früheren Zeiten einer britischen Kaufmannsfamilie als repräsentativer Wohnsitz diente. Originell mutet der – möglicherweise dem Big Ben in London nachempfundene – Uhrturm an, der gern als das Wahrzeichen von Camacha gesehen wird. Heute befinden sich hier die Verkaufsräume des größten Korbwarenexporteurs von Madeira, dessen Produkte der Korbwarenflechter werden in alle Welt verschickt. Im untersten Geschoß gibt es eine Schauwerkstatt, in der während der üblichen Öffnungszeiten gezeigt wird, wie Körbe, Stühle oder gar komplette Sitzgarnituren geflochten werden.

*Aussichtspunkt

Am hinteren Ende des Dorfplatzes Largo da Achada befindet sich ein Aussichtspunkt, von dem aus man einen herrlichen Blick auf die Südostküste von Madeira hat.

Câmara de Lobos D 5

Lage: 15 km östlich von Funchal
Höhe: 0–205 m ü..d.M.
Einwohnerzahl: ca. 5000

Lage und Bedeutung

Câmara de Lobos (Wolfsschlucht) ist ein kleiner und seit vielen Jahren besonders von Malern gern besuchter Fischereihafen am Ostfuß des Cabo Girão. Zu den berühmtesten Besuchern zählte einst Winston Churchill, der die Szenerie so reizvoll fand, daß er sie gleich in mehreren Gemälden festhielt. Der Ort verdankt seinen Namen den Mönchsrobben (portugiesisch 'lobos' = Wölfe), die hier einst die Bucht bevölkerten. Bereits im Jahre 1420 von João Gonçalves Zarco gegründet, gehört das Städtchen zu den ältesten Siedlungen Madeiras.
Câmara de Lobos ist das Zentrum der einheimischen Fischerei, insbesondere auf den Espada, der von hier aus nachts aus Tiefen von 800 m und mehr geangelt und in den frühen Morgenstunden am Hafen versteigert wird. Die um Câmara de Lobos angebauten Weinreben zählt zu den besten Lagen der Insel. Während die Männer entweder zum Fischfang aufs Meer fahren oder im Rebanbau beschäftigt sind, ist unter den Frauen die Stickerei in Heimarbeit verbreitet.

Leider hat der einst so romantische Ort etwas von seiner Atmosphäre eingebüßt. Die teils ärmlichen Verhältnisse, in denen die Fischer von Câmara de Lobos mit ihren Familien leben, bringen mit sich, daß man mit auch mit bettelnden Kindern rechnen muß.

Lage und Bedeutung (Fortsetzung)

Sehenswertes in Câmara de Lobos

**Ortsbild

Die Altstadt mit ihren verwinkelten Gassen und Plätzchen zieht sich um den die Hafenbucht beherrschenden, Ilhéu genannten Felsrücken. Viele der alten, sich an den Steilhang schmiegenden Fischerhäuser wurden in den vergangenen Jahren renoviert bzw. befinden sich noch in der Wiederherstellung. Den besten Blick über den kleinen Hafen hat man von der Stelle aus, an der auch Churchill saß und malte; sie ist mit einer Gedenktafel markiert.

Von der Höhenstraße aus gesehen bietet das hübsche Fischerstädtchen Câmara de Lobos ein sehr geschlossenes Bild.

Igreja São Sebastião (Pfarrkirche)

Im Westen der Altstadt steht die Pfarrkirche São Sebastião, die teilweise aus den Jahren um 1430 stammt. Im 18. Jahrhundert wurde die Kirche erneuert und mit schönem, teils vergoldeten Holzschnitzwerk sowie Azulejos ausgeschmückt.

*Hafen

Vom nahen Uferplatz führt ein schmaler Promenadenweg ostwärts am Meer entlang zu dem kleinen, idyllischen Hafen. Hier liegen in großer Zahl die farbenfrohen Fischerboote, die auf einer kleinen Werft am Hafen noch in traditioneller Weise gebaut werden.

*Capela Nossa Senhora dos Pescadores

Beim Hafen steht die äußerlich unscheinbare Kapelle Nossa Senhora dos Pescadores. Sie wurde 1702 an der Stelle der ersten, von Zarco auf der Insel errichteten Kapelle erbaut und reichlich mit vergoldeten Schnitzereien und Gemälden ausgestattet.

Câmara de Lobos (Fortsetzung), *Pico da Torre

Besonders lohnend ist der Blick über die Stadt und die Hafenbucht vom Aussichtsberg Pico da Torre (205 m ü. d. M.) nordöstlich über der Stadt.

Ziele in der Umgebung

Hinter Câmara de Lobos steigt die Straße bergan und entfernt sich allmählich in zahlreichen Windungen und Kehren von der Küste, um das imposante Felskliff Cabo Girão (⟶ Estreito de Câmara de Lobos) nördlich zu umgehen.
Oberhalb und nur wenige Kilometer von Câmara de Lobos entfernt liegt die Ortschaft ⟶ Estreito de Câmara de Lobos.

Caniçal

C 8

Lage: 32 km östlich von Funchal
Höhe: 0–50 m ü..d.M.
Einwohnerzahl: ca. 2000

Lage und Bedeutung

Die Geschichte des kleinen, heute fast unscheinbaren Ortes Caniçal im Osten von Madeira ist untrennbar mit der des Walfanges in den Gewässern rund um Madeira verbunden. Seit 1981 werden die Wale freilich verschont, nachdem man hier jährlich bis zu 300 Tiere gefangen und abgeschlachtet hatte. Ein gut 200 000 km² großes Seegebiet ist seither zum Meeresnationalpark erklärt worden.

An die große Zeit des Walfangs auf Madeira erinnert heute ein kleines Museum mit der Nachbildung eines Pottwals.

Bis zum Bau eines Tunnels, der 1956 fertiggestellt wurde, war der einstige Walfangplatz nur mit Schiffen oder über das Gebirge zu Fuß zu erreichen. Bis dahin betrieben die Bauern in dieser regenarmen, wüstenartigen Gegend, deren klimatische Bedingungen eher an die Nachbarinsel Porto Santo als an Madeira erinnern, allein Schaf- und Ziegenzucht auf mageren

Caniçal (Fortsetzung)

Weiden. Zur wirtschaftlichen Entwicklung der kargen Region ließ die Regierung hier eine Freihandelszone mit Handelshafen anlegen. Die Fischer vor Ort gehen heute vor allem auf Thunfischfang, einige fertigen Souvenirs, die freilich nicht mehr aus den Walknochen hergestellt werden.

Sehenswertes in Caniçal

Museu da Balaia (Walfangmuseum)

Nachdem sich Portugal 1981 dem internationalen Walfangverbot anschloß und der Fang dieser mächtigen Säugetiere eingestellt wurde, richtete man 1990 ein kleines Walfangmuseum ein, das mit allerlei Dokumenten, Fotografien und Schnitzereien aus Walknochen an jene Zeit erinnert. Besonders eindrucksvoll ist die 13 m lange Nachbildung eines Pottwals; das beigestellte Boot der Walfänger, Canoa genannt, verdeutlicht die unterschiedliche Dimension zwischen Fangerätschaft und Tier. Sehenswert ist aber auch ein Videofilm (auch in deutscher Sprache), in dem die Bemühungen der madeirensischen Regierung in Sachen Natur- und Umweltschutz geschildert werden. An einer Wand im Eingangsbereich hängen Bilder, die auch von deutschen Kindern gemalt wurden, die sich gegen den Walfang engagierten (Öffnungszeiten: Di.–Fr. 10.00–12.00 und 13.00–17.00 Uhr, Sa., So. und Fei. bis 18.00 Uhr; Eintrittsgebühr).

Gemalter Kinderprotest gegen den Walfang

Capela da Senhora da Piedade

Hinter Caniçal erblickt man rechts auf einem alten Vulkankegel die Capela da Senhora da Piedade. Sie ist an jedem dritten Wochenende im September Ziel einer großen Wasserprozession. Ein kleines, in der Kapelle aufbewahrtes Muttergottesbildnis, das man einem flämischen Meister aus dem 16. Jahrhundert zuschreibt, wird nach Caniçal getragen und in einer festlichen Bootsprozession in die Kapelle zurückbegleitet.

Badestrand von Prainha

Am Fuße des Kapellenhügels, in wenigen Gehminuten leicht zu erreichen, erstreckt sich der bei den Einheimischen beliebte, kleine Badestrand Prainha. Es ist der einzige Sandstrand der Insel und wird deshalb gern an Wochenenden aufgesucht.

Caniço (Sítio da Vargem) D 6

Lage: 10 km östlich von Funchal
Höhe: 25–200 m ü. d. M.
Einwohnerzahl: ca. 8000

Lage und Bedeutung

Das kleine Städtchen Caniço (auch Sítio da Vargem genannt) liegt nur wenige Kilometer östlich von Funchal an der Straße 101 zu beiden Seiten des gleichnamigen Flüßchens. Die etwa 8000 Einwohner leben heute in erster Linie vom Gemüse- und Obstanbau, wovon die zahlreichen Treibhäuser rund um den Ort zeugen.
Der schmale Fluß besaß in der Vergangenheit eine wichtige Bedeutung: Er trennte die beiden nach der Wiederentdeckung Madeiras durch João Gonçalves Zarco eingerichteten Verwaltungsbezirke. Dies führte in Caniço dazu, daß es in dem Ort bis zur 'Wiedervereinigung' im 18. Jh. gleich zwei Kirchenbezirke mit zwei Kirchen gab. Während am linken Flußufer die Heilig-Geist-Kirche errichtet wurde, baute man am rechten eine zu Ehren des hl. Antonius.

Sehenswertes in Caniço

*Heilig-Geist-Antonius-Kirche

An dem betriebsamen, mit schönem Basaltmosaik gepflasterten Dorfplatz steht die Pfarrkirche aus dem 18. Jahrhundert. Über dem Portal befindet sich der Hinweis, daß sie dem Heiligen Geist und dem hl. Antonius geweiht ist. Dies erinnert an die einstige Lehensgrenze zwischen Machico und Funchal, als Caniço in zwei Kirchengemeinden geteilt war. Als im 18. Jahrhundert die Gemeinden zusammengelegt wurden, ließ man die alten, baufällig gewordenen Kirchen abreißen und errichtete im Barockstil das heutige Gotteshaus.

Capela Madre de Deus

Ebenfalls am Dorfplatz steht die manuelinische Kapelle Madre de Deus aus dem 16. Jahrhundert.

*Quinta Splendida

Am südlichen Dorfrand erstreckt sich die Quinta Splendida, ein ehemaliges Landhaus, das mit viel Geschmack in ein Hotel umgebaut wurde. Das frühere Herrenhaus ist heute ein mit vielen Antiquitäten ausgestattetes Feinschmeckerlokal. Sehenswert ist der prächtig angelegte Park.

Caniço de Baixo

Etwa 3 km unterhalb von Caniço dehnt sich über der Küste die neue Hotelsiedlung Caniço de Baixo aus. Hier besteht die Möglichkeit, im Meer zu baden: Die in den Fels gebauten Meeresbadeanstalten mit Tauchmöglichkeit sind nicht nur den Hotelgästen, sondern auch der Öffentlichkeit zugänglich.
Eine weitere Bademöglichkeit gibt es am Ostende der Siedlung und dort am kleinen Kieselstrand von Reis Magos.

*Ponta do Garajau

Von Caniço führt südwestlich eine steile Straße in Windungen hinab zur Ponta do Garajau. Hier erhebt sich eine mächtige, 1927 errichtete Christusstatue; von der Terrasse hat man einen schönen Ausblick.

Meeres-nationalpark

Der Meeresabschnitt vor der Ponta do Garajau zwischen Ponta da Oliveira (östlich) und São Gonçalo (westlich) steht als 'Reserva Natural Parcial do Garajau' unter Naturschutz.

Curral das Freiras C 5

Lage: 20 km nördlich von Funchal
Höhe: 690–990 m ü..d.M.
Einwohnerzahl (im Ort Curral das Freiras): ca. 1500

Lage und Bedeutung

Das Curral das Freiras – wörtlich übersetzt 'Stall der Nonnen' – liegt im südlichen Teil des zentralen Gebirgsmassivs und zählt zu den imposantesten Landschaften auf der Insel Madeira. Den Namen erhielten das Tal wie auch der Ort von den Nonnen des Klosters Santa Clara in Funchal, die sich im Jahre 1566 nach einem Angriff französischer Korsaren hierher zurückzogen.
In der Vergangenheit hielt man den fast kreisrunden Curral das Freiras für einen erloschenen Vulkankrater. Neuere Forschungen haben jedoch ergeben, daß es sich vielmehr um eine reine Erosionserscheinung handelt, da der durch das Tal fließende Fluß wegen seines starken Gefälles im Laufe der Jahrhunderte den weichen Tuffstein auswusch, während er die härteren Basaltgesteine der steil aufragenden Felswände verschonte.

**Wanderwege in das Curral das Freiras

Vom Parkplatz Eira do Serrado führt der alte, größtenteils gepflasterte Saumpfad, der bis 1959 die einzige Verbindung zwischen dem Curral-Tal und Funchal herstellte, in unzähligen Windungen hinab nach Curral das Freiras. Die lohnende Wanderung nimmt eine gute Stunde in Anspruch.
Eine Alternative ist der sog. Paß der Verliebten, der oberhalb von Estreito de Câmara de Lobos in dem kleinen Gebirgsort Corticeiras beginnt und

über die Boca dos Namorados ins Curral das Freiras führt. Für diese Wanderung, die eine ausreichende Kondition und zweckgerechte Ausrüstung erfordert, sollte man ca. vier Stunden einplanen.

Wanderwege in das Curral das Freiras (Fortsetzung)

Bequemer geht es über die Fahrstraße, die sich jenseits des Sattels in vielen Serpentinen und durch Tunnel abwärts windet und nach 4 km den fruchtbaren Talboden des rundum von hohen Felsabbrüchen umschlossenen Curral das Freiras oder Gran Curral erreicht. Hier liegt über dem mit Felstrümmern übersäten Bett des Flusses Ribeira dos Socorrídos, der bei Câmara de Lobos in den Atlantik fließt, das abgeschieden wirkende Dorf Curral das Freiras.

Anfahrt mit dem Auto

Nur selten liegt der imposante Talkessel des Curral das Freiras im Sonnenlicht – meistens ist der Himmel von dichten Wolken verhangen.

Sehenswertes im Ort Curral das Freiras

*Ortsbild

Das Curral das Freiras wurde bereits vor dem Korsarenüberfall im Jahre 1566 von Nonnen aus dem Kloster Santa Clara landwirtschaftlich genutzt, das kleine, bescheiden wirkende Dorf auf einer Höhe von 690 m ü. d. M. stammt jedoch etwa aus dieser Zeit. Obwohl heute noch Getreide, Wein und Früchte (v. a. Kastanien) angebaut werden, spielt der Tourismus eine immer größere Rolle.

Im 19. Jahrhundert ließen die Klosterfrauen anstelle der ursprünglichen, dem hl. Antonius geweihten Kapelle die Kirche Nossa Senhora do Livramento erbauen. Sie erhebt sich in der Ortsmitte, ist aber meistens geschlossen. Beeindruckend ist die grandiose Landschaft, die man bei einem kurzen Spaziergang durch den Ort gewahrt.

Um den Dorfplatz reihen sich Andenkenläden und Cafés. Als Spezialitäten, die hier erhältlich sind, gelten Kastanien-, Walnuß- und Kirschlikör. Das kleine Restaurant Nuns Valley serviert außerdem so ungewöhnliche Gerichte wie Kastaniensuppe oder Kastanienkuchen.

Eira do Serrado C 5

Lage: 17 km nördlich von Funchal
Höhe: 1026 m ü..d.M.

Lage und Bedeutung

Auf dem Wege von Funchal zum → Curral das Freiras gelangt man durch teils dichten Eukalyptuswald und vorbei an mehreren Aussichtspunkten zur Eira do Serrado (Serrado-Sattel; 1026 m ü.d.M.) am Nordostrand des Pico Serrado. Hier zweigt nach rechts eine Straße (1 km) ab zum Miradouro (= Aussichtspunkt). Den Parkplatz umstehen Stände von Händlern, die allerlei Andenken, aber auch so nützliche Dinge wie handgestrickte Wolljacken feilbieten.

**Aussichtspunkt

Ein bequemer schattiger Waldweg führt in etwa zehn Minuten zur Aussichtsplattform hoch über dem Curral-Tal. Der Blick aus schwindelerregender Höhe in den 690 m tiefen Talkessel, umgeben von steilen Felsabstürzen, gehört zu den schönsten Landschaftseindrücken, die Madeira zu bieten hat.

**Pico Serrado

Vom nahen Gipfel des Pico Serrado ('abgesägter Gipfel'; 1115 m ü.d.M.), ergibt sich der wohl großartigste Ausblick über die Hochgebirgskette Madeiras vom Pico Ruivo (1861 m ü.d.M.) und Pico Arieiro (1818 m ü.d.M.) im Osten bis zum Pico Grande (1607 m ü.d.M.) und zum Pico do Jorge (1692 m ü.d.M.) im Westen.

Wanderwege

Im Gebiet der Eira do Serrado gibt es einige gut unterhaltene Wanderwege, die teils durch eine urwüchsige Landschaft führen.
Empfehlenswert ist auch eine Wanderung auf dem seit Jahrhunderten bestehenden Saumpfad, über den man in gut einer Stunde hinab in das Dorf → Curral das Freiras gelangt.

Pico dos Barcelos

Weiterhin 3 km durch blumen- und waldreiche Berglandschaft aufwärts erreicht man den Miradouro Pico dos Barcelos (355 m ü.d.M.). Die in Blumen gebettete Aussichtsterrasse bietet einen prächtigen Blick über die Südküste Madeiras.

Estreito da Calheta C 2

Lage: 65 km nordöstlich von Funchal
Höhe: 320–400 m ü..d.M.
Einwohnerzahl: ca. 3500

Lage

Der Ort Estreito da Calheta liegt nur wenige Kilometer und gut 400 m oberhalb von → Calheta. Von dort benutze man zunächst die Straße 101 in westlicher Richtung, verläßt diese jedoch schon nach kurzer Strecke, um über die Straße 212 den Ort zu erreichen.

Sehenswertes in Estreito da Calheta

**Capela dos Reis Magos (Dreikönigskapelle)

Die bedeutendste Sehenswürdigkeit von Estreito da Calheta ist die Capela dos Reis Magos (Dreikönigskapelle). Ihr erst vor wenigen Jahren restauriertes Inneres zählt zu den besten Beispielen für den manuelinischen Baustil. Besondere Beachtung verdienen die schöne Holzdecke sowie ein Triptychon, das von einem unbekannten, vermutlich jedoch antwerpischen Künstler des 16. Jh.s gefertigt wurde. Es zeigt die Heiligen Drei Könige bei der Anbetung des Christuskindes.
Wenn die Kapelle geschlossen ist, kann man sich im Nachbarhaus den Schlüssel geben lassen.

Estreito da Câmara de Lobos C/D 5

Lage: 17 km östlich von Funchal
Höhe: 350 – 500 m ü. d. M.
Einwohnerzahl: ca. 6000

Lage und Bedeutung

Estreito da Câmara de Lobos liegt westlich von Funchal auf einer Höhe von 500 m ü. d. M. an der Straße 214 und ist in erster Linie für seinen ausgezeichneten Wein bekannt. Im Herbst findet alljährlich zur Weinlese ein mehrtägiges Weinfest mit folkloristischen Darbietungen und Weinproben statt, das sich zwischenzeitlich zu einer Touristenattraktion entwickelt hat. Besuchenswert ist der Sonntagsmarkt im Zentrum des Ortes mit buntem, volkstümlichen Treiben. Ansonsten bietet Estreito da Câmara de Lobos keine nennenswerten Sehenswürdigkeiten.

Quinta Jardim da Serra

Von Estreito da Câmara de Lobos führt eine Seitenstraße 4 km nördlich zur Quinta Jardim da Serra (750 m ü. d. M.) mit schöner Aussicht.

**Cabo Girão

Lage

Etwa 4 km hinter Estreito da Câmara de Lobos zweigt eine Straße links ab zum Aussichtspunkt über dem Cabo Girão. Die hier über 589 m senkrecht zur Küste abstürzende Felswand soll die höchste Steilküste Europas und

Mit einer Höhe von 589 m ist das Felskliff Cabo Girão die höchste Steilküste Europas.

die dritthöchste der Erde sein. Vom Aussichtspunkt erkennt man beim schwindelerregenden Blick in die Tiefe kleine und kleinste Terrassenfelder. Da sie zu Fuß nicht zu erreichen sind, werden wagemutige Männer mit Seilen hinuntergelassen, um sie zu bewirtschaften.

Faial B 6

Lage: 24 km nördlich von Funchal
Höhe: ca. 150 m ü..d.M.
Einwohnerzahl: ca. 1500

Lage und Bedeutung

Hinter ⟶ Santana folgt die Küstenstraße weiterhin dem Meer und bietet dabei mehrfach schöne Ausblicke, nach 7 km ist das kleine, schmucke Städtchen Faial (150 m ü.d.M.) erreicht. Es liegt hoch über der steilen Nordküste inmitten fruchtbarer Obst- und Gemüsegärten, von wirtschaftlicher Bedeutung ist auch der Weinbau. Mit seinen gepflegten Häusern zeugt Faial vom bäuerlichen Wohlstand dieser Region. Der Name des Ortes ist auf das portugiesische Wort 'Faia' (= Wachsmyrthe) zurückzuführen, die hier auf den Feldern immer wieder zu finden ist.

Sehenswertes in Faial

Ortsbild

Die Kirche aus dem 18. Jahrhundert ist alljährlich am 8. September Ziel einer Wallfahrt (Romária).

Aussichtsstelle

Vom Kirchenvorplatz wie auch von zwei Aussichtsterrassen oberhalb des Ortes bietet sich ein schöner Blick auf die Nordküste Madeiras mit dem Adlerfelsen (Penha de Águia, 594 m ü.d.M.), einem isolierten, beinahe

Ein Ergebnis jahrhundertelanger Erosion ist der Penha de Águia, auf dem die selten gewordenen Fischadler wieder heimisch werden sollen.

kubischen Felsblock, auf dem heute wieder Fischadler, die man auf Madeira lange Zeit für ausgestorben hielt, nisten sollen. Bei einigermaßen klarem Wetter (besonders in den Morgenstunden) erkennt man auch die östlich von Faial gelegene Halbinsel ⟶ Ponta de São Lourenço.

Funchal

D 6

Lage: an der Südküste von Madeira
Höhe: 2–250 m ü. d. M.
Einwohnerzahl: ca. 108000

Lage und Bedeutung

Funchal (von 'funcho' = Fenchel), die Hauptstadt der Inselgruppe Madeira (offiziell der Região Autonoma da Madeira) und Hauptstadt eines eigenen Distriktes, liegt höchst malerisch an der Südküste der Hauptinsel Madeira, inmitten einer reichen subtropischen Vegetation.

Geschichte

Als Heinrich der Seefahrer die günstige Lage und den damit verbundenen strategischen Nutzen von Madeira erkannte, entsandte er João Gonçalves Zarco auf die Insel, der sich zunächst 1419 in Câmara de Lobos niederließ. In der von Buschwald und wildem Fenchel (portugiesisch 'funcho') ausgefüllten Bucht wurde durch Bandrodung Land gewonnen; das Feuer soll sieben Jahre lang gewütet haben. Im Jahre 1425 verlegte Zarco seine Residenz nach Funchal, von wo aus er die ihm von der portugiesischen Krone zugedachte Inselhälfte verwaltete. König Manuel II. vereinte im selben Jahr die beiden Lehensgebiete Funchal und Machico, deren Hauptstadt Funchal wurde.

Funchal, die von der Sonne verwöhnte Hauptstadt von Madeira, liegt in einer geschützten Bucht an der Südküste.

Bucht und die ihr zustrebenden Täler waren bereits um 1500 größtenteils durch maurischer und schwarzafrikanischer Sklaven intensiv mit Zuckerrohr bepflanzt, das den anfänglichen Wohlstand der Insel begründete. Im Tausch gegen den begehrten Luxusartikel kamen viele Kunstschätze auf die Insel, die noch heute die Museen Funchals füllen. Als sich in der Mitte des 16. Jh.s der Anbau von Zuckerrohr nicht mehr lohnte (⟶ *Baedeker Special* s. S. 22), ging man zum Weinbau über. Funchal wurde zum Haupt-

Fortsetzung s. S. 80

Eira do Serrado
Camara de Lobos
C. d. Clamos
Coruelas
E. N.
Sto. António
C. Romeiras
Caminho de Santo António
Cam. de Penteada
Estr. Dr. Freitas
COMPLEXO PENTEJADA
Caminho de S. Roque
HORARIOS FUNCHAL
Caminho dos S
CENTRO FEIRAS
Estrada João Abel de Freitas
Caminho da Achada
Cam. Quinta do Leme
Pico dos Barcelos
C. St. Amaro
Caminho de Pilar
Dr. Barreto
C. do Esmeraldo
Fortaleza do Pico
C. do
Cam. das Virtudes
Caminho de S. Martinho
S. Martinho
R. de Barreiros
Hospital
Av. L. Camões
R. Dr. Câma
C. d. Regedor
Caminho da Nazaré
Rua do Dr. Pita
C. E. Velho
Quinta Magnolia
BAIRRO DE NAZARÉ
Avenida do Infante
Hotel Quinta do Sol
Hotel Savoy
Hotel Casino Parque
Hotel Vila Ramos
C. Branca
Hotel Madeira Carlton
Reid's Hotel
Hotel Cliff Bay
Ilha do Amor
Cam. do Amparo
Hotel Florasol
Cam. de
Monumental
Hotel Casabranca
Caminho Velho da Ajuda
Estrada Monumental
Estrada
Hotel Eden-Mar
Ap. Gorgulhos
Bahia
Hotel Madeira Palácio
Hotel Carlton-Palms
Lido
Hotel Ap. do Mar Clube Naval
Hotel Duas Torres
300 m
© Baedeker

Faial
Camacha, Porteia
Santa Cruz
Jardim Botánico
Caminho do Meico
Livramento
Brasileria
Estr. Auso
Schlittenstrecke
Rua do Comboio
Torrinha
Rua Dr. Angelo
Rua de Santa Luzia
Aug. da Silva
Orneias
Rua Pedro Jose
Rua do Til
Caminho
Rua de Janeiro
R. D. Ferreiros
Capela de Encarnação
Museu Franco
R. d. J.Deus
R. B. Jesus
Carmo
Mercado
Rua Dr. Man. Pestana Junior
Rua da Rochinha
Estrada da Boa Nova
Estrada Visc. Cacongo
C. L. da Boa Vista
QUINTA FAIAL
Caminho de Palheiro
Caminho do Terço
Rua Pedra Sina
Carvalhal
Caminho de Conde
Estrada
R. B. S. Tiago
Corpo Santo
R. D. Carlos
N. S. Socorro
Caminho do Lazareto
Avenida do Mar
Fortaleza de San Tiago
Carreira
A. M. Arriaga
Pontinha
Porto
Molhe da Pontinha
Funchal
1 Museu Colombo
2 Casa Museu de Freitas
3 Santa Clara
4 Museu da Quinta das Cruzes
5 Palacio de S. Lourenço
6 Governo Regional
7 Sé Catedral
8 Museu de Arte Sacra
9 Igreja do Colégio
10 Câmara Municipal
11 Palacio da Justiça
Funchal

Geschichte (Fortsetzung von S. 77)

umschlagplatz für Madeirawein, der aufgrund geschickter Handelsverträge nicht nur nach Portugal und seine Überseegebiete, sondern auch an England und dessen Kolonien geliefert wurde (⟶ *Baedeker Special* s. S. 146–148). Gegen Ende des 17. Jh.s ließen sich zunehmend englische Weinhändler in Funchal nieder, darunter John Blandy (⟶ Berühmte Persönlichkeiten), der Begründer eines heute noch bestehenden Weinhandelshauses. Die teilweise noch bestehenden Gebäude aus dieser Zeit und die prächtigen Quintas außerhalb der Stadt zeugen vom Reichtum ihrer einstigen Besitzer.
Als der Weinbau im 19. Jh. durch Mehltau und Reblaus nachhaltig geschädigt wurde, setzte etwa zur gleichen Zeit ein behutsamer Tourismus ein. Immer öfter ließen sich wohlhabende Briten und andere Europäer während des Winters auf der Insel nieder. In Funchal wurden verstärkt Hotels gebaut und Quintas zu Gästehäusern umfunktioniert. Mit den siebziger

Die teils noch erhaltenen Herrensitze – auf Madeira Quintas genannt – zeugen vom Reichtum ihrer einstigen Besitzer (hier die Quinta Vigia).

Jahren dieses Jahrhunderts setzte die Ausweitung des Tourismus in geregelten Bahnen ein. Funchal ist nach wie vor Zentrum des madeirensischen Fremdenverkehrs. Der überwältigende Anteil aller Hotels der Insel befindet sich in und um Funchal, insbesondere im Westen der Stadt.
Funchal ist Sitz eines römisch-katholischen Bischofs, einer Universität und einer renommierten Hotelfachschule, die Stadt besitzt den einzigen größeren Hafen des Archipels. Obgleich oft starker Brandung ausgesetzt, war er ein wichtiger Stützpunkt im internationalen Transatlantikverkehr. Heute, nach Fertigstellung des Containerhafens der Freihandelszone Caniçal, dient er vorwiegend als Anlegestelle für Kreuzfahrtschiffe.
Abwechslungsreich präsentiert sich die Inselhauptstadt des Abends und zu nächtlicher Stunde mit Theater, Kinos, Spielkasino und Nachtlokalen. Fast jeden Abend findet in einem der größeren Hotels eine folkloristische Schauveranstaltung statt. In der Silvesternacht wird das Neue Jahr mit einem Großfeuerwerk begrüßt.

Sehenswertes in Funchal

Hinweise

Die steilen Straßen in Funchal sind wie die meisten Bergstraßen der Insel mit rundem, sehr glattem Basalt gepflastert und daher am besten mit festem Schuhwerk zu begehen.
Die besondere topographische Lage der Stadt führte in der Vergangenheit zu erheblichen Verkehrsproblemen, da der gesamte Ost-West-Verkehr der südlichen Inselflanke durch die engen, nicht erweiterbaren Straßen von Funchal geleitet wurden. Seit der Fertigstellung der Autobahnumfahrung (1995) nördlich oberhalb der Stadt hat sich die Situation spürbar entspannt. Gleichwohl mangelt es nach wie vor an Parkplätzen, weshalb es ratsam ist, die öffentlichen Verkehrsmittel zu benutzen.

1 Quinta Vigia (Quinta Angustias)
2 Theater
3 Palácio de São Lourenço
4 Antiga Alfândega (Alter Zoll)
5 Fotomuseum Vicentes
6 Museum für Sakrale Kunst
7 Klosterkirche Santa Clara
8 Quinta das Cruzes

**Stadtbild

Funchal steigt an den Hängen eines bis zu 1200 m hohen Gebirgszuges amphitheatralisch auf (die Vororte gehen bis in Höhen von 550 m ü. d. M.) und bietet damit inbesondere vom Meer her einen spektakulären Anblick. Geprägt wird das Stadtbild heute zunehmend von Hotelbauten – fast alle der ca. 12 000 Hotelbetten Madeiras sind auf Funchal konzentriert, doch nicht alle sehen so ehrwürdig aus wie das traditionsreiche Reid's Hotel, das bereits 1891 eröffnet wurde (⟶ *Baedeker Special* s. S. 86/87). Umgeben sind jedoch fast alle Hotels, wie auch die meisten Privathäuser, von sorgfältig gepflegten Gärten und Parks; es grünt und blüht in Funchal, wohin man schaut.

Westlicher Innenstadtbereich

Avenida do Mar (Seepromenade)

Entlang dem Hafen zieht sich die prächtige Seepromenade Avenida do Mar oder Avenida das Comunidades Madeirenses. An ihr erhebt sich der Palácio de São Lourenço, der ursprünglich im 16. Jh. an der Stelle einer älteren, einfachen Wallanlage errichtet wurde, danach jedoch mehrfach

Palácio de São Lourenço

Avenida do Mar (Fortsetzung)

Umbauten erfuhr. Die mächtige Seefront stammt aus dem 18. Jh. und zeigt am Ostturm das portugiesische Wappen. Es ist das erste auf Madeira errichtete Fort und heute Wohnsitz des Gouverneurs und des Militärkommandanten (keine Besichtigung). Im Nordteil des Gouverneurspalastes (Zugang von der Avenida Zarco) informiert eine kleine, ständige Ausstellung über die Geschichte des Forts, die jedoch nur zeitweise (nach Gutdünken der Militärs) zugänglich ist.

Immer wieder wurde Funchal von Piraten überfallen; zum Schutz davor wurde der Palácio de São Lourenço errichtet.

Zarco-Denkmal

An der Nordostseite des Gouverneurspalastes (Ecke Avenida Zarco/Avenida Arriaga) steht ein Denkmal zu Ehren des Inselentdeckers João Gonçalves Zarco. Es wurde im Jahre 1934 von Francisco Franco geschaffen.

Cais da Cidade

Vor dem Gouverneurspalast ragt ein Landesteg (Cais da Cidade) ins Meer hinein. An ihn grenzen die Anlagen des neuen Jachthafens, der gesäumt ist von zahlreichen Fischrestaurants und Cafés. Bemerkenswert sind die vielen Graffitti, die von Seglern auf Boden und Wände gesprüht wurden.

*Jardim de São Francisco (Stadtgarten)

Nordwestlich gegenüber dem Gouverneurspalastes erstreckt sich jenseits der Avenida do Dr. Manuel de Arriaga der an der Stelle eines 1834 geschlossenen Franziskanerklosters 1878 angelegte Jardim de São Francisco, ein schön angelegter Park mit überreichem Palmen- und anderem tropischen Pflanzenbestand. Im Zentrum steht eine Skulptur des heiligen Franz von Assisi von 1982.

**Madeira Wine Company

Südöstlich vom Jardim de São Francisco befindet sich in Teilen des ehemaligen Franziskanerklosters die Madeira Wine Company, die bedeutendste und älteste Weinkellerei Madeiras. Während der Öffnungszeiten sowie für Gruppen auf Voranmeldung (Tel. 223065, Fax 227043) gibt es Führungen, bei denen die Herstellung des berühmten Madeiraweines erklärt wird. Außerdem besteht die Möglichkeit, in einer der beiden Probierstuben Wein

Madeira Wine Company (Fortsetzung)

zu verkosten und zu kaufen, darunter auch sehr alte Jahrgänge. Eine der Stuben ist nach dem deutschen Maler Max Romer benannt, der von 1922 bis 1960 auf Madeira lebte und in einem Wandgemälde die Herstellung des Madeiraweines erzählt. In einem kleinen Museum werden alte Briefe und Dokumente sowie historische Werkzeuge aufbewahrt (Öffnungszeiten: Mo.–Fr. 10.30–15.30, Führungen: Mo.–Fr. jeweils 10.30 Uhr, Sa. 11.00 Uhr; Eintritt frei).

Teatro Municipal

Südlich gegenüber dem Jardim de São Francisco steht das 1888 erbaute Stadttheater (Teatro Municipal), in dem nebst Theater- und Filmvorführungen sowie anderen gesellschaftlichen Veranstaltungen auch wechselnde Kunstausstellungen stattfinden. Das anschließende kleine Café ist ein beliebter Treffpunkt für junge Leute. Östlich anschließend erhebt sich das Gebäude der ehemaligen Handelskammer. Das an der Front großflächig mit Azulejos verkleidete Gebäude aus dem Anfang des 20. Jh.s beherbergt heute die Niederlassung eines japanischen Automobilkonzerns.

**Photographia Museu Vicentes

Unweit östlich des Jardim São Francisco lohnt das Photomuseum 'Vicentes' (Rua da Carreira 43; Öffnungszeiten: Mo.–Fr. 14.00–18.30 Uhr, Eintrittsgebühr) einen Besuch. Besichtigen kann man das originale, 1848 von Vicente Gomes da Silva gegründete und damit erste Photoatelier Portugals.

Das Studio des Photographen Vicente Gomes da Silva in Funchal war das erste überhaupt in Portugal

Neben der originalen Einrichtung mit einer Vielfalt alter optischer und phototechnischer Geräte sind einige Alben mit sehr aufschlußreichen historischen Photos aus Madeiras Vergangenheit zu sehen. Bemerkenswert ist die Tatsache, daß in dem außergewöhnlich reichhaltigen Photoarchiv immer noch gut 350000 Bilder aufbewahrt werden, die der Auswertung harren. In dem reizvollen Innenhof aus der zweiten Hälfte des 19. Jh.s befindet sich ein Restaurant.

Casa do Turista

An der Westseite des Stadttheaters führt die Rua do Conselheiro José Silvestre Ribeiro zum Hafen hinab. An der Ecke zur Rua das Fontes findet sich, von außen unscheinbar, die Casa do Turista, in der Kunstgewerbe und Antiquitäten von Madeira, aber auch aus ganz Portugal gezeigt und zum Kauf angeboten werden.

Denkmal für Heinrich den Seefahrer

Heinrich der Seefahrer kolonisierte Madeira

Zurück zur Avenida do Dr. Manuel de Arriaga, die weiter westlich in die Praça do Infante mündet. Der Platz ist benannt nach dem 'Infanten' Heinrich der Seefahrer (1394 bis 1460; ⟶ Berühmte Persönlichkeiten), auf dessen Geheiß João Gonçalves Zarco im Jahre 1420 den Archipel in Besitz nahm. Sein Denkmal von 1947 ziert die 'Rotunda do Infante', die gewissermaßen die Bindestelle zwischen dem westlichen Bereich von Funchal und dem Zentrum darstellt.

Capela Santa Catarina

Südwestlich oberhalb des Platzes steht die kleine, schlichte Capela Santa Catarina, eine der ältesten Kirchen der Insel. Sie entstand im 15. Jh. an der Stelle eines früheren, hölzernen Kirchleins, das Constança Rodrigues, die Frau des Inselentdeckers João Gonçalves Zarco, errichten ließ. Die heutige Kapelle stammt aus dem 17. Jh., erfuhr später jedoch wiederholt bauliche Veränderungen.

Jardim de Santa Catarina

Hinter der Capela de Santa Catarina erstreckt sich an der Stelle des ehemaligen Friedhofes 'Cemitério das Augustas' der Jardim de Santa Catarina. Er ist heute ein Teil des zwischen 1945 und 1966 angelegten, ausgedehnten Stadtparks, mit mehreren neueren Plastiken, Pfauenwiese, Papageiengehegen, Schwanenteich und Kinderspielplatz. Bemerkenswert ist die Bronzeplastik 'Semeador', die einen Bauern beim Säen zeigt.

*Quinta Vigia

Abbildung s. S. 80

Das rosafarbene Gebäude an der Westseite des Parks wird Quinta Vigia oder auch Quinta das Angústias genannt. Während das Gebäude heute als Sitz und Gästehaus der Regierung von Madeira dient und deshalb nicht besichtigt werden kann, ist der außerordentlich schöne Park täglich von 9.00 bis 17.00 Uhr geöffnet. Die ursprüngliche Quinta Vigia, in der unter anderem einst auch die österreichische Kaiserin Elisabeth (im Volksmund 'Sissi' genannt; ⟶ Berühmte Persönlichkeiten) wohnte, mußte übrigens dem Bau des Casino-Hotels weichen.

Spielcasino

Unmittelbar neben der Quinta Vigia ragt der Rundbau des Spielcasinos auf, entworfen von dem brasilianischen Architekten Oscar Niemeyer; von der Terrasse bietet sich ein prächtiger Blick über die Stadt und ihren Hafen.

*Hospício da Princesa

Nördlich des Jardim de Santa Catarina erstreckt sich jenseits der Avenida do Infante der öffentlich zugängliche und sehr gepflegte Park des Hospício da Princesa. Donã Amelia, die zweite Gemahlin Pedros I. von Brasilien, stiftete das Anwesen 1859 als Hospiz für Lungenkranke in Erinnerung an ihre an Tuberkulose verstorbene Tochter.

**Quinta Magnólia (Freizeitareal)

Die Avenida do Infante führt weiter westlich über den steilen Flußlauf des Ribeiro Seco hinweg zum prächtigen, ganz im Stil des 18. Jh.s gestalteten Parkgelände der Quinta Magnólia. Einstmals Sitz des British Country Club ist das gepflegte Gelände heute ein öffentlich zugängliches Freizeitareal mit Schwimmbad, Tennisplätzen und anderen Sporteinrichtungen. Im Herrenhaus ist die Hotelfachschule von Funchal untergebracht; hier befindet sich ein Restaurant, in dem der Nachwuchs für den Tourismusbereich täglich (außer Sa., So. und Fei.) ein vorzügliches Mittagsgericht serviert.

*Reid's Hotel

Südwestlich der Quinta Magnólia steht jenseits der Estrada Monumental das altehrwürdige Reid's Hotel (⟶ *Baedeker Special* s. S. 86/87). Der Besuch zum Five-o'clock-Tee gehört unbestritten zu den Touristenattraktionen in Funchal; ein akzeptables Äußeres wird freilich erwartet. Von der Terrasse bietet sich ein weiter Blick über die Stadt und den Hafen. Der anschließende gepflegte Park mit Schwimmbad und Bademöglichkeit im Meer ist allein Hotelgästen vorbehalten.

Die Hospício da Princesa wurde 1859 von Donã Amelia, der zweiten Gemahlin Pedros I von Brasilien, als Hospiz für Lungenkranke gestiftet.

Hotelzone

Die Estrada Monumental zieht von der Quinta Magnólia bzw. vom Reid's Hotel weiter westlich über der Südküste Madeiras hin. Hier entstand in den vergangenen Jahren das neue, ausgedehnte Hotelviertel von Funchal, mit zahlreichen modernen Beherbergungsbetrieben, Ferienwohnanlagen, Einkaufs-, Sport- und Freizeitanlagen.

Spaziergang zur alten Hafenmole Pontinha

Vom Westende der Avenida do Mar verläuft die Rua da Pontinha südwestlich am Meer entlang und führt unterhalb vom Parque de Santa Catarina zu der alten, im 18. Jahrhundert begonnenen, mehrfach verlängerten Hafenmole Pontinha, unterhalb der Festung Nossa Senhora da Conceição; von der Molenspitze bietet sich ein umfassender Blick auf die Stadt.

Östlicher Innenstadtbereich

Marina (Hafenpromenade)

Die Hafenpromenade östlich des in den letzten Jahren angelegten Jachthafens wurde neu gestaltet. Etliche 'schwimmende' Cafés und Restaurants laden hier zum Verweilen ein, darunter auch die "Vagrant", ein Schiff, das sich ehemals tatsächlich im Besitz der "Beatles" befand.

Altes Zollamt

An der Landseite der Avenida do Mar, auch Avenida das Comunidades Madeirenses genannt, steht das alte Zollamt (Antiga Alfândega). Von dem

Baedeker Special

Ein Eckpfeiler des British Empire: Reid's Hotel

Legenden nähert man sich als gewöhnlich Sterblicher mit der ihnen gebührenden Portion Ehrfurcht. Dazu gehört jedoch nicht nur die innere Einstellung, nein: eine dezent gemusterte Krawatte, ein ebenfalls nicht zu aufdringliches Hemd, eine Hose mit sorgfältig geplätteter Bügelfalte und feines ledernes Schuhwerk sind sichtbarer Ausdruck des Respekts.

Wer damit nicht viel im Sinn hat, fällt fast unweigerlich dem gestrengen Portier auf. Noble Hotels – und **Reid's Hotel** in Funchal gehört zu dieser Kategorie – leisten sich solche livrierten Einlaßwächter, um rechtzeitig vor dem Allerheiligsten die Spreu vom Weizen zu trennen. Schließlich gilt es auch, einen der letzten Eckpfeiler des britischen Empire zu erhalten. Denn das Reid's ist ein solcher; allenfalls das Raffles in Singapur, das Savoy in London oder das Peninsula in Hongkong könnte man im selben Atemzug nennen. Very british bis auf die Knochen sind sie alle, von der *Times* auf dem Frühstückstisch bis hin zur ehernen Institution des Five o'clock Tea mit ofenfrischen Scones und Earl Grey hoch über Funchal. Selbstverständlich gibt es auch ein separates Bridge-Zimmer...

Ein bißchen Aufmerksamkeit gehört schon dazu, um an der fast unscheinbaren Zufahrt zum Reid's nicht vorbeizufahren. Allein die geschwungenen Lettern auf blankpoliertem Kupferschild geben Auskunft, welch feine Adresse man gerade passiert. Die schmale Zufahrt ist vielleicht ein Teil des typisch britischen Understatement, dem sich auch das Reid's verpflichtet fühlt. Denn was sich dahinter verbirgt, kann sich sehen lassen: Ganz abgesehen von den 169 stilvoll ausgestatteten Zimmern ist es die mehr als 50000 Quadratmeter große Parkanlage mit überaus üppigem subtropischem Bewuchs. Hier gedeihen allein sechs verschiedene Arten von Passionsblumen, einige der hochaufragenden Washingtonia-Palmen und mächtigen Kapok-Bäume stammen gar aus den Gründertagen der Nobelherberge.

William Reid, der Erbauer des Hotels, wurde im Jahre 1822 als eines von zwölf Kindern eines schottischen Bauern in Kilmarnock geboren. Als William 14 Jahre alt war, empfahl ihm der Arzt aufgrund seines schlechten Gesundheitszustandes ein wärmeres Klima. Sein Vater, so weiß die Hotelchronik, drückte ihm 5 Pfund Sterling in die Hand und schickte ihn fort, um 'irgendwo' sein Glück zu suchen.

Der schmächtige Junge erarbeitete sich zunächst eine Passage nach Lissabon und weiter nach Funchal, wo er Arbeit in einer Bäckerei fand. Doch schon bald interessierte er sich für den Weinhandel, der zu dieser Zeit in voller Blüte stand. Reid wurde zu einem erfolgreichen Händler und hochangesehenen Bürger – und schlug neue Wege ein. Zusammen mit seiner Gattin Margaret Dewey vermietete er Quintas, die für Madeira typischen Herrensitze, komplett mit Personal und Dienstleistungen an betuchte Besucher. Die kamen nach Madeira nicht zuletzt wegen des auch während der Wintermonate angenehmen Klimas und blieben nicht selten mehrere Monate auf der Insel. Es dauerte nicht lange, bis William und Margaret Reid ihr erstes Hotel besaßen. Mit finanzieller Unterstützung des Herzogs von Edinburgh, Sohn der Königin Victoria, kaufte er eine Quinta und gab ihr den Namen "The Royal Edinburgh Hotel". Es war die erste Unterkunft auf Madeira, die über einen ansprechenden Komfort verfügte; und der Erfolg, den die Reids hatten, veranlaßte sie, weitere Hotels auf der Insel zu errichten.

Seinen großen Traum von einem Hotel für gutbetuchte Mitmenschen erfüllte sich William Reid, nachdem er ein großzügiges Stück Land mit dem Namen Salto do Cavalo (Pferdesprung) erwerben konnte. 1887 begannen die Bauarbeiten unter der Leitung von George Somers, der zuvor schon für das Shepheard's Hotel in Kairo verantwortlich gezeichnet hatte. Denn nur ein außerordentlich begabter Architekt war in der Lage, auf diesem blanken Felsen ein komfortables Gebäude zu errichten.

auch Politiker wie Oskar Lafontaine, Otto Graf Lambsdorff oder Altbundespräsident Weizsäcker wissen das Reid's zu schätzen. Doch nicht nur die Prominenz gibt sich die sprichwörtliche Klinke in die Hand, sondern auch solche Gäste, denen das Ambiente eines feinen Hotels etwas bedeutet. Und denen es auch nicht schwerfällt, einer dezent und doch nachdrücklich vorgebrachten Bitte der Direktion nachzukommen: "Es wird

Die allererste Adresse auf Madeira: Reid's Hotel

William Reid selbst erlebte die Fertigstellung seines großen Traums nicht mehr. Nachdem er schon ein Jahr nach dem Beginn der Bauarbeiten verstarb, blieb es seinen Söhnen William (genannt Willy) und Alfred Reid vorbehalten, die Türen für die ersten Gäste zu öffnen.

Selbst mehrfache Umbauten und Erweiterungen konnten dem Reid's nichts vom Charme eines Hotels mit familiärer Atmosphäre nehmen. Den wußten und wissen selbst illustre Gäste zu schätzen; im Gästebuch finden sich Namen wie Sir Winston Churchill, Prinz Edward von Großbritannien, Prinz Axel von Dänemark und – lang ist's her – Kaiserin Zita und der Erzherzog von Österreich. Auch weltberühmte Literaten wie George Bernard Shaw, Mimen wie Gregory Peck und Roger Moore oder

darum gebeten, ab 19 Uhr Abendgarderobe zu tragen."

Daß künftig vermehrt die "Süddeutsche Zeitung" neben der "Times" auf dem Frühstückstisch liegt, ist ein Bestreben des gebürtigen Schweizers Kurt E. Schmid, seit 1996 Herr über die etwa 350 dienstbaren Geister des Reid's. Er folgt damit der jüngsten Erkenntnis, daß die deutschen Gäste die Briten an der Spitze der Besucherstatistik abgelöst haben.

Was bedeutet es für Kurt E. Schmid, Generaldirektor eines solch renommierten Hotels wie dem Reid's sein zu dürfen? "Es ist schön, einer mehr als 100jährigen Tradition verpflichtet zu sein."

Und zur Tradition gehören nun mal Schlips, Hemd und ... (siehe oben).

Altes Zollamt (Fortsetzung)

ursprünglichen Bau aus dem Jahre 1477 ist nur wenig erhalten. Durch das Erdbeben von 1748 fast vollständig zerstört, wurde es im 18. Jh. wieder aufgebaut und durch spätere Um- und Ausbauten ergänzt. Allein das Nordportal ist vom ursprünglichen Gebäude erhalten und gilt als eines der schönsten Beispiele manuelinischer Architektur auf der Insel. Das alte Zollamt ist heute Sitz des Regionalparlaments (Besichtigung auf Anfrage).

Praça da Autonomia (Platz der Autonomie)

Nur wenige hundert Meter östlich vom alten Zollamt erreicht man die Praça da Autonomia (Autonomieplatz), den zentralen Straßenverkehrsknotenpunkt der Stadt zwischen den Einmündungen der beiden heute kanalisierten Flüsse Ribeira de Santa Luzia und Ribeira de João Gomes ins Meer. In diesem Kreisverkehr treffen sich die Verkehrswege von Osten, Westen und Norden.
Im Mittelpunkt des Platzes erhebt sich ein Denkmal zur Erinnerung an die sog. Nelkenrevolution und die damit verbundene Erlangung der Autonomie Madeiras im Jahre 1974.

Largo do Pelourinho

Nördlich anschließend an die Praça da Autonomia erstreckt sich der Largo do Pelourinho mit einer Kopie des ehemaligen Stadtprangers (Fragment des Originals in der Quinta das Cruzes), der einst Zeichen der Gerichtshoheit der Stadt war.

Außen schlicht, innen prachtvoll: die Kathedrale von Funchal ist der Mittelpunkt des religiösen Lebens auf Madeira.

**Sé (Kathedrale)

Unweit nördlich des Zollamtes gelangt man durch eine erst in den achtziger Jahren fertiggestellte Fußgängerzone zur Kathedrale, portugiesisch Sé genannt (von lat. sedes = Sitz, Bischofssitz). Sie wurde 1483 von König Manuel bei dem Baumeister Gil Pedreiro Enes in Auftrag gegeben und in den Jahren 1485–1514 als erste portugiesische Kathedrale in Übersee erbaut. Das strenge Äußere des Sakralgebäudes ist bestimmt vom Kontrast des weißen Wandputzes zu den feinen manuelinischen Steinmetzarbeiten aus dunklem Basalt.

Sé (Kathedrale) Fortsetzung)

Über dem gotischen Hauptportal prangt eine schmuckvolle Rosette sowie das Kreuz des Christusordens, dessen Großmeister König Manuel I. war und das heute auch in der Flagge Madeiras zu finden ist. Reich mit manuelinischen Details verziert ist die Rückfront. Den wuchtigen, viereckigen Hauptturm krönt eine in geometrischem Muster mit Kacheln gedeckte, pyramidenförmige Spitze.
Im Inneren zeigt sich die Sé als dreischiffige Basilika. Der Hauptalter und die acht Seitenaltäre, alle überreich geschnitzt und vergoldet, kamen ebenso wie das Chorgestühl im 16. Jahrhundert aus Flandern und wurden aus den Erlösen des Zuckerhandels bezahlt.
Besondere Beachtung verdient die aus dem Holz der Madeirazeder (eigentlich Wacholder) geschnitzte und mit Elfenbeininkrustationen versehene Decke der Vierung. Sie zeigt Ornamente und Motive im Mudéjarstil, jenem von muslimischen Kunstelementen beeinflußten Stil, den christianisierte Mauren auf die Iberische Halbinsel brachten.

Auf dem Mercado dos Lavradores, dem Arbeitermarkt in Funchal, findet man die ganze Vielfalt der madeirensischen Landwirtschaft.

**Mercado dos Lavradores (Markthalle)

Wenige hundert Meter östlich der Kathedrale führt eine weitere, ebenfalls in jüngster Zeit angelegte Fußgängerzone zum Largo dos Lavradores und hier zur Markthalle, dem 'Mercado dos Lavradores' (Arbeitermarkt). Der Haupteingang ist mit schönen blau-weißen Kachelbildern geschmückt; sie zeigen u. a. Motive des Marktgeschehens. Im Inneren gruppieren sich die Marktstände auf zwei Ebenen um einen weiten, malerischen und mit Bäumen bestandenen Innenhof. Auch hier sind die Wände reichlich mit Kachelschmuck versehen.
Das größte Angebot an Obst, Gemüse, Fleisch, Molkereiprodukten, Getränken, Blumen, Korb- und Lederwaren, Handarbeiten u. a. findet man hier freitags und samstags, wenn die Bauern aus den umliegenden Dörfern ihre Waren anbieten.
Im östlichen Teil des Gebäudes, das im typischen Stil der dreißiger Jahre dieses Jh.s von dem portugiesischen Architekten Edmundo Tavares ert-

Mercado dos Lavradores (Fortsetzung)

worfen wurde, ist der Fischmarkt untergebracht. Hier werden v.a. der auf den ersten Blick unappetitlich wirkende und doch sehr schmackhafte Espada und Thunfisch, aber auch viele andere Meeresfrüchte angeboten. Hier lohnt sich ein Besuch besonders in den frühen Vormittagsstunden, wenn das Angebot noch reichhaltig ist.

*Zona Velha (Altstadt)

An die Markthalle schließt sich östlich die Altstadt von Funchal an, mit ihrem malerischen, derzeit in Restaurierung befindlichen Gassengewirr, kleinen Läden, Handwerksstätten und Bars.
Zur Seeseite hin gelangt man vorbei am Campo Dom Carlos I., dem ehemaligen Exerzierplatz, auf dem ebenfalls an den Wochenenden Markt abgehalten wird, weiter östlich zur Zona Velha, dem teils wiederhergestellten ehemaligen Fischerviertel mit mehreren guten Restaurants.

Club Sport Maritimo

Ein recht originelles Museum befindet sich an der Rua Don Carlos Primeiro 14. Im oberen Geschoß des erst kürzlich renovierten Gebäudes werden etwa 2200 Pokale aus der Zeit von 1910 bis heute gezeigt, die anläßlich portugiesischer Fußballmeisterschaften und -pokalwettbewerbe ausgespielt wurden. Außerdem gibt es eine große Anzahl von Wimpeln und sonstigen Dingen, die mit dem in Portugal wie auch auf Madeira als Volkssport Nr. 1 geltenden Fußball in irgendeiner Weise etwas zu tun haben (uneinheitliche Öffnungszeiten; Eintritt frei).

Capela do Corpo Santo

Gleich am Beginn der Zona Velha steht am Largo do Corpo Santo die kleine Fischerkirche Capela do Corpo Santo aus dem 16. Jahrhundert, mit einigen manuelinischen Architekturdetails.

**Fortaleza de São Tiago

Am östlichen Ende der Zona Velha beschützt die malerische Fortaleza de São Tiago die kleine ehemalige Hafenbucht des Fischerviertels. Sie wurde

Einst hielt man hier nach Piraten Ausschau, heute hat in der Fortaleza de São Tiago die moderne Kunst eine Heimstatt gefunden

Fortaleza de São Tiago (Fortsetzung)

1614 erbaut und dem hl. Jakobus d. J., dem Schutzpatron von Funchal, geweiht. Das Fort ist täglich zugänglich, besonders schöne Ausblicke hat man vom obersten Stockwerk.
In einem Teil des Inneren ist heute das Museu de Arte Contemporânea (Museum für zeitgenössische Kunst) untergebracht; gezeigt werden Werke portugiesischer Maler des 20. Jahrhunderts (Öffnungszeiten: Mo.–Fr. 10.00–12.30 und 14.00–16.00 Uhr; Eintritt frei).

Praia da Barreirinha

Unterhalb des Forts erstreckt sich der kleine ehemalige Fischerhafen, der heute von den Einheimischen als Badestrand 'Praia da Barreirinha' genutzt wird.

*Igreja de Santa Maria Maior

Weiterhin nordöstlich hinter der Fortaleza de São Tiago erhebt sich die Igreja de Santa Maria Maior oder Igreja do Socorro (Erlöserkirche), die Pfarrkirche der Altstadt. Ursprünglich im 16. Jh. errichtet und dem hl. Jakobus d. J. geweiht, wurde sie im Jahre 1748 weitgehend zerstört. Der heutige Bau aus dem 18. Jh. ist reichlich mit barockem Bildwerk und Schnitzereien ausgestattet. Im Inneren wird der Schrein des hl. Jakobus d. J. aufbewahrt.
Die Kirche Santa Maria Maior ist alljährlich am 1. Mai Ausgangspunkt einer großen Prozession im Angedenken an die Pest des Jahres 1538.

Nördlicher Innenstadtbereich

Praça do Município (Rathausplatz)

Abbildung s. S. 31

Von der Kathedrale gelangt man nördlich zur Praça do Município, dem dekorativ gepflasterten und von einem Brunnen geschmückten Rathausplatz. Der Platz ist rundum von Häusern der Barockzeit umgeben und bietet deshalb ein architektonisch geschlossenes Bild. Die Ostseite des Platz-

Bildungsstätte für Knaben, Kaserne und heute Sitz der Universität von Madeira: die Kollegiatskirche São João Evangelista

Praą do Município (Fortsetzung)

zes nimmt das Rathaus (Câmara Municípal) ein, das 1758 als Herrensitz der Grafen de Carvalhal errichtet und im ausgehenden 19. Jh. zum Sitz der Stadtverwaltung bestimmt wurde. Die Wände der Eingangshalle wie auch der Treppengänge und Galerien sind mit schönen barocken Fliesenbildern geschmückt. Im malerischen Innenhof ist der Brunnen 'Leda mit dem Schwan' beachtenswert.

Museu da Cidade (Stadtmuseum)

Das Rathaus beherbergt neben der Stadtverwaltung das Stadtmuseum (Museu da Cidade), mit bemerkenswerten Dokumenten aus der Stadtgeschichte (geöffnet während der Dienststunden).

*São João Evangelista (Kollegiatskirche)

Die Nordwestseite des Rathausplatzes wird beherrscht von der Kollegiatskirche São João Evangelista (Igreja do Colégio) des ehemaligen Jesuitenklosters. Im 17. Jh. gegründet und als höhere Bildungsstätte für Knaben betrieben, im 18. Jh. als Kaserne profaniert, ist es heute Sitz der Universität von Madeira. Die Fassade der Kollegiatskirche ist von Heiligenfiguren geschmückt; im Inneren finden sich reichlich vergoldete Schnitzereien und Kachelgemälden.

**Museu de Arte Sacra (Museum für sakrale Kunst)

König Manuel I. stiftete dieses Prozessionskreuz

Die südliche Seite des Rathausplatzes schließt das ehemalige Bischöfliche Palais aus dem 17. Jh. ab. Bis 1910 diente es als Sitz des Bischofs, seit 1955 beherbergt das Gebäude das Museum für sakrale Kunst (Museu de Arte Sacra; Eingang an der Rua do Bispo 21). Das Museum besitzt eine außerordentlich bedeutende und sehenswerte Sammlung flämischer Gemälde des 15. und 16. Jh.s, die im Auftrag reicher Zuckerhändler gekauft wurden und so auf die Insel gelangten. Diese Tatsache mag als Beweis für den Wert des madeirensischen Zuckers dienen, denn die Gemälde stammen fast ausschließlich von der Hand bekannter flämischer Maler.

Beachtung verdienen ferner zahlreiche weltliche und sakrale Kunstgegenstände Portugals aus dem 16. bis 18. Jahrhundert. Besonders hervorzuheben sind ein mächtiges manuelinisches Prozessionskreuz aus vergoldetem Silber, das König Manuel I. zu Beginn des 16. Jh.s der Kathedrale von Funchal schenkte sowie eine Sammlung liturgischer Gewänder (Öffnungszeiten: Di.–Sa. 10.00–12.30 und 14.00 bis 18.00 Uhr, So. 10.00–13.00 Uhr; Eintrittsgebühr, Fotografierverbot).

*Igreja São Pedro

Vom Rathausplatz geht man zunächst in westlicher Richtung durch die Rua Câmara Pestana und weiter aufwärts zu der Kirche São Pedro aus dem 16. Jahrhundert. Ihr Inneres ist ganz mit Kacheln aus dem 17. Jh. ausgekleidet, der barocke Hauptaltar überreich mit vergoldetem Schnitzwerk versehen. Beachtenswert ist auch die mit Blumenmotiven bemalte Decke.

*Museu Municipal (Naturkundliches Museum)

Gegenüber der Kirche São Pedro befindet sich im Palacio de São Pedro aus dem 18. Jh. das Stadtmuseum (Museu Municipal), eigentlich ein naturkundliches Museum. Im Erdgeschoß zeigt ein kleines Aquarium Meerestiere und -pflanzen aus der Umgebung Madeiras. Im Zwischengeschoß

Im Inneren der Klosterkirche von Santa Clara wurden die sterblichen Überreste des Inselwiederentdeckers Zarco beigesetzt (Text s. S. 94) ▶

Museu Municipal (Fortsetzung),

gibt es eine Bibliothek, die nach Voranmeldung (Tel. 229761) zugänglich ist. Im Obergeschoß gibt es eine Sammlung an Fossilien und Tierpräparaten (Öffnungszeiten: Di.–Fr. 10.00–12.30 und 14.00–18.00 Uhr.

**Casa-Museu Frederico de Freitas

Oberhalb des Stadtmuseums steht an der Calçada de Santa Clara der ehemalige Herrensitz der Grafen von Calçada aus dem 17. Jahrhundert. Er beherbert jetzt das Museu Frederico de Freitas, die umfangreiche Kunst- und Kunstgewerbesammlung des Rechtsanwaltes de Freitas. Die Museumsräume wurden originalgetreu im Stil verschiedener Zeiten eingerichtet, gezeigt werden antiquarische Möbel, Gemälde, Keramiken, religiöse Kunst sowie Gebrauchsgegenstände für den Alltag. Geschmack und Stil zeigt der hübsche Wintergarten (Abbildung s. S. 162). Zwei Geschosse sind Wechselausstellungen u. a. auch international renommierter Künstler vorbehalten (Öffnungszeiten: Di.–Fr. 10.00–12.30 und 14.00–18.00 Uhr; Eintritt frei, teilweise Fotografierverbot).

**Kloster Santa Clara

Weiterhin an der steilen Calçada de Santa Clara aufwärts gehend, erreicht man linker Hand das Kloster Santa Clara. Ende des 15. Jh.s ließ der Inselentdecker João Gonçalvo Zarco hier die Kirche Igreja da Conceicão de Cima errichten. Wenig später, zwischen 1492 und 1497, gründete Zarcos

Leben in klösterlicher Abgeschiedenheit: der Kreuzgang des ehemaligen Konvents Santa Clara

Sohn João Gonçalves da Câmara das Kloster und ließ es der hl. Klara weihen. Im Laufe der Zeit gewannen die Klosterfrauen einen großen Einfluß, zum Kloster gehörte – nicht zuletzt durch zahlreiche Schenkungen – ein weitläufiger Grundbesitz. Einen Teil ihres Vermögens gewannen die Nonnen von Santa Clara auch durch den Handel mit Wein. Als 1566 französische Korsaren in Funchal einfielen und das Kloster plünderten, flüchteten die Nonnen in den ⟶ Curral das Freiras. Im 17. Jh. erfolgten umfangreiche Um- und Erweiterungsbauten, die das heutige Gesicht der Anlage entscheidend prägen. Während ein großer Teil der ursprünglichen Anlage der

Kloster Santa Clara (Fortsetzung)

Modernisierung zum Opfer fiel, blieben das im gotischen Stil gehaltene nördliche Portal der anschließenden Klosterkirche sowie der Kreuzgang mit einem Flügelaltar aus dem 16. Jh. innerhalb des Klosters erhalten. Heute unterhalten Franziskanerinnen in den Klosterräumen eine Kindertagesstätte für Bedürftige.

Kircheninneres

Die Seitenwände des Kircheninneren sind ganz mit blau-weiß-gelben Kacheln des 16./17. Jahrhunderts ausgelegt. Im Chor befinden sich die Grabstätte des Inselentdeckers sowie einiger seiner Familienangehörigen. Im rückwärtigen Teil des Kirchenschiffes mit einer kunstvoll bemalten hölzernen Kassettendecke beachte man das im manuelinischen Stil gehaltene Grabmal von Zarcos Schwiegersohn Mendes de Vasconcelos. Klosteranlage und Kirche sind für den unmittelbaren Zutritt meistens geschlossen. Wenn man an der seitlich neben der Kirche gelegenen Pforte klingelt, erhält man die Erlaubnis zur Besichtigung und manchmal auch eine kostenlose Führung.

**Quinta das Cruzes

Unweit oberhalb des Klosters Santa Clara liegen Herrenhaus, Kapelle und Park der Quinta das Cruzes ('Haus der Kreuze'). Das Anwesen soll auf das 15. Jh., also auf die erste Zeit der Besiedlung Madeiras, zurückgehen und bereits dem Inselentdecker Zarco als Wohnsitz gedient haben. Durch das

Die Quinta das Cruzes, ein ehemaliger Herrensitz, birgt eines der sehenswertesten Museen von Funchal.

Erdbeben von 1748 weitgehend zerstört, wurde es unter Einbeziehung älterer, noch erhaltener Bauteile im ausgehenden 18. Jh. wiederaufgebaut. Die Quinta das Cruzes beherbergt seit 1953 ein bemerkenswertes Museum zur Kulturgeschichte der Insel, das einen hervorragenden Einblick in die Wohn- und Lebensverhältnisse ihrer wohlhabenden Bewohner vom 16. bis zum 19. Jh. vermittelt. Von besonderem Interesse sind Zuckerkistenmöbel, Azulejos, Porzellan, Silber aus der Stiftung Gulbenkian und Teile eines gesunkenen holländischen Segelschiffes. Ein Teil der Räumlichkeiten ist im originalen Stil des 19. Jh.s eingerichtet.

1 Eiserne Königskrone
2 Königlich-Portugiesisches Wappenschild (19. Jh.)
3 Weihwasserbecken
4 Tropfstein
5 Fragmente eines Schiefergrabes
6 Kreuz (16. Jh.)
8 Grabstein (1845)
9 Maske einer öffentlichen Quelle
10 Wappengeschmückte Marmorgrabplatte (17. Jh.)
11 Lioz-Marmorgrabplatte
12 Grabplatte (Ende 15.-Anfang 16. Jh.)
13 Geschliffener Grabstein aus belgischem Hainaut-Stein
14 Grabstein aus Madeira-Basalt
15 Marmorgrabstein (1674)
17-17 Grabplatten aus Madeira-Basalt
18 Marmorstein mit Familienwappen
20 Weihwasserbecken aus Marmor
21 Gravierter Marmorstein (1816)
22 Gekröntes Wappenschild und Gedenkstein (1689)
23-25 Marmorfragmente
26 Gravierter Stein (1787)
28-29 Königlich-Portugiesisches Wappenschild (18. Jh.)
30 Wappen-Steinfragment (18. Jh.)
31 Wappen mit Phantasieschild (18. Jh.)
32 Weiße Marmortafel
33 Grabplatte
35 Königlich-Portugiesisches Wappenschild (18. Jh.)
36 Fragment eines Trinkbrunnens
37 Geritzte Krone (17./18.Jh.)
38 Wappen der Stadt Funchal (1851)
39 Königlich-Portugiesisches Wappenschild (17. Jh.)
40 Weihwasserbecken
41 Fragment einer Grabplatte
43 Wappenschild des Vereinigten Königreiches von Portugal, Brasilien und dem Algarve (1816-1825)
44 Fragment eines Grabsteins (16. Jh.)
46 Gravierte Grabplatte (1800)
48 Fragment des Schandpfahls von Funchal (Ende 15. Jh.)
49 Kleine Spiralsäule aus weißem Marmor
50 Marmorschild (1784)
51 Runder gravierter Stein (1726)

Quinta das Cruzes (Fortsetzung)

In der ansonsten sehr schlicht gehaltenen Hauskapelle von 1692 befindet sich ein Altarbild des Portugiesen Bento Coelho da Silveira (1618–1708). Das Gebäude der Quinta das Cruzes wird von einem gepflegten, wegen seines prächtigen alten Baumbestandes gerühmten Park umgeben. Hier sind Steinmetzarbeiten des 15. bis 19. Jh.s aufgestellt, darunter ein Fragment des einstigen Pelourinho (Stadtpranger; eine Kopie befindet sich auf dem Largo do Pelourinho), dessen Zerstörung im Zuge der Liberalisierung des Jahres 1835 verfügt wurde. Solche Pranger waren nicht in jedem Falle zur öffentlichen 'Präsentation' von Übeltätern gedacht, sie sollten vielmehr sichtbare Symbole dafür sein, daß der Stadt eine eigene Gerichtsbarkeit verliehen wurde. Für die Tatsache, daß der Pelourinho im Garten der Quinta das Cruzes ein solches Wahrzeichen war, sprechen die kunstvollen Verzierungen.

Quinta das Cruzes (Fortsetzung)

Einige Räume in der Quinta das Cruzes (hier die Küche) wurden im originalen Stil des 19. Jh.s eingerichtet.

Beachtung verdienen ferner zwei manuelinische Fenster aus madeirensischem Basalt (von 1507). Sie sind die letzten Überreste eines wahrscheinlich sehr repräsentativen Hauses in Funchal, von dem allerdings nicht mehr bekannt ist, als daß es kurz nach der letzten Jahrhundertwende abgerissen wurde.

Fortaleza de São João do Pico

Von der Quinta das Cruzes geht es nordwestlich weiter aufwärts durch die Calçada do Pico, dann links durch die Rua do Castelo zu der mächtigen Fortaleza de São João do Pico. In der ersten Hälfte des 17. Jh.s auf dem die Stadt beherrschenden Pico das Frias erbaut, dient es heute als Militärstation. Da es deshalb nicht besichtigt werden kann, bleibt dem gewöhnlichen Besucher der umfassende Ausblick auf Funchal verwehrt.

*Cemitério Britânico (Britischer Friedhof)

Südöstlich unterhalb der Fortaleza do Pico erstreckt sich an der Rua do Quebra Costas der Britische Friedhof mit der anglikanischen Kirche. Beide Einrichtungen gehen auf die englische Besetzung Madeiras von 1807 bis 1814 zurück. Bis dahin war die Bestattung von Nichtkatholiken und die Ausübung nichtkatholischer Glaubensbekenntnisse auf der Insel verboten.

Auf dem Friedhof befinden sich neben den Gräbern zahlreicher vornehmer Bürger von Funchal das Familiengrab der Kaufmannsfamilie Blandy sowie des deutschen Pathologen Paul Langerhans, der etliche Jahre seines Lebens auf Madeira verbrachte (beide ⟶ Berühmte Persönlichkeiten).

Wenn das Eingangstor zum Britischen Friedhof geschlossen ist, klingle man am Nebenhaus und bitte um den Schlüssel.

RAMPA
DO
FORTE

Umgebung von Funchal

**Jardim Botânico da Madeira (Botanischer Garten)

Etwa 4 km nordöstlich des Stadtkerns erstreckt sich in prächtiger Aussichtslage der Botanische Garten (Jardim Botânico). Ursprünglich als Quinta de Bom Sucesso, dem Landsitz der englischen Hoteliersfamilie Reid, und von dieser als Privatpark angelegt, gelangte das Anwesen 1952 in den Besitz der Stadt Funchal, die es seither als öffentliche Parkanlage unterhält. In einzelnen Abteilungen werden endemische Pflanzen Madeiras, eingeführte tropische und subtropische Gewächse, Sukkulenten und Nutzpflanzen gezeigt (Öffnungszeiten: tägl. 9.00–18.00 Uhr; Eintrittsgebühr).

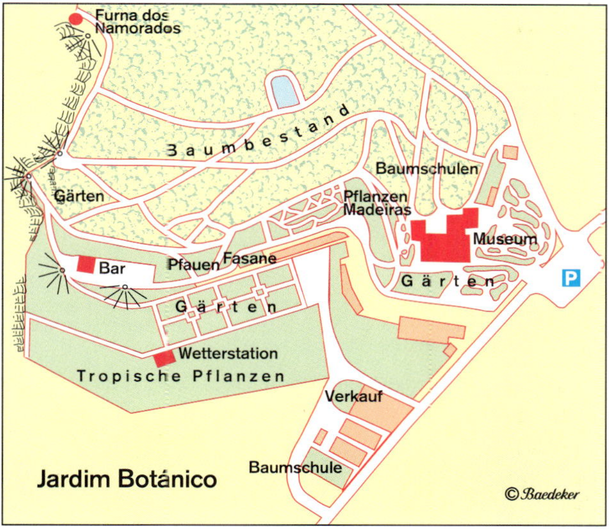

Im ehemaligen Herrenhaus ist ein kleines, liebenswert altmodisches Naturhistorisches Museum eingerichtet, in dem Tier- und Pflanzenpräparate sowie auf der Insel gefundene Fossilien ausgestellt sind.

Papageiengarten

Unterhalb des Botanischen Gartens schließt seit 1990 der höchst sehenswerte Papageiengarten (Jardim dos Loiros) an. In geräumigen Volieren werden farbenprächtige Papageienvögel aus aller Welt gezeigt.
Weiterhin unterhalb des Papageiengartens befindet sich in der Rua Pita da Silva der Orchideengarten (Jardim Orquídea), eine Aufzucht- und Versandstation für Orchideen aller Art (Öffnungszeiten wie oben).

**Blandy's Garden

Etwa 10 km nordöstlich außerhalb von Funchal erstreckt sich nahe der Straße nach Camacha das weitläufige Areal von Blandy's Garden (die ursprüngliche Quinta do Palheiro Ferreiro), eine der schönsten Parkanlagen Madeiras. Im Jahre 1790 ließ der Graf de Carvalhal das 12 ha umfassende Gelände durch einen französischen Landschaftsgärtner gestalten. Sein erstes Herrenhaus mit kleiner Barockkapelle liegen im unteren, südlichen Teil der Anlage. Später gestaltete der Neffe des Grafen das Anwesen im englischen Geschmack um, so daß eine ungewöhnlich harmonische

◀ *Die mit Flußkieseln gepflasterten Gassen der Altstadt von Funchal sind oft eng und vor allem steil*

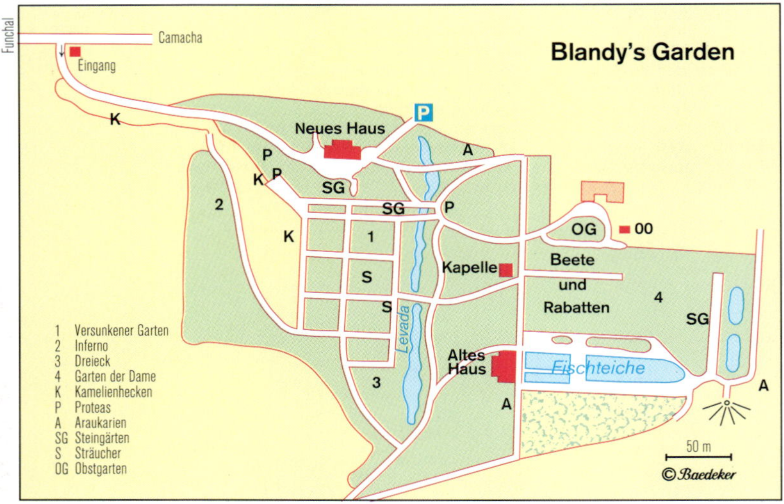

Umgebung von Funchal, Blandy's Garden (Fortsetzung)

Verbindung von englischer und französischer Gartenbaukunst entstand. 1885 erwarb die Familie Blandy den Besitz und errichtete im oberen Teil ein neues Gebäude, das die Familie noch heute bewohnt.

Während der Park Familie Blandy öffentlich zugänglich ist, wird das Haus selbst noch von den Nachfahren bewohnt.

Umgebung von Funchal, Blandy's Garden (Fortsetzung)

Vom Haupteingang führt eine Kamelienallee zum neuen Herrenhaus der Blandys. Südlich davon der 'versunkene Garten', regelmäßig in französischem Stil angelegt und mit Plastiken geschmückt. Westlich das 'Inferno', ein englischer Park mit Baumfarnen, Azaleen und Rhododendren. An das Gelände schließt östlich der Palheiro Golf Club an.

São Martinho

Verläßt man Funchal in westlicher Richtung über die Straße 101, erreicht man nach etwa 10 km das etwas abseits der Straße gelegene Dorf São Martinho (ca. 2000 Einw.). In der Kirche aus den dreißiger und vierziger Jahren unseres Jh.s werden ein silbernes Prozessionskreuz aus dem 18. Jh. und verschiedene kostbar bestickte Gewänder aufbewahrt, mit denen Heiligenstatuen zu besonderen Anlässen geschmückt werden.

Ilhas Desertas

siehe Nebenkarte

Lage: ca. 20 km südöstlich der Hauptinsel Madeira
Höhe: 479 m ü. d. M. (Deserta Grande), 411 m ü. d. M. (Ilhéu do Bugio), 104 m ü. d. M. (Ilhéu Chão)

Anreise

Bootsfahrten zu den Inseln der Desertas (Ilhéu Chão, Deserta Grande und Ilhéu do Bugio) werden bei ruhiger See von Funchal aus von mehreren Reiseveranstaltern sowie vom Jachthafen aus angeboten. Eine weitere Möglichkeit ist die Fahrt mit der Jacht "Pirata Azul", die der Tourismusbehörde von Madeira gehört. Das Betreten der Inseln ist seit 1990 freilich nur Besuchern mit einer schriftlichen Erlaubnis gestattet; diese wird in aller Regel nur für Personen erteilt, deren Besuch auf der Insel einen wissenschaftlichen Hintergrund hat.

Bemerkenswertes

Die Insel Deserta Grande ist mit 12 km Länge und etwa einem Kilometer Breite die größte der drei Desertas. Sie besteht aus vulkanischem Gestein und erhebt sich bis zu 479 m über den Meeresspiegel. Der Name bedeutet 'verlassene Insel', was nicht zuletzt auf den Wassermangel und die damit verbundene Unfruchtbarkeit des Bodens zurückzuführen ist. In der Vergangenheit gab es zwar Versuche, die Inseln landwirtschaftlich zu nutzen, diese wurden jedoch rasch wieder eingestellt. Das betrifft auch die benachbarte Ilhéu do Bugio sowie das flache Ilhéu Chão.
Seit 1990 sind die drei Inseln unter Naturschutz gestellt und damit einer der letzten Rückzugsorte dieser Erde für Mönchsrobben (Monachus monachus), die hier in den Strandhöhlen in einer kleinen Kolonie leben. Außerdem findet man hier die für den Menschen gefährliche Große Wolfsspinne (Geolycosa ingens), eine der größten Spinnenarten Europas. Auf der Insel Deserta Grande gibt es eine biologische Forschungsstation.

Machico

C 7

Lage: 24 km nordöstlich von Funchal
Höhe: 2–150 m ü. d. M.
Einwohnerzahl: ca. 12000

Lage und Bedeutung

Die Straße 108 senkt sich hinter dem Portela-Paß im reizvollen Machico-Tal abwärts der Südküste zu und erreicht nach 8 km den Fischerhafen Machico an der Mündung des gleichnamigen Flüßchens. Der Ort ist mit rund 12000 Einwohnern die zweitgrößte Siedlung auf Madeira und bietet mit seinen bunten Fischerbooten und einer kleinen Werft ein malerisches Bild. Außerdem ist Machico Sitz einer staatlichen Schule für Madeirastickerei. An dieser leicht zugänglichen Küste soll João Gonçalves Zarco mit seinen Gefolgsleuten im Jahre 1419 erstmals an Land gegangen sein und eine erste Siedlung gegründet haben. Nach der Aufteilung Madeiras in einen

Lage und Bedeutung (Fortsetzung)

östlichen und einen westlichen Teil verlegte er um 1440 seine Residenz nach Funchal und überließ seinem Weggefährten Tristão Vaz Teixeira die Stadt. Als Madeira im Jahre 1496 portugiesisch und damit die Zweiteilung aufgehoben wurde, verlor Machico zugunsten Funchal rasch an Bedeutung.
Seinen Namen verdankt Machico angeblich dem Engländer Robert Machin, der um 1344 auf der Flucht mit seiner Geliebten Anne d'Arfet hier Schiffbruch erlitten haben soll und von Briten gern als eigentlicher Entdekker Madeiras bezeichnet wird.

Sehenswertes in Machico

**Nossa Senhora da Conceição

Am Westufer des Machico-Flusses liegt das eigentliche Ortszentrum der Stadt mit der ursprünglich manuelinischen Pfarrkirche Nossa Senhora da Conceição (Unsere liebe Frau der unbefleckten Empfängnis) aus dem Ende des 15. Jahrhunderts. Das Innere wurde in der Barockzeit reichlich mit vergoldetem Holzschnitzwerk und einer bemalten Holzdecke ausgeschmückt. Aus der Zeit Manuels I. sind die beiden Portale erhalten, sie waren ein Geschenk des Königs an die Einwohner von Machico. Ein weiterer Rest aus manuelinischer Zeit ist die linke Seitenkapelle mit dem Grab der Familie Teixeira (man beachte das Familienwappen über dem Bogen).

Denkmal für Tristão Vaz Teixeira

Auf dem schmucken, baumbestandenen Platz vor der Kirche erinnert ein Denkmal an Tristão Vaz Teixeira.

Forte Nossa Senhora do Amparo

Südöstlich der Pfarrkirche steht die zweite noch erhaltene alte Hafenfestung Forte Nossa Senhora do Amparo aus dem 17. Jahrhundert. Die Festung hat einen dreieckigen Grundriß und diente in erster Linie zur Ab-

Heute sind Besucher im Forte Nossa Senhora do Ampara gern gesehene Gäste – einst diente die kleine Festung zur Abwehr von Korsaren, die Machico immer wieder überfielen.

wehr von Korsaren, die Madeira zwischen dem 15. und 17. Jh. immer wieder heimsuchten. Heute ist hier das örtliche Fremdenverkehrsamt untergebracht.

Machico, Nossa Senhora do Amparo (Fortsetzung)

Auch das westliche Ende der Hafenbucht wurde einst von einer Festung gesichert; diese mußte jedoch dem Bau des Hotels Dom Pedro weichen.

Capela São Roque

Am westlichen Ende der Hafenbucht steht die kleine Capela São Roque, die 1489 nach einer Pestepidemie über einer als wundertätig geltenden Quelle errichtet wurde. Die Kapelle birgt in ihrem Innern bemerkenswerte Azulejogemälde, die während einer kompletten Umgestaltung im Jahre 1739 im Barockstil angebracht wurden. Sie zeigen Szenen aus dem Leben des hl. Rochus, der sich im 14. Jh. während einer Pest in Rom den Leidenden widmete. Die Legende berichtet, daß er selbst erkrankt und auf wundersame Weise wieder geheilt worden sein soll.

*Fischerviertel

Im Osten der Hafenbucht erstreckt sich links der Ribeira de Machico das alte Fischerviertel Banda d'Além. Es wird im Osten von dem Forte São João Batista abgeschlossen, das um das Jahr 1800 mit zwei weiteren Festungen zum Schutz vor Piraten angelegt wurde.

Capela dos Milagres

Im Zentrum des Fischerviertels steht am Largo dos Milagres die (meistens geschlossene) Capela dos Milagres. Sie erhebt sich an der Stelle des vermutlich ältesten Gotteshauses der Insel, das Zarco um 1420 angeblich über dem Grab des Engländers Machin und seiner Geliebten erbauen ließ. Nach mehreren späteren Veränderungen wurde die Kapelle 1803 durch Hochwasser zerstört und 1815 wiederaufgebaut.
Im Inneren der Kirche wird eine als wundertätig verehrte Christusstatue aufbewahrt, zu deren Ehren alljährlich am 8. und 9. Oktober eine feierliche Bittprozession abgehalten wird. An beiden Abenden werden dann an den Hängen rund um den Ort weithin leuchtende Freudenfeuer entzündet.

*Pico do Facho (Fackelberg)

Nordöstlich von Machico erhebt sich der Pico do Facho, wörtlich übersetzt Fackelberg. Seinen Namen trägt er wegen seiner Bedeutung als Standort einer Wache, welche die Aufgabe hatte, die Einwohner von Machico vor drohenden Überfällen durch Korsaren zu warnen. Dies geschah durch mächtige Holzfeuer, die in diesen Fällen entzündet wurden und bis Machico leuchteten. Von der Höhe des Pico do Facho hat man einen ausgezeichneten Blick bis hin zu den Klippen der Halbinsel ⟶ Ponta de São Lourenço.

Madalena do Mar C 3

Lage: 42 km westlich von Funchal
Höhe: 15–120 m ü. d. M.
Einwohner: ca. 1500

Lage und Bedeutung

Folgt man der Küstenstraße von ⟶ Ponta do Sol weiter in westlicher Richtung, gelangt man nach wenigen Kilometern in das kleine Städtchen Madalena do Mar.
Der Ort besitzt eine große historische Bedeutung, der Überlieferung zufolge soll er eine Gründung von König Wladislaw (Ladislaus) III. von Polen sein. Der galt seit der vernichtenden Niederlage in der Schlacht bei Warna (1444) gegen die Türken zwar offiziell als verstorben, soll das Gemetzel jedoch überlebt und fortan unter fremdem Namen gelebt haben. Nach Madeira führte ihn – so die Legende – das Gelübde, daß er eine Pilgerreise unternehmen wolle. Diese führte ihn auch nach Madeira, wo er von João Gonçalves Zarco umfangreiche Latifundien, darunter auch den heutigen Ort Madalena do Mar, erhalten haben soll. Bei der Bevölkerung wurde der Fremdling seiner unbekannten Herkunft wegen Henrique Alemão (Heinrich der Deutsche) genannt.

Madalena do Mar (Fortsetzung)

Einen Besuch lohnt die kleine Dorfkirche Santa Catarina, die in ihren ältesten Teilen vermutlich aus dem Jahre 1457 stammt. Unterhalb der Kirche steht das Haus, in dem König Wladislaw gelebt haben soll. Man erkennt es am Wappen neben der Eingangstüre.

Monte C 6

Lage: 8 km nördlich von Funchal
Höhe: ca. 450–600 m ü..d.M.
Einwohnerzahl: 9000

Lage und Bedeutung

Der hübsche und aussichtsreich gelegene Ort Monte galt im 19. Jahrhundert und bis in die Zeit des Zweiten Weltkrieges hinein bei wohlhabenden Madeirensern wie auch bei Ausländern als beliebter Luftkurort. Steinerne Zeugen ihrer Anwesenheit sind die zahlreichen stattlichen Häuser und Villen – Quintas genannt –, die zumeist von prächtigen tropischen Gärten umgeben wurden. Daneben entstanden einige Hotels, die zu den besten auf der Insel zählten. Als sich in neuerer Zeit der Tourismus in die küstenna-

Der tropische Garten von Monte zählt zu den schönsten und artenreichsten Anlagen auf Madeira.

hen Gebiete um Funchal verlagerte ging die Bedeutung des Ortes als Luftkurort zurück. An die Glanzzeit von Monte erinnern noch die ehrwürdigen alten, inmitten schöner Parks stehenden Anwesen und Hotels sowie der idyllische Largo da Fonte (Brunnenplatz) mit dem ehemaligen Zahnradbahnhof und der stets blumengeschmückten Marmorkapelle Capelinha da Fonte.

Von einer für die damalige Zeit technischen Meisterleistung blieben hingegen nur einige wenige Relikte übrig. Seit 1893 verkehrte eine Zahnradbahn von Funchal bis hinauf nach Terreiro da Luta, die eine Steigung von immerhin 920 m überwand. Nach einer schweren Dampfkesselexplosion im Jahre 1930, die etliche Tote und Verletzte forderte, dauerte es noch bis 1943, bis man die Geleise der Zahnradbahn abbaute und sie nach Portugal und Großbritannien verkaufte. Nur ein paar Brückenbögen erinnern heute noch an die Bahn.

Lage und Bedeutung (Fortsetzung)

Sehenswertes in Monte

**Nossa Senhora do Monte

Über dem kleinen alten Dorfkern erhebt sich auf einem Bergvorsprung die Wallfahrtskirche Nossa Senhora do Monte. Ihre geschwungene, mit dunklem Tuffstein abgesetzte und von zwei Türmen flankierte Fassade ist weithin sichtbar. Die heutige Kirche erhebt sich an der Stelle eines Vorgängerbauwerks, das im Jahre 1470 von Adam Conçalves Ferreira errichtet und als Ermida da Incarnaçao (Wallfahrtskapelle der Marienerscheinung) geweiht wurde. Während des Erdbebens im Jahre 1748 zerstört, wurde sie 1818 im Barockstil völlig neu erbaut. Vom Dorf aus führen 68 Stufen hinauf zum Eingang der Kirche, links und rechts des unter einer dreibogigen Arkade befindlichen Portals sind beachtenswerte Azulejos angebracht. Herrlich ist die Aussicht, die man von der Kirchenterrasse auf die Bucht von Funchal und im Südwesten bis zum Cabo Girão hat.

Kircheninneres

Von der Vorgängerkapelle ist allein die kleine, in Silber gefaßte Pietà im Hochaltar erhalten, die von der einheimischen Bevölkerung als wundertätige Schutzheilige der Insel verehrt und alljährlich zum 15. August (Mariä Himmelfahrt) in einer von Jahrmarktsgetriebe und Feuerwerk begleiteten Prozession (Romária) durch die Gassen des Ortes getragen wird.

Ein schlichter Sarkophag birgt die sterblichen Überreste Karl von Habsburgs

In der linken Seitenkapelle befindet sich der schlichte Sarkophag mit den sterblichen Überresten von Karl von Habsburg, dem letzten österreichischen Kaiser (⟶ Berühmte Persönlichkeiten). Er war nach Madeira gekommen, um seine schwere Lungenerkrankung auszukurieren und lebte während seines Exils wenige Monate in der unweit unterhalb von Monte gelegenen Quinta Gordon (jetzt Annex der Universität von Madeira). Auch das allgemein für günstig gehaltene Klima half nichts, er starb 1922 im Alter von nur 34 Jahren in der nahen Quinta do Monte und wurde auf seinen Wunsch in der Kirche von Monte zur letzten Ruhe gebettet.

**Jardim do Monte Palace

Unterhalb der Kirche von Monte erstreckt sich auf dem sieben Hektar großen Gelände des ehemaligen Grand Hotel Belmonte der Tropische Garten Schloß Monte (Jardim do Monte Palace), heute im Besitz der Berardo-Stiftung für Kultur, Kunst, Technik und Wissenschaft. In den mit großer Liebe und Phantasie gestalteten Park sind eine Fülle künstlerischer Elemente eingebettet, so eine Wand mit Kachelmalereien zur Geschichte der Portugiesen in Japan, ein Fliesengang mit Werken aus dem 15. bis 20. Jh., eine Porzellansammlung sowie ein Mineralogisches Museum.

Korbschlittenfahrt nach Funchal

Auch wenn die Preise mittlerweile so gestiegen sind, daß es sich nur noch wenige Einheimische leisten können, so ist doch die Fahrt mit Carros de Cesta, dem Korbschlitten, von Monte zurück nach Funchal ein besonderes Erlebnis geblieben. Die Schlitten werden von zwei nebenherlaufenden Männern geführt und gesteuert, wobei es für sie eine Erleichterung ist, daß vor einigen Jahren das alte Kopfsteinpflaster durch eine Asphaltbahn ersetzt wurde. Die Kleidung der Korbschlittenfahrer von Monte, die sie während der Ausübung ihres Dienstes tragen müssen, ist übrigens per Gesetz vorgeschrieben.

Die Fahrt mit dem Korbschlitten von Monte nach Funchal zählt noch immer zu den besonderen Erlebnissen auf Madeira.

Eine Alternative zu dieser Fahrt ist die Rückkehr zu Fuß, die etwa drei Stunden in Anspruch nimmt und auf landschaftlich reizvollen Wegen in die Inselmetropole zurückführt.

Wanderung nach Terreiro da Luta

Sehr lohnend ist Wanderung von Monte 3 km nördlich nach Terreiro da Luta (87 m ü. d. M.), wo einst die Zahnradbahn von Funchal endete (möglich ist aber auch die Weiterfahrt über die Straße 103). Unweit des ehemaligen Bahnhofsgebäudes steht in beherrschender Aussichtslage auf einem mächtigen Basaltsockel die 5,5 m hohe Statue der Jungfrau vom Frieden (Nossa Senhora da Paz). Die Errichtung der Figur geht auf ein Ereignis während des Ersten Weltkrieges zurück, als ein deutsches U-Boot das in der Bucht von Funchal liegende französische Kriegsschiff "Surprise" beschossen und versenkt hatte. Danach gelobten die Madeirenser, der Jungfrau Maria ein Denkmal zu errichten, wenn der Krieg endlich vorüber sei. Spenden aus vielerlei Quellen halfen, daß das Versprechen 1927 eingelöst werden konnte. Um den Sockel windet sich ein Rosenkranz, der aus der Ankerkette des versenkten Kriegsschiffes gefertigt wurde.

Fahrt zum Pico Poiso

Hinter Terreiro da Luta führt die Straße 103 im Gebirge aufwärts und erreicht nach weiteren 6 km die Paßhöhe am Pico Poiso (1412 m ü. d. M.).

Hier zweigt nach links eine gute Fahrstraße ab und führt über eine Distanz von 7 km zunächst durch waldreiche, später immer offener werdende, von Bergheide bedeckte Landschaft und zuletzt durch schroffelsiges Hochgebirge mit atemberaubenden Ausblicken, zum Parkplatz bei der Pousada des ⟶ Pico do Arieiro (1818 m ü. d. M.), dem dritthöchsten Gipfel der Insel. Von den verschiedenen Aussichtsterrassen genießt man einen großartigen Blick über das Zentralgebirge Madeiras.
Ein einfacher Fußweg führt von der Pousada abwärts zu dem Aussichtspunkt Miradouro do Juncal (1800 m ü. d. M.), der einen weiten Blick über die Nordküste Madeiras bietet.

Monte, Fahrt zum Pico Poiso (Fortsetzung)

Paúl da Serra (Hochebene) B/C 3–4

Lage: ca. 60 km nordwestlich von Funchal
Höhe: 1300–1400 m ü. d. M.

Lage und Bedeutung

Die nebelreiche Hochebene Paúl da Serra (Bergsumpf), 1300 – 1400 m über dem Meeresspiegel, erstreckt sich über eine Fläche von 102 km² und ist damit das einzige nennenswerte Flachland Madeiras. Diese an das schottische Hochland erinnernde Ödnis, mit zahlreichen wildlebenden Schafen und Ziegen, steht in eigenartigem Kontrast zu der malerischen Blumenfülle und der landschaftlichen Vielfalt, die dem übrigen Madeira eigen sind.

Auf der Hochebene Paúl da Serra leben zahlreiche wilde Schafe, die einmal im Jahr während eines großen Festes geschoren werden.

Die höchste Erhebung ist der Ruivo do Pául (1640 m ü. d. M.), ein sehr schöner Aussichtspunkt befindet sich auf dem Campo Grande (Bica da Cana, 1620 m ü. d. M.) mit einem Gästehaus, das von der Regierung unterhalten wird.

Fortsetzung s. S. 110

Baedeker Special

Levadas: Wasser ist für alle da

Zu den größten Errungenschaften, die der Mensch auf die Insel Madeira gebracht hat, zählt das höchst kunstvoll angelegte Bewässerungssystem, **Levadas** genannt. Und mit einer Länge von 2150 km dürfte es das längste von Menschenhand angelegte Kanalnetz auf der Welt sein.

Der Bau der ersten Levadas geht auf die Zeit der ersten Besiedlung Madeiras zurück. Den Menschen, die unter João Gonçalves Zarco die Insel kultivierten, stellte sich, nachdem sie große Teile des Urwaldes per Brandrodung vernichtet hatten, das Problem einer ausreichenden Wasserversorgung. Um dies zu erkennen, genügt aber auch ein Blick auf die jahreszeitlich höchst unterschiedlichen klimatischen Bedingungen: Während es auf der feuchteren Nordseite der Insel häufige Niederschläge und damit Wasser schier im Überfluß gab, litt der ungleich sonnigere Süden unter großer Trockenheit.

Wer den Anstoß zum Bau der ersten Levadas gab – die Bezeichnung entstammt der portugiesischen Sprache, in der das Verb levare 'tragen' bedeutet – ist historisch nicht überliefert. Als gesichert gilt jedoch, daß es aus Afrika nach Madeira verschleppte Sklaven waren, die in mühevoller Handarbeit die ersten Kanäle bauen mußten. Das größte Hindernis, das sich ihnen dabei in den Weg stellte, waren die topographischen Gegebenheiten. Jeder Stein, jedes Arbeitsgerät mußte zuerst einmal dorthin gebracht werden, wo man den günstigsten Verlauf einer Levada bestimmt hatte.

Gespeist werden die Levadas auch heute noch durch natürliche Quellen oder durch große Wasserreservoirs, die für einen gleichmäßigen Wasserfluß sorgen. Bevor das Wasser die Bananen- und Gemüsefelder sowie die Rebanbauflächen im Süden erreicht, hat es überdies einen weiteren Zweck erfüllt. Es wird nämlich auch zur Stromerzeugung verwendet, weshalb Madeira heute einen nicht unwesentlichen Teil der benötigten Energie aus der Kraft des fließenden Wassers gewinnt. Eine optimalere Nutzung kann man sich kaum vorstellen.

Um Streitigkeiten der Bauern untereinander zu vermeiden und jeden auf möglichst gerechte Weise mit Wasser zu versorgen, wurde schon früh ein Levadarecht erlassen. Von Anfang an übte die Obrigkeit die Aufsicht aus, erteilte jedem, der ein berechtigtes Interesse hatte, die Genehmigung, die benötigte Wassermenge zu entnehmen. Um zu verhindern, daß es Konflikte unter den Bauern gab, setzte die Regierung Aufsichtsbeamte ein, die sogenannten heréus. Diese wachten nicht nur über die Verteilung, sondern hatten auch die Aufgabe, für die Instandhaltung des Levadanetzes zu sorgen.

Wenn man so will, sind die levadeiros, die Levada-Aufseher von heute, die legitimen Nachfolger der Aufsichtsbeamten von damals. Auch sie werden aus öffentlichen Geldern bezahlt und erfüllen dafür die zumeist recht anstrengende Aufgabe, das komplizierte Kanalsystem in Ordnung zu halten. Sie sind jeweils für einen genau festgelegten Streckenabschnitt tätig, den sie freihalten vom Abfall, der sich an den eingebauten Gittern fängt. Damit sie dies tun können, verläuft entlang jeder Levada ein schmaler Trampelpfad, der nicht nur durch öffentliches Gelände, sondern auch durch private Grundstücke führt. Der Levadeiro besitzt nämlich das Recht, zum Zwecke der Erhaltung des Kanalsystems überall und jederzeit auch fremde Grundstücke zu betreten. Außerdem verzichtet der Grundbesitzer seit jeher auf das Recht, eine auf seinem Grundstück entspringende Quelle

ausschließlich selbst nutzen zu dürfen. Die von der Regierung garantierte Gegenleistung besteht darin, daß sie für das Wasser aus den Levadas keine Gebühren erhebt und für den Unterhalt der Kanäle aufkommt.
Auch heute noch gibt es einige Levadas, die aus dem 15. und 16. Jahrhundert stammen, der weitaus größte Teil des heutigen Kanalsystems wurde jedoch erst in diesem Jahrhundert angelegt. Seit einigen Jahren werden jedoch keine neuen Levadas mehr gebaut, die letzte wichtige war die 1966 erstmals gefüllte Levada dos Tornos. Sie verläuft auf dem Südhang über Funchal und bewässert auf einer Länge von mehr als 100 km über mehr als 100000 Abflüsse über 10000 Hektar landwirtschaftlich genutzter Fläche. Seit den fünfziger Jahren gibt es auch wieder, nachdem eine kurze Zeit der wenig sinnvollen Privatisierung des Kanalsystems vergangen war, eine staatliche Kommission, die über das Levadanetz wacht und für die laufende Modernisierung sorgt.
So ganz nebenbei erfüllen die Levadas einen weiteren Zweck. Abgesehen davon, daß sie bis heute auch als Transportwege für Waren aller Art genutzt werden, erkannten bereits im vorigen Jahrhundert naturbegeisterte Madeirabesucher, daß man entlang der Wasserkanäle erlebnisreiche Wanderungen durch die faszinierende Landschaft unternehmen kann. Doch ist nicht jede Levada für jeden Wanderer geeignet. Es gibt Touren, die nur wirklich schwindelfreie und im Gebirge erfahrene Ausflügler unternehmen sollten. Solche Levadas führen entlang an steilen Felswänden, und die Pfade sind gerade noch so breit, daß höchste Vorsicht angeraten ist. Ungeübte Wanderer, möglicherweise auch noch unzureichend ausgerüstet und mangelhaft bekleidet, begeben sich hier in größte Gefahr. Sie sollten eher eine der zahlreichen Levadawanderungen unternehmen, die durch eine beinahe genauso faszinierende Landschaft führen und wesentlich leichter zu begehen sind. Stellvertretend für viele weitere sei hier die Levada dos Tornos genannt, die hoch über der Bucht von Funchal durch eine grünende und blühende Gartenlandschaft führt.

Wanderungen entlang der Levadas zählen zu den schönsten Unternehmungen, die man auf Madeira machen kann.

Lage und Bedeutung (Fortsetzung)

Die Hochebene Paúl da Serra erfüllt aber auch eine wichtige Rolle bei der Wasserversorgung der Insel. Das poröse Gestein wirkt nämlich wie ein überdimensionaler Schwamm, der die Niederschläge aufsaugt. Das Wasser fließt entweder in Bächen oder in den zahlreichen von hier ausgehenden Levadas talwärts. Markante Punkte in der ansonsten recht öden Landschaft der Paúl da Serra sind die etwa drei Dutzend Windmühlen, die 1993 errichtet wurden und zur Stromerzeugung genutzt werden. Ihre Zahl soll in absehbarer Zeit vergrößert werden.
Hinfällig wurden hingegen Überlegungen, auf der Hochebene wegen der topographisch günstigen Verhältnisse den Hauptflughafen der Insel einzurichten. Diese scheiterten jedoch an den zumeist unberechenbaren Sichtverhältnissen.

*Fest der Schafschur

Alljährlich im Juni belebt sich die ansonsten fast menschenleere Ebene, nämlich dann, wenn das Fest der Schafschur gefeiert wird. Die Schafe werden eingefangen und geschoren, was bisweilen den Charakter eines großen Volksfestes annimmt. Den genauen Termin erfrage man bei der Touristeninformation in Funchal.

*Hochgebirgstouren

Von der Straße über die Hochfläche Paúl da Serra mit mehreren Aussichtspunkten bieten sich Bergwanderern gute Ausgangspunkte für schöne Hochgebirgstouren. Auch für eher ungeübte Wanderer oder Spaziergänger gibt es eine Anzahl erlebnisreicher Wege.

Fast schnurgerade zieht sich die Straße 204 auf der Hochebene Paúl da Serra hin – Gegenverkehr hat hier Seltenheitswert.

Wanderung entlang der Levada do Paúl

Eine dieser empfohlenen Wanderungen beginnt ca. 9 km nördlich von Canhas an der Christusstatue Cristo Rei. Von hier aus folgt man der Levada do Paúl, die über viele kleine Kuppen und Hügel führt. Bei schönem Wetter glitzert das Wasser so, daß sich eine optische Täuschung ergibt: Man meint, das Wasser fließe aufwärts. Auf dem weiteren Weg passiert man einige Aussichtspunkte; während man auf der rechten Seite die

Paúl da Serra (Fortsetzung)

Hochebene überblickt, sieht man auf der linken hinüber bis zur südwestlichen Küste von Madeira. Weitere markante Stellen sind zwei kleine Wasserfälle, einige Teiche und Höhlen. Die Levada mündet in einem Wasserrückhaltebecken, von dem aus das Wasserkraftwerk von ⟶ Calheta versorgt wird.

Pico de Arieiro C 5

Lage: 25 km nördlich von Funchal
Höhe (Gipfel): 1818 m ü. d. M.

Lage und Bedeutung

Der Pico de Arieiro ist der dritthöchste Berg der Insel Madeira – und zugleich jener, den man am leichtesten erreichen kann. Nur wenige Meter unterhalb des Gipfels endet nämlich eine gut ausgebaute Fahrstraße, die Distanz von Funchal ist in etwa einer Stunde schnell überwunden. Entlang dieser Straße gibt es mehrere Aussichtspunkte, die schon bei einigermaßen klarem Wetter eine prächtige Sicht über Madeira ermöglichen.
Auf dem Gipfelplateau gibt es ein Hotel mit einem kleinen Restaurant und selbstverständlich auch die unvermeidlichen Souvenirverkäufer. Bemerkenswert ist jedoch ein unscheinbares Gebäude, das um das Jahr 1800 errichtet wurde und als Eiskeller diente. Hier wurde einst Schnee, der bisweilen auf dem Pico de Arieiro fällt, zusammengepreßt, gelagert und dann an die Hotels in Funchal verkauft.

Vom Gipfel des Pico de Arieiro, dem dritthöchsten Berg auf Madeira, bietet sich ein wahrhaft atemberaubender Ausblick.

Hinweis

Für den Ausflug zum Pico de Arieiro empfiehlt es sich, die frühen Morgenstunden zu wählen, oder sich bereits am Vorabend in der gut eingerichteten Pousada einzuquartieren, da zumeist bereits in den späteren Vormittagsstunden die Sicht durch Wolkenbildung stark eingeschränkt ist. Im

Pico do Arieiro (Fortsetzung)

Zweifelsfall sollte man sich – Portugiesischkenntnisse vorausgesetzt – durch den örtlichen Wetterdienst über die Wetterlage informieren lassen.

**Wanderung zum Pico Ruivo

Die etwa vierstündige Wanderung vom Pico do Arieiro zum ⟶ Pico Ruivo de Santana (1861 m ü. d. M.), dem höchsten Berg Madeiras, ist sehr lohnend, erfordert aber Ausdauer und eine gute Ausrüstung (festes Schuhwerk, wärmende und wasserdichte Kleidung, Taschenlampe, Proviant). Für die Mühe entschädigt vom Gipfel aus ein großartiger Rundblick über die Insel!

Pico Ruivo de Santana (Berg) B 5

Lage: ca. 45 km nördlich von Funchal
Höhe (Gipfel): 1861 m ü..d. M.

Lage

Der Pico Ruivo de Santana (gemeinhin nur Pico Ruivo genannt) ist mit einer Höhe von 1861 m über dem Meeresspiegel die höchste Erhebung auf der Insel Madeira. Selbst wenn die tieferen Lagen der Insel von dichtem Nebel verhangen sind, präsentieren sich die schroffen, in rötlichem Ton erscheinenden Spitzen in klarstem Sonnenschein. Eine Wanderung auf den Pico Ruivo läßt deshalb die interessante Vielfalt des madeirensischen Wetters deutlich werden.

Vom rot leuchtenden Ton hat der Pico Ruivo de Santana seinen Namen erhalten.

**Besteigung des Pico Ruivo

Eine Besteigung des Pico Ruivo beginnt an der Achada do Teixeira, wo die Straße 202 endet (Achtung: der letzte Teil der Zufahrt wird nach Sonnenuntergang mit einer Kette abgesperrt!). Man kann sich von Funchal aus hierher fahren und wieder abholen lassen, für Mietfahrzeuge bestehen einige Parkmöglichkeiten. Der Aufstieg erfordert keine besondere Kondition, empfehlenswert sind jedoch – wie bei allen Bergtouren auf Madeira – gutes und griffiges Schuhwerk sowie eine wettergerechte Kleidung. Für den Auf- und Abstieg sollte man etwa 2 Std. einplanen.

Besteigung des Pico Ruivo de Santana (Fortsetzung)

Vom Parkplatz aus kann man nach Norden blickend eine imposante Felsformation aus Basalt erkennen, die der Volksmund wegen seiner Ähnlichkeit mit einem stehenden Menschen Homen Pé nennt. Ein guter Fußweg führt nun über zahlreiche Stufen hinauf bis auf eine Höhe von 1640 m über dem Meer, erste Station ist eine gemauerte Schutzhütte. Bereits von hier hat man einen herrlichen Blick auf die grandiose Landschaft des zentralen Bergmassivs; besonders gut ist hier der unterschiedliche geologische Aufbau zu erkennen. Nachdem zwei weitere Schutzhütten und unterwegs auch einige herrliche Aussichtspunkte passiert sind, gelangt man zum Gipfel.

Ponta Delgada — B 5

Lage: ca. 60 km nördlich von Funchal
Höhe: ca. 10–165 m ü..d.M.
Einwohnerzahl: 2500

Lage und Bedeutung

Der kleine Ort Ponta Delgada liegt an der Nordküste von Madeira und dort auf einer kleinen Landzunge. Der Ort ist bekannt für seine Naturschwimmbecken, die sich durch die Brandung ständig mit frischem Meerwasser füllen. Von wirtschaftlicher Bedeutung ist der Obst- und Gemüseanbau, außerdem wachsen hier viele der Weidenruten, die von den madeirensischen Korbflechtern verarbeitet werden.

Fest des hölzernen Kruzifix

Alljährlich findet in Ponta Delgada am ersten Sonntag im September eines der ältesten religiösen Feste von Madeira statt. Anlaß für dieses Fest ist eine Legende, nach der um das Jahr 1470 eine Kiste mit einem hölzernen Kruzifix an Land geschwemmt wurde – justament zu dem Zeitpunkt, als man dort eine kleine Kapelle errichtete und diese deshalb auch Capela do Senhor Bom Jesus nannte. In späterer Zeit mehrfach umgebaut und erweitert, brannte die Kirche im Jahre 1908 fast völlig aus. Übrig blieb nur ein verkohlter Rest des Kreuzes, das seither in einem gläsernen Behältnis im Kirchenneubau von 1919 aufbewahrt und von der gläubigen Bevölkerung hoch verehrt wird.

Ponta de São Lourenço (Halbinsel) — C 8–9

Lage: 34 km östlich von Funchal
Höhe: 0–322 m ü.d.M.

Lage und Bedeutung

Die Straße EN 101-3 verläßt Machico in nördlicher Richtung und umzieht zunächst den die Hafenbucht beherrschenden Pico do Facho (⟶ Machico). Von hier wurden einst mit Feuerzeichen ankommende Schiffe signalisiert, heute genießt man von oben einen prächtigen Rundblick.

Die Ponta de São Lourenço erreicht man durch einen 1956 angelegten und in jüngster Zeit gut ausgebauten 750 m langen Straßentunnel. Sehr beeindruckend ist bei der Weiterfahrt über die Landzunge, die Madeira nach Osten hin abschließt, die regenarme Landschaft. Sie gleicht hier einer Wüste; im Sommer beeindruckt das orangefarbene bis rote Gestein, nur vereinzelt sind verdorrte Sträucher oder ein paar besonders widerstandsfähige Pflanzen wie z. B. Disteln erkennbar. Im Winter allerdings und im Frühling, wenn Regenschauer auch hier heftig hereinbrechen, verwandelt sich das leblose Felsengeröll in ein grünendes und blühendes Land, auf dem Schafe und Ziegen, ja selbst Rinder weiden. Insofern ähnelt das Klima auf der Halbinsel eher dem von Porto Santo als dem von Madeira.

Ponta de São Lourenço (Fortsetzung), **Rundgang über die Halbinsel

Die Straße endet beim Parkplatz Ponta do Buraco hoch über der Abra-Bucht. Von hier führt eine lohnende Wanderung auf Trampelpfaden durch eine tatsächlich beeindruckende Landschaft; bei Nebel sollte man aus Sicherheitsgründen allerdings darauf verzichten.
Von der Bucht reicht der Blick weit über die fast senkrecht ins Meer hinabstürzende Steilküste im Norden und Süden. Im Nordosten erkennt man die Nachbarinsel → Porto Santo, im Südosten die → Ilhas Desertas.
Auf dem die Landzunge längs durchstreichenden Bergkamm erhebt sich eine Reihe von Windkrafträdern zur Energieversorgung der erst vor wenigen Jahren angelegten Industrie- und Freihandelszone von Caniçal.

Wander- und Spazierwege

Weitere leicht zu begehende Fußwege führen vom Parkplatz zu mehreren Aussichtspunkten mit teils noch großartigeren Blicken. So führt z. B. eine höchst lohnende Wanderung (festes Schuhwerk, Bergwandererfahrung, Wasservorrat unabdingbar!) hinab zur Abra-Bucht (4 St. hin und zurück). Dort steht inmitten von Palmen die verlassene Casa da Sardinha mit kleinem Bootsanleger und guter Bademöglichkeit. Von hier aus gelangt man in einer weiteren Stunde zur Ponta do Furado, einem markanten Lavafelsen. Auch hier genießt man einen weiten Blick über die Felsküste Madeiras, bis hin nach Porto Santo und zu den Desertas.

Ilhéu de Agostinho/Ilhéu de Farol

Der Ponta do Furado vorgelagert sind die unbewohnten Inseln Ilhéu de Agostinho und Ilhéu de Farol mit einem 1870 erbauten Leuchtturm, der den östlichsten Punkt Madeiras markiert.

Ponta do Pargo — B 1

Lage: 79 km nördlich von Funchal
Höhe: 473 m ü. d. M.
Einwohnerzahl: ca. 3000

Lage und Bedeutung

Das kleine Landstädtchen Ponta do Pargo, der westlichste Ort der Insel Madeira, liegt in einer der traditionsreichsten Gegenden der Insel. Daß die Bewohner des Städtchens auf Althergebrachtes achten, beweist die Tatsache, daß fast nur noch hier an Festtagen die schönen alten Trachten zu sehen sind. Der Name des Ortes bedeutet soviel wie 'Ort der Delphine'.

Sehenswertes in Ponta do Pargo

Festa do Pero (Apfelfest)

Einmal im Jahr erwacht der ansonsten etwas verschlafen wirkende Ort zum Leben. Alljährlich im September wird hier die Festa do Pero, das Apfelfest, gefeiert. Daß sich die Einwohner des Ortes besonders dann gern in ihre bunten Trachten kleiden, versteht sich von selbst.

Leuchtturm

Während der Ort selbst keine Sehenswürdigkeiten von Bedeutung aufweist, führt eine einfache Straße zum Leuchtturm (392 m ü. d. M.), der die westlichste Stelle Madeiras markiert. Von hier aus hat man eine gute Aussicht über die Westspitze der Insel.
Ein anderer Fußweg führt vom Ort hinab zur felsumrahmten Praia do Pesqueiro, dem Fischerstrand.

Spaziergang entlang der Levada Nova

Ein lohnender Spaziergang führt von Ponta do Pargo nach → Calheta entlang der Levada Nova. Die Strecke ist insgesamt etwa 21 km lang, verläuft allerdings aber stets unweit der Straße 101, wo sich Bushaltestellen befinden. Belohnt wird die Mühe der Wanderung durch eine außerordentliche Vielfalt an Wildblumen und -pflanzen.

◀ *Völlig verschiedene Gesichter bietet je nach Jahreszeit die Landschaft auf der Halbinsel Ponta de São Lourenço.*

Ponta do Sol C 3

Lage: 42 km nördlich von Funchal
Höhe: ca. 30–180 m ü..d.M.
Einwohnerzahl: ca. 4500

Lage und Bedeutung

Der Name des kleinen Ortes Ponta do Sol an der Südküste Madeiras bedeutet soviel wie 'Ort an der Sonne', was auf die Tatsache zurückzuführen ist, daß die den Ort umgebenden Felsen keine Schatten werfen. Einst war die Ortschaft, die bereits um 1450 gegründet wurde und 1501 die Stadtrechte erhielt, das Zentrum des Zuckerrohranbaues; heute ist der Ort von weitläufigen Bananenplantagen umgeben. In Ponta do Sol befindet sich heute einer der größten Verpackungsbetriebe für Bananen, die von hier aus per Lastkraftwagen nach Funchal und dann weiter in die Bestimmungsländer exportiert werden. In der Mitte des 19. Jahrhunderts wurde ein Schiffskai gebaut, den es heute noch gibt. Die Hoffnungen auf eine touristische Belebung Ponto do Sols erfüllten sich zwar nur zum Teil, obwohl der Ort eine beliebte Zwischenstation fast aller organisierten Rundfahrten über die Insel ist.

An der Hafenpromenade von Ponta do Sol steht ein kleiner Pavillon, an dem man getrost eine kurze Kaffeepause einlegen kann.

Ponta do Sol war die Heimatstadt des Großvaters des berühmten US-amerikanischen Schriftstellers John Roderigo dos Passos (1896–1970), der mit seinen Werken "Der 42. Breitengrad" und "Manhattan Transfer" Weltruhm erlangte und die Formen des traditionellen Realismus sprengte. Sein Großvater verließ im 19. Jh. die Insel Madeira und wanderte in die Vereinigten Staaten von Amerika aus. Der Enkel besuchte die Heimat seines Großvaters mehrfach, zuletzt im Jahre 1960 (eine Gedenktafel am früheren Wohnhaus in der Rua Príncipe D. Luís I. erinnert an dieses Ereignis, von dem die Einwohner noch heute mit Stolz berichten).

Sehenswertes in Ponta do Sol

Ortsbild

Den besten Blick auf Ponta do Sol hat man bereits oberhalb der Ortschaft von der sich ins Tal hinschlängelnden Straße aus. Am Hafen befindet sich eine gepflegte Promenade; bemerkenswert ist der kleine schmiedeeiserne Pavillon mit kunstvoll verzierten Spitzdach.

**Nossa Senhora da Luz

Die Kirche Nossa Senhora da Luz (Unserer lieben Frau des Lichtes) erhebt sich heute an der Stelle eines Vorgängerbauwerks, das vermutlich zu den ältesten sakralen Gebäuden auf Madeira zählt und bereits im 15. Jh. errichtet wurde. Später – vor allem im 18. Jh. – wurde das Kirchlein mehrfach grundlegend verändert, vom ursprünglichen Bau blieben nur eine Statue der Schutzheiligen sowie ein Taufbecken erhalten, das von König Manuel I. selbst gestiftet worden sein soll. Die umfassendste Veränderung erfuhr die Kirche im 18. Jh., als sie im farbenprächtigen und detailreichen Stil des Barock umgestaltet wurde. Dabei blieb die schön gearbeitete, orginale Holzdecke im Chor erhalten, sie wurde jedoch im Barockstil neu bemalt.

*Quinta da João Esmeraldo

Etwa 2 km oberhalb von Ponta do Sol liegt im Ortsteil Lombada, inmitten ausgedehnter Bananenpflanzungen, die Quinta von João Esmeraldo. Sie wurde von einem Weggefährten von Christoph Kolumbus errichtet, der hier im 15. Jh. die ausgedehntesten Zuckerrohrplantagen von Madeira unterhielt und dazu viele hundert Sklaven beschäftigte. Das Herrenhaus, in dem auch Christoph Kolumbus verkehrt haben soll, gehört heute der Regionalregierung und dient seit einer umfassenden Restaurierung als Schule. Die zum Anwesen gehörende Kapelle Espírito Santo wurde im 18. Jh. erneuert und mit schönen Holzschnitzereien und Azulejokacheln ausgeschmückt.

Porto Moniz A 3

Lage: 42 km nördlich von Funchal
Höhe: ca. 10–280 m ü..d.M.
Einwohnerzahl: ca. 2500

Lage und Bedeutung

Das kleine Städtchen Porto Moniz liegt an der nordwestlichen Inselspitze, bevor man den Ort erreicht, windet sich die Küstenstraße in zahlreichen Spitzkehren hinab zum Meer. Nicht zuletzt aufgrund der Tatsache, daß es in Porto Moniz den einzigen Campingplatz der Insel gibt, gilt das Fischerstädtchen auch bei Madeirensern als bevorzugte Sommerfrische. Das Städtchen verdankt seinen Namen Francisco Moniz, der sich hier im Jahre 1533 niederließ, um seine Ländereien zu verwalten.
Dank einer weit ins Meer vorspringenden Felszunge und des mit Fischerhäusern bebauten vorgelagerten Eilandes Ilhéu Mole mit einem Leuchtturm und einer kleinen Festung) ist Porto Moniz der bestgeschützte und wichtigste Hafenplatz an der Nordküste von Madeira und war lange Zeit Walfangstation.

Sehenswertes in Porto Moniz

Ortsbild

Charakteristisch für das Ortsbild von Porto Moniz ist die Art, wie die empfindlichen Weinreben gegen die zeitweise stürmischen Winde geschützt werden. Die zahllosen kleinen und kleinsten Parzellen sind von hohen Weidenbüscheln umgeben.
Am Hafen sind noch die Reste eines kleinen Forts zu erkennen. Es wurde im 17. Jh. zum Schutz vor Überfällen durch Korsaren errichtet.
Porto Moniz ist auch bekannt wegen seiner Restaurants, in denen vorzügliche Fischgerichte serviert werden.

Porto Moniz (Fortsetzung), *Naturschwimmbecken

Westlich der Mole bildet die überaus stark zerklüftete Küste zahlreiche natürliche Wasserbecken, die durch künstlich angelegte Kanäle miteinander verbunden sind. Bei geeigneter Witterung kann man hier ein erfrischendes Bad nehmen.

Der kleine Ort Porto Moniz liegt an der Nordwestspitze der Insel Madeira und ist eine beliebte Sommerfrische.

**Weiterfahrt an der Nordküste

Jenseits von Porto Moniz führt die Straße entlang der Nordküste Madeiras in östlicher Richtung über dem Meer hin. Die in die Felswand tief eingeschlagene Trassierung ist abenteuerlich, oft nur einspurig durch Tunnel und unter Wasserfällen hindurch geführt und gibt großartige Blicke auf die nördliche Steilküste Madeiras frei. Die feuchten Felswände sind ein guter Nährboden für flachwachsende Blumen und Pflanzen.

Porto Santo

siehe Nebenkarte

Lage: 43 km nordöstlich der Hauptinsel Madeira
Höhe: 0–517 m ü. d. M.

Lage und Allgemeines

Die von fünf kleinen Riffinseln umgebene, tafelförmige Insel Porto Santo liegt auf 32° 59′ 40′′ nördlicher Breite und 16° 16′ 35′′ östlicher Länge etwa 43 km nordöstlich von Madeira. Die Insel besitzt eine Länge von rund 11 km, eine Breite von ca. 6 km und eine Fläche von 42,5 km^2; höchste Erhebung ist der Pico Facho, der bis zu einer Höhe von 517 m ü. d. M. ansteigt. Auf Porto Santo leben etwa 5000 Menschen, die sich in erster Linie vom Fischfang, in jüngster Zeit aber auch durch die Einnahmen aus dem Tourismus ernähren. Besonders beliebt ist der mehr als 9 km lange Sandstrand, der vor allem während der Sommerferienzeit ein beliebtes Urlaubsziel für Familien von Madeira ist. Eine weitere Grundlage der Wirtschaft von Porto Santo ist der in den sechziger Jahren eingerichtete NATO-Flughafen.

Porto Santo

Geschichte

Als gesichert gilt, daß João Gonçalves Zarco, Tristão Teixeira und Bartolomeu Perestrelo die Inselgruppe im Jahre 1418 aufsuchten. Bevor sie Madeira betraten, ließen sie sich zunächst auf der leichter zugänglichen Insel Porto Santo nieder, um von hier aus die Möglichkeit einer Besiedlung des Archipels zu erkunden. Sie fanden ein bewaldetes und von Drachenbäumen, Wacholder, Baumheide u. a. bestandenes Eiland vor.
Im Jahre 1420 kehrte Perestrelo mit portugiesischen Siedlern, besonders von der Algarve und aus dem Alentejo, auf die Insel zurück und begann, sie urbar zu machen. In den Annalen ist vermerkt, daß sich ein 1418 von den Entdeckern ausgesetztes trächtiges Kaninchen in der Zwischenzeit so sehr vermehrt habe, daß die Kaninchenplage in den ersten Jahren zu einem ernsten Problem für die Neuankömmlinge wurde.
Berühmtester Bewohner von Porto Santo war jedoch der Seefahrer und Entdecker Christoph Kolumbus (⟶ Berühmte Persönlichkeiten), der um 1450 einige Jahre auf der Insel verbrachte. Hier heiratete er Filipa Moniz, die Tochter von Perestrelo, und hier soll er die ersten konkreten Ideen zu seinen Entdeckungsfahrten gehabt haben. Sein ehemaliges Wohnhaus befindet sich in Vila Baleira und birgt heute ein kleines Museum.

Geschichte (Fortsetzung)

Im 15. bis zum 18. Jahrhundert hatte Porto Santo schwer unter den Überfällen maurischer, französischer und englischer Piraten zu leiden. Zum Schutz vor Übergriffen errichtete man auf dem Pico do Facho eine kleine Festung, von der heute allerdings nichts mehr übrig ist.

Klima

Das Klima ist sehr ausgeglichen und erlaubt das ganze Jahr über ein Bad im Meer. Außerdem gibt es etliche reichlich sprudelnde Mineralquellen, deren Wasser als hilfreich gegen Rheumatismus, Kalkmangel und anderen Krankheiten gelten.

Anreise

Zwischen Madeira und Porto Santo besteht täglich eine Schiffsverbindung, die Überfahrt dauert etwa 3 Stunden. Vom Flughafen Santa Catarina auf Madeira gibt es außerdem mehrmals täglich eine Flugverbindung mit kleinen Turbopropmaschinen (Flugzeit: 20 Min.)

Landschaftsbild

Porto Santo bietet ein völlig anderes Landschaftsbild als Madeira. Sandige Hochflächen und die große Trockenheit, die auf fehlende Flüsse zurückzuführen ist, erlauben den rund 5000 Inselbewohnern nur unter Mühen den Ackerbau (Getreide, Wein, Obst und Gemüse). Windmühlen bestimmen das ländliche Bild, Rinder grasen auf offener Weide.

Im Vergleich zu Madeira bietet die Insel Porto Santo ein völlig anderes Landschaftsbild. Grund dafür sind fehlende Flüsse mit dauerhafter Wasserführung.

Sehenswertes auf Porto Santo

Vila Baleira

Der Hafen- und Hauptort Vila Baleira liegt an der flachen Südküste der Insel. Hier lebt der weitaus größte Teil der Bevölkerung von Porto Santo.

Nossa Senhora da Piedade

Am Largo do Pelourinho steht an der Stelle einer Kapelle aus den Jahren 1420 und 1446 die schlichte Pfarrkirche Nossa Senhora da Piedade, die nach Brandschatzung und Plünderung durch Piraten 1667 wiedererrichtet wurde. Vom Vorgängerbau sind allerdings einige gotische Gewölbeteile erhalten.

Nossa Senhora da Piedade (Fortsetzung)

Ebenfalls auf dem Largo do Pelourinho erhebt sich das Rathaus Câmara Municipal) von Vila Baleira, ein gutes Beispiel für die Architektur der portugiesischen Renaissance. Es stammt in seinen ältesten Teilen aus dem 16. Jahrhundert, wurde aber später mehrfach verändert.

Rathaus

Das von Columbus vermutlich einst bewohnte Haus ist heute ein kleines Museum mit allerlei Gerätschaft aus dem alltäglichen Leben sowie alten Landkarten, Darstellungen und Dokumenten aus der Geschichte der Seefahrt (Öffnungszeiten: tägl. außer So. und Fei. 10.00 – 12.00 und 14.00 bis 17.30 Uhr; Eintrittsgebühr).

**Casa de Colombo (Kolumbushaus)

Etwa 1500 m östlich von Vila Baleira steht die von den Einheimischen nicht zuletzt wegen ihrer Heilung bringenden Quellen hoch verehrte Capela Nossa Senhora da Graça. Sie nimmt die Stelle einer Kapelle aus dem 15. Jahrhundert ein, die 1812 zerstört wurde und lange in Trümmern lag. Der heutige Bau stammt von 1951.

Capela Nossa Senhora da Graça

Der Sandstrand Campo de Baixo ist Porto Santos größtes Kapital, denn was auf Madeira fehlt, gibt es hier gleich auf einer Länge von neun Kilometern.

Nahebei trifft man auf den Aussichtspunkt Portela, von dem aus man einen guten Blick über den Süden der Insel mit der Ilhéu de Cima (Leuchtturm) genießt.

Aussichtspunkt Portela

Im Gegensatz zur Hauptinsel besitzt Porto Santo einen wunderschönen breiten Sandstrand der auf 9 km Länge die Südküste einnimmt, sowie mehrere in die Steilküste eingebettete hübsche sandige Badebuchten und einige touristische Einrichtungen.

**Campo de Baixo (Sandstrand)

Porto Santo (Fortsetzung), Pico do Castelo

Nordöstlich über der Stadt erhebt sich der baumbestandene Pico do Castelo (437 m ü. d. M.), der Kegel eines vor langer Zeit erloschenen Vulkans. Auf seiner Spitze stehen die spärlichen Reste einer Festung aus dem 16. Jahrhundert, von hier aus hat man einen schönen Blick auf den Norden der Insel.

*Pico Facho

Weiter östlich der Gipfel des Pico Facho (517 m ü. d. M.; Aussicht), der höchsten Erhebung der Insel und ebenfalls vulkanischen Ursprungs. Von der einstigen Festung ist nichts mehr erhalten.

Naturpark Porto Santo

Im Bereich zwischen Baleira und Flughafen entstand in den letzten Jahren durch umfangreiche Aufforstungsarbeiten der Naturpark Porto Santo.

Pico de Ana Ferreira

Im Westen der Insel steigt der Pico de Ana Ferreira (283 m ü. d. M.) auf, mit interessanten Säulenbasaltformationen. An seinem Südabhang steht die schlichte Capela de São Pedro (17./18. Jh.), die nur einmal im Jahr, am Namenstag des hl. Petrus (29. Juni), für die Allgemeinheit geöffnet ist.

Ponta da Calheta

Von der Ponta da Calheta, der Südwestspitze von Porto Santo bietet sich ein schöner Ausblick auf das kleine vorgelagerte Eiland Ilhéu de Baixo, auf Madeira und die Desertas. In den beiden Restaurants nahebei gibt es vorzügliche Fischgerichte.

Fonta da Areia (Mineralquelle)

An der steilen Nordküste der Insel entspringt, umgeben von bizarren Felsformationen, die 'Fonte da Areia', eine 1843 in Stein gefaßte Mineralquelle, deren Wasser, in Flaschen abgefüllt, nach Madeira und Portugal exportiert wird. Das Wasser gilt als Quell der ewigen Jugend.

Rabaçal B 3

Lage: 65 km nordwestlich von Funchal
Höhe: 1064 m ü..d. M.
Einwohnerzahl: ca. 200

Lage und Bedeutung

Wahrhaft atemberaubend ist die Landschaft, in der die kleine Ortschaft Rabaçal an der Straße durch die Hochebene ⟶ Paúl da Serra liegt. Die waldreiche Umgebung, in der sich alte Lorbeerbaum- und Baumheidebestände mit einer Vielzahl von Farnen, Moosen und Flechten abwechseln, schlägt selbst weitgereiste Wanderer in ihren Bann. Der eigentliche Ort Rabaçal liegt in einem markanten Taleinschnitt und besteht nur aus einigen Rasthäusern, die von der Regierung unterhalten werden. Die Gegend um Rabaçal ist ein beliebtes Ziel für Wochenendausflügler, da es hier einige schöne Picknickstellen gibt. Der Name des Ortes bedeutet übrigens soviel wie 'unberührt' oder 'jungfräulich' und könnte ebenso als Synonym für die großartige Landschaft stehen.

Hinweis

Rabaçal ist mit öffentlichen Verkehrsmitteln nicht erreichbar. Man kann sich jedoch mit einem Taxi bis zum Ausgangspunkt der im folgenden beschriebenen Wanderungen bzw. Spaziergänge fahren lassen. Selbstfahrer benutzen die Straße 204, wobei bei der Fahrt in das Tal von Rabaçal höchste Vorsicht angeraten ist. Die schmale Straße führt an einigen Stellen an Steilabfällen vorbei, die nicht gesichert sind. Es ist üblich, daß bei Gegenverkehr das bergauf fahrende Fahrzeug bis zur nächsten Ausweichstelle zurücksetzt und das entgegenkommende Fahrzeug passieren läßt.

Sehenswertes um Rabaçal

**Landschaftsbild

Der Parkplatz von Rabaçal ist gleichzeitig das Ende der Straße und ein hervorragender Ausgangspunkt für längere und kürzere Wanderungen. Eher

Rabaçal (Fortsetzung), Vinte e Cinco Fontes (25 Quellen)

ein Spaziergang als eine Wanderung ist der Weg zu den Vinte e Cinco Fontes (25 Quellen), die man schon nach einer Viertelstunde erreicht. Hier ergießen sich einige wasserreiche Bäche teils in kleinen Wasserfällen in einen Weiher, der sich je nach Jahreszeit mehr oder weniger füllt. Das Wasser des höchst malerisch gelegenen kleinen Sees speist im übrigen die Levada do Risco.

Wanderung entlang der Levada do Risco

Eine großartige und trotzdem relativ leichte Wanderung führt vom Parkplatz von Rabaçal entlang der Levada do Risco bis zu den gleichnamigen Wasserfällen, die zu den spektakulärsten Katarakten Madeiras zählen. Der Weg beginnt am Parkplatz in Rabaçal, wobei man nicht die Abzweigung zu den Vinte e Cinco Fontes nimmt, sondern der Beschilderung 'Risco' folgt. Am Ziel dieser nur etwa halbstündigen, doch an Natureindrücken überaus reichen Wanderung findet man einen kleinen Platz mit Tischen und Bänken. Die großartige Kulisse für das empfehlenswerte Picknick an dieser Stelle sind die beiden Wasserfälle, die hier dicht nebeneinander über 100 m in die Tiefe stürzen.

Rund um Rabaçal gibt es herrliche Wanderwege, auf denen man unter natürlichen 'Dächern' aus hochwachsender Baumheide spazieren kann

Wanderung entlang der Levada da Rocha Vermelha

Eine weitere Wanderung, die nur geringe Anforderungen an Kondition und Trittsicherheit stellt, führt entlang der Levada da Rocha Vermelha, aus Sicherheitsgründen sollte man sie jedoch nicht bei Regen oder in der Zeit kurz danach unternehmen (teils rutschige Steine, deshalb unbedingt griffiges Schuhwerk tragen!).
Die Levada wurde erst im Jahre 1969 angelegt und zählt deshalb zu den jüngsten Wasserkanälen auf Madeira. Die Wanderung führt entlang der sich dahinschlängelnden Levada über einen Weg, von einigen Stellen öffnet sich der Blick auf üppig grünende Täler und Höhen. Einen besonders schönen Ausblick hat man in das tiefeingeschnittene Tal des Flüßchens Janela.

Ribeira Brava

D 4

Lage: 32 km nördlich von Funchal
Höhe: ca. 30–180 m ü..d.M.
Einwohnerzahl: ca. 7500

Lage und Bedeutung

Ribeira Brava, ein kleines Fischerstädtchen an der Mündung des gleichnamigen Wildbaches, liegt an der Südwestküste von Madeira.
Der Ort, dessen Namen man mit 'Wilder Fluß' übersetzt, zählt zu den ältesten auf der Insel. Seine Bedeutung erhielt er nicht zuletzt aufgrund der Tatsache, daß sich hier einige wichtige Wege kreuzten. Händler und Kaufleute, die auf der Insel unterwegs waren, trafen sich hier, um Geschäfte abzuschließen. Mit der Verkehrserschließung, die auch an Ribeira Brava nicht vorbeiging, zog ein gewisser Wohlstand in das kleine Dorf. In Zukunft soll der Ort, der wegen seiner günstigen Lage ganzjährig ein angenehm mildes Klima hat, verstärkt dem Tourismus erschlossen werden.

Sehenswertes in Ribeira Brava

Ortsbild

Das gepflegte Ortsbild von Ribeira Brava kündet vom bescheidenen Wohlstand seiner Einwohner. Bei einem Spaziergang, der nicht mehr als eine halbe Stunde in Anspruch nimmt, bemerkt man einige hübsche Beispiele für die typische Architektur von Madeira: bunte Fensterläden, schmiedeeiserne Balkongitter und gegliederte Fassaden.

Die Igreja São Bento ist eines der letzten guterhaltenen Beispiele manuelinischer Architektur auf Madeira.

Über dem Ufer des Baches erhebt sich ein kleines Fort aus dem 17. Jahrhundert. Alljährlich (Ende Juni) finden hier die malerischen 'Festas de São Pedro' mit Umzug und Folkloredarbietungen statt.

Entlang des groben Kiesstrandes wurden Wellenbrecher aufgetürmt, die ihren Zweck freilich nur kurze Zeit erfüllten. Durch die Kraft des Meeres wurden die unter Wasser liegenden Teile zwischenzeitlich so ausgewaschen, daß gar daran gedacht wird, die häßlichen Betonmonstren wieder zu entfernen.

Ribeira Brava, Ortsbild (Fortsetzung)

An der Uferpromenade sind die Reste eines alten Forts zu sehen, das im 17. Jh. zum Schutze vor Korsarenüberfällen errichtet wurde.

*Igreja São Bento

Im Zentrum unweit des Hafens ragt auf einem mit Kieselmosaik gepflasterten Platz die Igreja São Bento auf, eine reizvolle Dorfkirche aus dem 16. Jh. Die Spitze des Turmes ist mit blauweißen Kacheln verziert. In ihrem Innern wird ein Taufbecken aufbewahrt, das ein Geschenk von König Manuel I. etwa aus dem Jahre 1500 ist.
Beachtung verdienen des weiteren die Kanzel im manuelinischen Stil, die später eingebauten, prachtvollen Barockaltäre und einige kunstvolle Azulejos. An den Seitenwänden des Chors sind wertvolle Gemälde flämischer Künstler zu sehen.

Rathaus

Nur wenige Meter von der Kirche entfernt erhebt sich das Rathaus von Ribeiro Brava, das in einem Herrenhaus aus dem Jahre 1776 untergebracht ist (eine entsprechende Jahreszahl befindet sich über dem Eingangsportal). Zu dem Gebäude gehört eine herrliche, parkähnliche Gartenanlage, die besucht werden kann.

Weiterfahrt nach São Vicente

Die Straße nach São Vicente verläßt Ribeira Brava in nördlicher Richtung und steigt landeinwärts meist an der Westseite der Ribeira Brava bergan und führt dabei durch eine großartige Landschaft.

Ribeira da Janela — A 3

Lage: 45 km nördlich von Funchal
Höhe: ca. 450 m ü.d.M.
Einwohnerzahl: ca. 800

Lage und Bedeutung

Das Dorf Ribeira da Janela liegt südöstlich von → Porto Moniz an dem gleichnamigen Flüßchen, das hier sein tief eingeschnittenes Talbett verläßt und ins Meer mündet. Vor der Flußmündung erheben sich im Meer drei Felsklippen, von denen eine, die Ilhéu da Ribeira da Janela, wegen ihres natürlichen Fensterdurchbruchs (portugiesisch 'janela' = Fenster) dem Ort den Namen gab.
Ribeira da Janela spielte eine wichtige Rolle beim Bau von Wasserkraftwerken, der in den siebziger Jahren während der Salazar-Diktatur initiiert wurde. Heute gibt es auf Madeira vier solcher Kraftwerke, in denen jedoch nur ein vergleichsweise bescheidener Teil des elektrischen Stroms für die Inselbewohner erzeugt wird. In den kommenden Jahren soll die Wasserkraft wieder verstärkt genutzt werden, wobei allerdings zu berücksichtigen ist, daß dem ein gewisser Wassermangel entgegensteht. Ergänzend zur Wasserkraft wird heute ein Teil der benötigten elektrischen Energie durch Windturbinen erzeugt, so z. B. auf der Halbinsel → Ponta de São Lourenço oder auch auf der Hochebene → Paúl da Serra.

Sehenswertes in Ribeira da Janela

*Landschaftsbild

Der Ort Ribeira da Janela besitzt keine Sehenswürdigkeiten von Bedeutung. Reizvoll ist jedoch eine etwa vierstündige Wanderung entlang der Levada da Central da Ribeira da Janela. Sie beginnt und endet am Parkplatz oberhalb des kurz vor Porto Moniz gelegenen Dorfes Lamaceiros (hier befindet sich auch ein Wasserreservoir zur Versorgung des Wasserkraftwerkes) und führt durch eine äußerst eindrucksvolle Landschaft.

Ribeiro Frio C 6

Lage: 14 km nördlich von Funchal
Höhe: 860 m ü. d. M.
Einwohnerzahl: ca. 500

Lage und Bedeutung

Jenseits vom Poiso-Paß führt die Straße nach Faial in Windungen abwärts durch waldreiche Gebirgslandschaft und erreicht nach 3 km Ribeiro Frio (übersetzt: Kalter Fluß).

Sehenswertes in Ribeiro Frio

Forellenzucht

In Ribeiro Frio befindet sich die einzige Forellenzucht Madeiras. Die in terrassiert angelegten, vom Fluß Ribeiro Frio mit sauerstoffreichem Wasser gespeisten Becken gezogenen Fische (jährlich etwa 90000) werden an gastronomische Betriebe verkauft oder in den ansonsten fischlosen Wildbächen der Insel ausgesetzt, wo man sie angeln kann.
Im stimmungsvollen Restaurant "Victor's Bar" werden fangfrische Forellen in verschiedener Zubereitung serviert oder zum Mitnehmen angeboten. Besonders köstlich sind sie räucherwarm, gefüllt mit einer Scheibe Speck.

Parque Florestal

Hinter "Victor's Bar" beginnt der Parque Florestal, ein Naturschutzgebiet, das den hier noch ursprünglich erhaltenen Lauraceenwald der Insel bewahren soll. Außerdem gibt es hier noch zahlreiche endemische Pflanzen, die hier vor dem Aussterben geschützt werden sollen.

*Wanderung zum Aussichtspunkt Balcões

Von Ribeiro Frio führt ein lohnender Wanderweg entlang der Levada do Furado zu dem Aussichtspunkt Balcões. Der Lohn für die gut einstündige Wanderung (hin und zurück) ist ein prächtiger Blick auf die höchsten Gipfel Madeiras, den Pico Ruivo, den Pico das Torres und den Pico do Arieiro. Entsprechende Kondition und Trittsicherheit vorausgesetzt, kann man entlang der Levada do Furado bis nach Portela wandern. Die Distanz beträgt etwa 10 km, der Weg führt durch eine der eindrucksvollsten Landschaften Madeiras.

Santa Cruz C 7

Lage: 17 km nordöstlich von Funchal
Höhe: ca. 0–150 m ü. d. M.
Einwohnerzahl: ca. 10000

Lage und Bedeutung

Der noch recht ursprüngliche, alte Fischerort Santa Cruz ist eine der ältesten Siedlungen auf der Insel und liegt an der südöstlichen Küste von Madeira. Die Nähe zum Flughafen Santa Catarina hat bisher die touristische Entwicklung wohltuend eingeschränkt. Den kleinen Hafen mit Kieselstrand umstehen neu angepflanzte Palmen; unweit davon liegt die Badeanstalt 'Praia das Palmeiras'. Von einiger Bedeutung für die Wirtschaft des Ortes ist der Zierfischfang.

Sehenswertes in Santa Cruz

**Ortsbild

Das Ortsbild der Altstadt bietet ein bemerkenswert geschlossenes Bild. Im Zentrum steht die dreischiffige, manuelinische Pfarrkirche São Salvador. Sie wurde 1533 über den Resten einer älteren Kapelle, von der noch ein

◀ *Rund um Ribeiro Frio gibt es eine Vielzahl von Wanderwegen, die jedoch alle durch eine fast urwüchsig zu nennende Landschaft führen.*

Santa Cruz, Ortsbild (Fortsetzung)

Grabmal (1470) erhalten ist, errichtet. In der Sakristei bewahrt man Azulejos aus dem 16. Jh. auf, die einst das wegen des Flugplatzbaus abgetragene Franziskanerkloster 'Nossa Senhora da Piedade' zierten (weitere Kacheln aus diesem Kloster sind auch in der Quinta das Cruzes in ⟶ Funchal ausgestellt).
Das Rathaus aus dem 16. Jh. ist mit manuelinischen Steinmetzarbeiten geschmückt, das erst vor wenigen Jahren renovierte Gerichtsgebäude mit einer geschwungenen Freitreppe unweit davon zählt zu den schönsten Gebäuden von Madeira.
Westlich über der Hafenbucht befindet sich eine kleine Festung von 1706, die sich im Privatbesitz befindet und deshalb nicht besichtigt werden kann.

Markthalle

Einen Besuch verdient die Markthalle, in der ein reiches Fischangebot sowie Fleisch, Obst und Gemüse aus der Umgebung zum Verkauf stehen. Das Gebäude ist mit Kachelmalereien aus neuerer Zeit geschmückt.

Umgebung von Santa Cruz

Jenseits des Flughafens führt die Straße EN 101 westwärts, zunächst als Schnellstraße auf der Trassierung der zukünftig nach Funchal führenden Autobahn, später auf der alten Küstenstraße durch ein fruchtbares Gemüseanbaugebiet. Hier dehnten sich in der Vergangenheit weite Bananen-, Zuckerrohr- und Weinterrassen aus. Immer mehr ursprünglich bebaute Felder liegen jedoch brach, da sie als Bauerwartungsland mehr Ertrag versprechen.

Flughafen Santa Catarina

Lage

Abbildung s. S. 29

Hinter der genannten Abzweigung verläuft die Straße weiterhin am Meer entlang, vorbei an der Touristensiedlung Água de Pena zum Flughafen auf der Ponta de Santa Catarina.
Der im Volksmund als 'Flugzeugträger' bezeichnete Flughafen ersetzt seit den sechziger Jahren dieses Jh.s die ältere Landemöglichkeit auf dem Militärflugplatz von Porto Santo, von wo die Gäste in zwei- bis dreistündiger Bootsfahrt auf die Hauptinsel gebracht werden mußten.
Nachdem die nebelreiche Hochfläche von Paúl da Serra aus wettertechnischen Gründen für den Bau eines modernen Flughafens ausschied, entschied man sich für die kleine, vergleichsweise sanfte Landzunge Ponta de Catarina. Der 1964 eröffnete Flughafen besaß eine Landebahn von 1600 m und ließ nur den Verkehr mit kleineren Maschinen zu.
Um den Anschluß der Insel an den modernen Massentourismus zu sichern, wurde die Piste 1985 mittels Betonpfeilern auf 1750 m ins Meer hinaus verlängert. Eine zweite Verlängerung in Richtung Machico auf 2780 m ist gegenwärtig im Bau. Wegen der großen Tiefe des Meeresgrundes an dieser Stelle soll die Bahn um einige Grad nach Norden in die Bucht hineingedreht und dort in weniger großer Tiefe von immerhin 70 – 80 m auf neuen Stützen verankert werden.
Ein Modell des zukünftigen Fluggeländes steht im Foyer (1. Stock) des Flughafengebäudes.

Santana B 6

Lage: 42 km nördlich von Funchal
Höhe: 420 m ü..d.M.
Einwohnerzahl: ca. 4500

Lage und Bedeutung

Santana ist der Hauptort der Comarca de Santana, des fruchtbarsten Bezirks von Madeira. Mit seinen von schönster Blumenpracht umgebenen, strohgedeckten Häusern ist Santana eine der malerischsten Ortschaften der Insel. Von wirtschaftlicher Bedeutung ist der Kartoffel-, Mais- und Weizenanbau; außerdem gilt Santana als ein Zentrum der Madeirastickerei.

Sehenswertes in Santana

**Ortsbild

Auffälligstes Merkmal für das Ortsbild von Santana sind die Casas de Colmos genannten, spitzgiebligen Häuser, deren strohgedeckte Dächer bis dicht an den Boden reichen. Allerdings gibt es heute immer weniger solcher Häuser, die Stadtverwaltung sah sich gar dazu veranlaßt, neben dem Rathaus zwei dieser traditionellen Gebäude neu zu errichten. Die Bauweise hat übrigens einen durchaus praktischen Hintergrund, denn durch die herabgezogenen Dächer wird das Innere des Hauses vor den Unbilden der Witterung weitgehend geschützt. Einige Bewohner der Casa de Colmos (was man mit 'Strohhaus' übersetzen könnte) sind so gastfreundlich, daß sie Besuchern auch das Innere ihrer Häuser zeigen.

Typisch für Santana sind die strohgedeckten Häuschen mit ihren tief heruntergezogenen Dächern.

Festa dos Compadres

Alljährlich im Februar findet in Santana die Festa dos Compadres statt. Inhalt des Festes ist die Schlichtung einer ehelichen Auseinandersetzung, wobei ein symbolisches Gericht zusammentritt. Die Kontrahenten – Mann und Frau – werden durch Strohpuppen dargestellt, während der 'Verhandlung' mangelt es nicht an Anspielungen auf aktuelle politische und dörfliche Begebenheiten. Nachdem vom Gericht das Urteil verkündet wurde, werden die Strohpuppen verbrannt. Das anschließende Fest mit Musik und Tanz dauert bis in die frühen Morgenstunden.

*Aussichtspunkt Garajoa

Östlich von Santana erhebt sich der kleine Berg Garajoa, von dessen Höhe man einen guten Ausblick auf die Ostküste von Madeira hat. Man erreicht ihn über eine Abzweigung von der Straße 101.

*Empfohlener Ausflug

Von Santana führt ein lohnender Ausflug zum Schutzhaus Casa das Queimadas (883 m ü. d. M.), dann weiter zu Fuß südlich zum Parque das Queimadas an den Hängen des Pico Ruivo (1861 m ü. d. M.), der von hier auch bestiegen werden kann.

Santo da Serra C 7

Lage: 22 km nordöstlich von Funchal
Höhe: 675 m ü..d.M.
Einwohnerzahl: ca. 2000

Lage und Bedeutung

Santo da Serra – mit vollständigem Namen eigentlich Santo António da Serra – liegt auf einer wiesenreichen Hochfläche im Ostteil von Madeira und genießt seit jeher den Ruf eines noblen Luftkurortes. Besonders im 18. Jh. galt der Ort als bevorzugter Wohnsitz der reichen Kaufmannsfamilien von Funchal, die hier ihre noblen Quintas errichten ließen. Heute ist Santo (António) da Serra bekannt für seinen herrlich gelegenen Golfplatz.

Sehenswertes in Santo da Serra

*Quinta da Junta

Die ursprünglich zur Quinta da Junta (auch Quinta Santo da Serra genannt) gehörende Gartenanlage im Zentrum des Ortes wurde zu einem öffentlichen Park umgestaltet und ist heute ein beliebtes Ziel für Ausflügler. In dem Park, der einst zum Anwesen der Familie Blandy zählte, gibt es ein kleines Tiergehege mit Hirschen und Greifvögeln.

Vom Miradouro dos Ingleses genießt man einen herrlichen Ausblick bis hinüber zur Halbinsel Ponta de São Lourenço.

*Miradouro dos Ingleses

Vom Miradouro dos Ingleses (Aussichtspunkt der Engländer), einer in den Fels gehauenen Aussichtsplattform, genießt man einen fabelhaften Blick über die eindrucksvolle Landschaft. Er reicht in östlicher Richtung bis nach → Machico und zur Halbinsel → Ponta de São Lourenço. Seinen Namen erhielt der Aussichtspunkt durch englische Kaufleute, die hier einen Aussichtsposten stationierten. Er hatte die Aufgabe, die Kaufleute von Funchal von der Ankunft eines Handelsschiffes zu informieren.

São Jorge

B 6

Lage: 49 km nördlich von Funchal
Höhe: ca. 10–150 m ü. d. M.
Einwohnerzahl: ca. 3000

Lage und Bedeutung

Das Städtchen São Jorge liegt an der Nordküste von Madeira, das letzte Stück der Straße führt über zahlreiche Kehren und Windungen und vorbei an dem Aussichtspunkt 'As Cabanhas' (mit Raststätte) direkt ins Zentrum. Die Tatsache, daß hier so gut wie alle Touristenbusse halten, hat zu dem bescheidenen Wohlstand beigetragen, den die Bewohner von São Jorge haben. Wirtschaftlich interessant ist überdies der Obst- und Gemüseanbau, auch werden hier viele der Weidenruten geschnitten, die in der Korbwarenherstellung verwendet werden.

Sehenswertes in São Jorge

**Igreja do São Jorge

São Jorge besitzt eine bemerkenswerte Barockkirche aus dem 18. Jh., die anstelle eines im Jahre 1660 durch Überschwemmung zerstörten Sakralgebäudes aus dem 15. Jh. errichtet wurde. Während das Äußere schlicht

Auf der schmalen und kurvenreichen Straße entlang der Nordküste muß man stets mit (feuchten) Überraschungen rechnen…

und unauffällig wirkt, ist das Kircheninnere mit überreichem, vergoldetem Holzschnitzwerk, schönen Altarbildern und außerordentlich kunstvollen Azulejos ausgeschmückt.

Friedhof

Auf dem Friedhof oberhalb der Kirche ist das Grab der um 1925 verstorbenen US-Amerikanerin Miss Turner bemerkenswert. Sie war bekannt für ihren Tearoom, der ein beliebter Treffpunkt für die auf Madeira lebenden Engländer war.

São Jorge (Fortsetzung), Quinta da São Jorge

Unweit der Kirche befindet sich die Quinta da São Jorge, die einst von Dr. João Francisco de Oliveira bewohnt wurde. Er machte sich nicht nur einen Namen als Wissenschaftler und Mediziner, sondern auch als Diplomat. Da sich das großzügige Areal auch heute noch im Privatbesitz befindet, kann es nicht besichtigt werden.

*Ponta de São Jorge

Von der nahen, ins Meer hinausragenden Ponta de São Jorge (Leuchtturm) bietet sich ein weiter Blick auf die Nordküste bis → Porto Moniz im Westen und → Porto da Cruz im Osten.

São Vicente B 4

Lage: 54 km nördlich von Funchal
Höhe: ca. 15–350 m ü..d.M.
Einwohnerzahl: ca. 6000

Lage und Bedeutung

Jenseits der Paßhöhe → Boca da Encumeada senkt sich die Straße über Rosário hinab zur Küste nach São Vicente. Die malerische Ortschaft liegt am linken Ufer des gleichnamigen Flusses und unweit von dessen Einmündung ins Meer. Sie ist von wilder Hochgebirgslandschaft umgeben und ein günstiger Ausgangspunkt für die Besteigung des Pico dos Tanquinhos (1524 m ü.d.M.) und des Pico Ruivo do Paúl (1642 m ü.d.M.), die beide eine prächtige Hochgebirgsaussicht bieten. Andere lohnende Ausflüge führen in das Gebiet des → Paúl da Serra. São Vicente wurde 1928 von einem Bergrutsch heimgesucht und teilweise verschüttet.

Sehenswertes in São Vicente

*Ortsbild

São Vicente bietet ein insgesamt sehr geschlossen wirkendes Ortsbild. Das liegt nicht zuletzt daran, daß sich die Bewohner in einer gemeinsamen Aktion um das Erscheinungsbild ihrer Häuser kümmerten und sie in den achtziger Jahren renovierten. Der Lohn dafür war nicht nur ein Denkmalschutzpreis, sondern auch stetig steigende Besucherzahlen.

*Igreja do Santo Vincentius

Sehenswert ist die schöne, barocke Pfarrkirche aus dem 17. Jahrhundert. Das Innere ist überreich mit vergoldetem Holzschnitzwerk und Gemälden ausgestattet. An der bemalten Decke verdient eine Darstellung des Schutzheiligen Vincentius von Valencia besondere Beachtung. Auf dem gepflasterten Platz vor der Kirche sind die Attribute des hl. Vincentius dargestellt (zwei Raben, die den Leichnam des Heiligen verteidigen sowie das Segelschiff, von dem aus er der Legende zufolge ins Meer geworfen und trotzdem wieder an Land gespült worden sein soll).

Capela São Roque

Wo der Ribeira de São Vicente in den Atlantik mündet, erhebt sich neben einer nüchternen Brückenkonstruktion ein markanter, von einem weithin sichtbaren Gipfelkreuz gezierter Felsen. In seinem Schatten wurde 1692 die kleine Capela São Roque erbaut. Beachtung verdienen die Kieselmosaiken an der Fassade.

Seixal B 3

Lage: 57 km nördlich von Funchal
Höhe: ca. 10–350 m ü..d.M.
Einwohnerzahl: ca. 900

Lage und Bedeutung

Etwa auf halbem Wege zwischen den Orten → Porto Moniz und → São Vicente liegt unweit der an herrlichen Ausblicken reichen Küstenstraße inmitten von Weinterrassen und am Hang eines Bergvorsprunges der kleine Ort Seixal. Er ist weniger für besonders beachtenswerte Sehenswürdigkeiten bekannt als für seinen ausgezeichneten Sercial-Wein, für den die Reben hier in mühevoller Arbeit angebaut werden. Zum Schutz vor den kräftigen Winden, die vom Atlantik her wehen, werden die Parzellen mit hüfthohen Hecken umgeben.

Lage und Bedeutung (Fortsetzung)

**Küstenstraße

Hinter Seixal beginnt der eindrucksvollste Abschnitt der nördlichen Küstenstraße und eine der landschaftlich schönsten Strecken auf Madeira überhaupt. Die hier kunstvoll und unter Ausnutzung aller technischen Möglichkeiten in die fast senkrecht abstürzende Felsküste gehauene und teilweise durch Tunnel oder über Lehnbrücken geführte Straße zieht hoch über den tosenden Wassern des Meeres und im Schatten mächtiger Gebirgswände gleichsam zwischen Himmel und Ozean dahin.

*Ribeira do Inferno

Etwa 2 km hinter Seixal kommt man zu einem Aussichtspunkt, von dem aus man einen beeindruckenden Blick auf die Mündungsschlucht des Ribeira do Inferno hat. Danach führt die Straße noch 6 km, teils in Tunneln und unter den herabstürzenden Wassern des Baches hindurch, weiter nach ⟶ São Vicente.

RESTAURANTE
ROMANA
ROMANA

Praktische Informationen von A bis Z

Praktische Informationen von A bis Z

Andenken

⟶ Einkäufe und Souvenirs

Angeln

Hochseeangeln

Am Hafen von Funchal gibt es einige Anbieter von halb- oder ganztägigen Angeltouren. In der Vergangenheit wurde von einigen beinahe rekordverdächtigen Fängen berichtet, wobei in erster Linie Thunfische, aber auch der mächtige Blue Merlin gefangen wurden. Bei entsprechendem Interesse wende man sich direkt an einen der Anbieter am Hafen.

Anreise

Mit dem Flugzeug

Zwischen dem europäischen Festland und der Insel Madeira bestehen regelmäßige Flugverbindungen. Neben der portugiesischen Fluggesellschaft TAP, die mehrmals wöchentlich Linienflugverbindungen zwischen Frankfurt am Main und Madeira (bisweilen mit Zwischenlandung in Lissabon bzw. Faro) anbietet, spielt der Charterflugverkehr eine wichtige Rolle. Die Lufthansa-Tochtergesellschaft Condor hat z. B. von Berlin-Schönefeld, Düsseldorf, Frankfurt am Main, Hamburg, Hannover, Leipzig, München und Stuttgart Direktflüge nach Madeira im Angebot; LTU bedient ein ähnliches Streckennetz. Regelmäßige Flugverbindungen gibt es auch von Österreich und der Schweiz.
Die Flugzeit von Frankfurt am Main nach Madeira beträgt gut vier Stunden.

Mit dem Schiff

Madeira ist das ganze Jahr über ein beliebtes Ziel im Rahmen von Kreuzfahrten. Die Schiffe legen jedoch meist nur für die Dauer von einem oder zwei Tagen im Hafen von Funchal an.

Apotheken

Hinweisschilder

Apotheken erkennt man an einem Schild mit einem weißen Kreuz auf grünem Grund. Das portugiesische Wort für Apotheke heißt Farmácia.

Öffnungszeiten und Bereitschaftsdienst

Mo.–Fr. 9.00–13.00 und 15.00–17.00 Uhr, Sa. 9.00–13.00 Uhr.
Außerhalb der genannten Öffnungszeiten weist ein Aushang auf die Anschrift der nächstgelegenen Apotheke mit Bereitschaftsdienst hin.

◀ *In der Zona Velho, der restaurierten und teils zur Fußgängerzone erklärten Altstadt von Funchal, findet man einige Freiluftrestaurants.*

Ärztliche Hilfe

Medizinische Versorgung

Die medizinische Versorgung ist überall auf Madeira ausreichend, Krankenhäuser gibt es jedoch nur in der Hauptstadt Funchal. In akuten Notfällen wende man sich an den nächstgelegenen Arzt, der die weitere Versorgung übernimmt. In fast allen Ortschaften außerhalb Funchals gibt es Gesundheitszentren (Centro do Saúde), denen in Ribeira Brava, Calheta, São Vicente, Porto Moniz, Santana, Mchaico und in Vila Baleira (auf Porto Santo) Notfallstationen angegliedert sind.

Krankenversicherungsschutz

Versicherte deutscher Krankenkassen haben in Ländern der Europäischen Union (EU) Anspruch auf Leistungen, wenn sie während eines Madeira-Aufenthaltes erkranken. Voraussetzung ist allerdings, daß man sich vor Reiseantritt bei der jeweiligen Krankenkasse einen Auslandskrankenschein besorgt und diesen während der Reise mit sich führt. Im Falle einer Erkrankung wendet man sich mit diesem Formular zunächst an die zuständige regionale Gesundheitsbehörde (Servico de Migrantes) im Direcção Regional Saúde Pública in Funchal (Rua das Pretas 1, Tel. 232021-26; Öffnungszeiten: Mo.–Fr. 9.30–12.00 und 14.00–16.00 Uhr). Dort erhält man einen portugiesischen Krankenschein für die ärztliche Behandlung. Privatversicherte Reisende müssen Arztrechnungen stets direkt bezahlen.

Rücktransport aus medizinischen Gründen

Kosten für einen Rücktransport in medizinischen Notfällen werden von deutschen Krankenversicherungen generell nicht übernommen. Es empfiehlt sich daher der Abschluß einer zusätzlichen Reisekrankenversicherung oder die Mitgliedschaft in der Deutschen Rettungsflugwacht e. V.

Deutsche Rettungsflugwacht (Stuttgart)

Mitglieder der Deutschen Rettungsflugwacht e. V. genießen weltweiten Versicherungsschutz für den Fall eines Rücktransportes aus medizinischen Gründen. Informationen über eine Mitgliedschaft erhält man bei

DRF · Deutsche Rettungsflugwacht e. V.
Postfach 230127 · D-70624 Stuttgart (Flughafen)
Telefonnummer von Madeira: 0049/711/70070; Alarmzentrale: 0049/711/701070; Telefax: 0049/711/7007-222

Notrufe

⟶ dort

Ambulanz, Vergiftungsfälle, Zahnarzt

Ambulante Behandlungen kleinerer Erkrankungen und Verletzungen sind im Centro Médico da Sé an der Rua dos Murcas 42 (Tel. 230127 und 231779-82) möglich. Bei Vergiftungen hilft die Emergências Médicas (Tel. 7950143), mit Zahnschmerzen wende man sich an Dr. António Cardoso (Rua Mercés 19A, Tel. 35348).

Krankenhäuser

In Funchal

Clínica de Santa Catarina (mit 24-Stunden-Ambulanz)
Rua 5 de Outubro, 115; Tel. 741127

Hospital Cruz de Carvalho
Av. Luís de Camões; Tel. 741111 und 742111

Hospital Dr. João de Almada
Quinta Santana (Monte); Tel. 743222

Clínica de Santa Luzia (mit 24-Stunden-Ambulanz)
Rua da Torrinha, 5; Tel. 233434

Clínica Dentária Cinco de Outubro (Zahnärztliche Klinik)
Rua 5 de Outubro, 79-A; Tel. 228217

Big Game Fishing
ANGUILLA
HALUAN
CY-FIS

Bei zahnärztlichen Notfällen an Sonn- und Feiertagen wende man sich an die Medicina Dentária · Serviço de Urgência (Tel. 998 998 731).

Ärztliche Hilfe (Fortsetzung)

Centro de Saúde de Porto Santo, Rua do Penedo; Tel. 98 22 11

Auf Porto Santo

Ausflüge

Inselrundfahrten

In Funchal gibt es zahlreiche Reisebüros, die sich auf halb- oder ganztägige Inselrundfahrten auch mit deutschsprechenden Reiseleitern spezialisiert haben. Die Teilnahme empfiehlt sich vor allem dann, wenn man zum ersten Mal auf Madeira ist und sich einen ersten Eindruck von der Insel verschaffen möchte. Die Gäste werden in den Hotels abgeholt und dorthin wieder zurückgebracht. In Funchal gibt es eine Vielzahl von Reiseveranstaltern, entsprechende Adressen entnehme man den 'Gelben Seiten' des Telefonbuches von Madeira.

Glasbodenboot

Madeira ist eines der bekanntesten Tauchgebiete in Europa, die faszinierende Unterwasserwelt läßt sich aber auch trockenen Fusses mit dem 1994 gebauten Glasbodenboot "Carol" erkunden. Abfahrtszeiten und Preise erfährt man bei:

Madeirasub · Actividades Marítimas Turisticas, Lda.; Tel. 22 94 33

Levadawandern
⟶ Wandern

Mietwagen
⟶ dort

Segeltouren

Halbtagestouren sowie zweieinhalbstündige Fahrten zum Sonnenuntergang mit der Jacht "Albatroz" mit bis zu 20 Teilnehmern bietet

Albatroz Organization
Marina do Funchal (am Hafen von Funchal)
Tel. 22 03 27

Auskunft

In Deutschland

Portugiesisches Touristikamt
Schäfergasse 17, D-60313 Frankfurt am Main
Tel. (069) 23 40 94, Fax 23 14 33
Öffnungszeiten: Mo.–Fr. 9.00–13.00 und 14.00–17.00 Uhr

In Österreich

Portugiesisches Touristikamt
Stubenring 16/3, A-1010 Wien
Tel. (01) 5 13 26 70, Fax 5 12 88 28
Öffnungszeiten: Mo.–Fr. 9.00–12.00 und 14.00–17.00 Uhr

In der Schweiz

Office National du Tourisme du Portugal
Badenerstrasse 15, CH-8004 Zürich
Tel. (01) 2 41 00 01 und 2 41 00 05, Fax 2 41 00 12
Öffnungszeiten: Mo.–Fr. 9.00–12.00 und 14.00–17.00 Uhr

Auf Madeira

Direcção Regional do Turismo – Região Autónoma da Madeira
Avenida M. Arriaga 18, 9000 Funchal
Tel. 22 90 57, 22 56 58; Fax 23 21 51
Öffnungszeiten: Mo.–Fr. 9.00–20.00, Sa. 9.00–18.00 Uhr

◀ *Der Jachthafen von Funchal gilt nicht nur als beliebte Zwischenstation für Atlantiküberquerer, sondern auch als Ausgangspunkt von Segeltouren rund um Madeira*

Auskunft auf Madeira (Fortsetzung), Außenstellen	Santa-Catarina-Flughafen (in der Ankunftshalle); Tel. 524933 Öffnungszeiten: bei Ankunft von Flugzeugen Machico (im Forte do Amparo); Tel. 962289 Öffnungszeiten: Mo.–Fr. 9.00–12.00 und 14.00–17.00 Uhr Ribeira Brava (im Forte de São Bento); Tel. 951675 Öffnungszeiten: Mo.–Fr. 9.00–12.00 und 14.00–17.00 Uhr
Auskunft auf Porto Santo	Secretaria Regional do Turismo, Cultura e Emigração (in Vila Baleira); Tel. 982361 Öffnungszeiten: Mo.–Fr. 9.00–12.00 und 14.00–17.00 Uhr Ein weiteres Informationsbüro für Touristen befindet sich am Flughafen von Porto Santo. Auskünfte für Segler, die Porto Santo anlaufen, erteilt das Direcção Regional do Porto Santo am Hafen (Tel. 982577) oder an der Rua de João Gonçalves Zarco (Tel. 983565).

Autohilfe

Pannenhilfe

Bei der Übernahme eines Mietwagens erkundige man sich nach evtl. Vertragswerkstätten, die im Falle einer Panne in Anspruch genommen werden sollten sowie nach Regeln, die dabei beachtet werden müssen.
Einen Automobilclub gibt es auf Madeira nicht, Reparaturwerkstätten findet man jedoch in jeder größeren Ortschaft.

Badestrände

Madeira ist keine Badeinsel

Madeira ist keine Badeinsel, und die wenigen Strände, die es beispielsweise in Ribeira Brava der Santa Cruz gibt, haben keinen Sand, sondern z. T. grobe Kieselsteine. Die einzigen Strände mit etwas Sand befinden sich auf der Halbinsel Ponta de São Lourenço sowie bei Caniçal.
Eine Alternative bieten allerdings die von der Natur geformten Lavaschwimmbecken in Caniço und Porto Moniz, die bei geeigneter Witterung zu einem erfrischenden Bad einladen (Badeschuhe mit griffiger Sohle sind empfehlenswert). Einige Hotels in Funchal besitzen ebenfalls solche Lavaschwimmbecken.

Porto Santo

Was Madeira fehlt, hat Porto Santo im Überfluß. Mit einer Länge von etwa neun Kilometern ist der Strand Campo de Baixo einer der längsten Portugals. Nicht nur während der Ferienzeit, sondern auch an Wochenenden ist der Strand freilich ein beliebtes Ausflugsziel für Familien von Madeira, weshalb man einen Besuch auf die Wochentage legen sollte.

Schwimmbäder

⟶ dort

Banken

⟶ Geld

Behindertenhilfe

Madeirabesuchern mit eingeschränkter Mobilität hilft die örtliche Tourismusbehörde gern bei der Gestaltung ihres Aufenthaltes, die Möglichkeiten sind allerdings beschränkt. Taxifahrer sind im allgemeinen sehr hilfsbereit. Ein grundsätzliches Hindernis für Menschen mit Behinderungen ist die Tatsache, daß nicht nur die ganze Insel, sondern auch die Hauptstadt Funchal sehr hügelig ist. Die Überwindung steiler Gassen ist ohne Begleiter kaum möglich.

Behindertenhilfe (Fortsetzung)

Es gibt nur wenige Hotels, die auf die Bedürfnisse behinderter Menschen (z. B. behindertengerechte Zimmer) eingerichtet sind. Außerdem gibt es einige Hotels, deren Zufahrt so steil ist, daß sie für Rollstuhlfahrer nicht bewältigt werden kann. Man erkundige sich deshalb bereits bei der Buchung im Reisebüro nach solchen Hindernissen.

Betteln

Der stetig steigende Besucherstrom hat ein Problem mit sich gebracht, an dem die Touristen selbst nicht ganz unschuldig sind. Vor allem in den von Touristen frequentierten Orten gibt es zahlreiche bettelnde Kinder, aber auch alte, kranke und behinderte Menschen. Es sollte in der Verantwortung jedes Besuchers liegen, ob er einem bettelnden Kind Geld gibt – oder ihm eine Kleinigkeit zu essen kauft bzw. ein paar Süßigkeiten mitbringt.

Bibliotheken

In Funchal gibt es im Rathaus und dort im Museu da Cidade (Stadtmuseum) eine reichhaltige Bibliothek (Bibliotecas Municipais) mit Dokumenten zur Stadtgeschichte (Tel. 222849). Eine weitere Bibliothek befindet sich im Museu Municipal (Naturkundliches Museum), diese ist nach Voranmeldung (Tel. 229761) zugänglich. In der Bibliothek Barbeito (Avenida Arriaga 48) gibt es einen großen Bestand an Büchern zum Thema Christoph Kolumbus; die Bibliteca Calouste Gulbenkian (Avenida Arriaga; Tel. 227251) hält Bücher zu allgemeinen Themen bereit.

Cafés, Bistros und Bars

In Funchal

Für einen kleinen Bica (Espresso) zwischendurch gibt es überall auf Madeira die Gelegenheit. Kaffee in großen Tassen oder gar Portionen ist eher unüblich und wird allenfalls in Hotels serviert. Beliebt sind den Einheimischen die kleinen Kaffeebars, deshalb gibt es sie auch an fast jeder Ecke. Hier trifft man sich zum zwanglosen Gespräch, vor oder nach dem Essen oder einfach so. Die Preise sind sehr moderat.
Im Zentrum von Funchal und dort unterhalb der Kathedrale erstreckt sich in Richtung Hafen eine kurze Flaniermeile mit Sitzgelegenheiten unter freiem Himmel. Hier werden außer Kaffe und Tee auch kleinere Speisen und Snacks serviert. Da die beiden Cafés hier sehr zentral liegen, sind sie gute Ausgangspunkte für die Erkundung der nördlichen bzw. östlichen Stadtteile von Funchal.

Unweit davon ist im Innenhof des Fotomuseums Vicentes das Gartenlokal "Patio", in dem auch kleine Gerichte serviert werden. Gegenüber dem Hotel Dom Jõao (Rua das Maravilhas 13b) befindet sich im Garten einer kleinen Quinta das Kaffee- und Teehaus Pluma mit einer besonders stilvollen Atmosphäre.

Außerhalb von Funchal

Auch außerhalb von Funchal gibt es in jeder Ortschaft mindestens ein Café, in dem 'man' sich trifft, obligatorisch ist hier ebenfalls der Bica mit oder ohne Milch und Zucker.

Camping

Auf Madeira

Der einzige Campingplatz auf Madeira befindet sich in Porto Moniz; Voranmeldung im Büro der Turismo (⟶ Auskunft) bzw. bei der Platzverwaltung (Tel. 85 24 47) ist anzuraten, da die Zahl der Parzellen beschränkt ist.

Auf Porto Santo

Einen weiteren Campingplatz gibt es auf Porto Santo, Reservierungen sind ebenfalls über das Touristenbüro möglich.

'Wildes Campen'

Wildes Campen ist grundsätzlich möglich, wenn man zuvor die Erlaubnis des Grundstückseigentümers bzw. des zuständigen Forstbeamten eingeholt hat. Aus Rücksicht auf die Natur sollte man auf das Zelten im freien Gelände jedoch verzichten.

Diplomatische Vertretungen

Portugiesische Botschaften im Ausland

In Deutschland

Botschaft der Republik Portugal
Ubierstraße 78, D-53173 Bonn
Tel. (02 28) 36 30 11, Fax 35 28 64
Öffnungszeiten: Mo.–Fr. 9.00–14.00 Uhr

Außenstelle: Wilhelmstraße 3A/5, D-10117 Berlin
Tel. (0 30) 2 29 13 88, Fax 2 29 00 12
Öffnungszeiten: Mo.–Fr. 9.00–14.00 Uhr

Konsulate der Republik Portugal:
Graf-Adolf-Straße 16, D-40212 Düsseldorf
Tel. (02 11) 13 87 80, Fax 32 33 57
Öffnungszeiten: Mo.–Fr. 8.30–13.00, Mi. 8.30–14.00 Uhr

Zeppelinallee 15, D-60325 Frankfurt am Main
Tel. (0 69) 9 79 88 00, Fax 97 98 80 22
Öffnungszeiten: Mo.–Fr. 8.30–13.00, Mi. 8.30–14.00 Uhr

Gänsemarkt 23, D-20354 Hamburg
Tel. (0 40) 34 34 78, Fax 34 57 30
Öffnungszeiten: Mo.–Fr. 9.00–15.00, Do. 8.30–18.00 Uhr

Schloßwall 2, D-49080 Osnabrück
Tel. (05 41) 4 80 46, Fax 43 17 12
Öffnungszeiten: Mo.–Fr. 8.00–13.30, Mi. 8.00–17.00 Uhr

Königstraße 20, D-70173 Stuttgart
Tel. (07 11) 2 26 50 13, Fax 2 26 25 14
Öffnungszeiten: Mo. 8.00–17.00 Uhr, Di., Do., Fr. 8.00–13.00 Uhr, Mi. 8.00 bis 15.00 Uhr

In Österreich

Botschaft der Republik Portugal
Operngasse 20 b, A-1040 Wien
Tel. (02 22) 5 86 75 36 0
Öffnungszeiten: Mo.–Fr. 8.00–14.00 Uhr

In der Schweiz

Botschaft der Republik Portugal:
Jungfrauenstraße 1, CH-3005 Bern
Tel. (0 31) 51 17 73
Öffnungszeiten: Mo.–Fr. 8.00–14.00 Uhr

Botschaften auf Madeira

Bundesrepublik Deutschland

Honorarkonsulat der Bundesrepublik Deutschland:
Largo do Phelps, 6, Funchal
Tel. 220338
Öffnungszeiten: Mo.–Fr. 10.00–12.30 Uhr

Schweizerische Eidgenossenschaft

Die Honorarkonsulin der Bundesrepublik Deutschland, Frau Elisabeth Gesche, steht auch für Reisende aus der Schweizerischen Eidgenossenschaft zur Verfügung.

Republik Österreich

Honorarkonsulat der Republik Österreich:
c/o Firma Veiga França
Avenida Arriaga 75, 1°–s 107
Tel. 223063
Öffnungszeiten: Mo.–Fr. 9.00–12.30 Uhr und 14.30–18.00 Uhr

Einkäufe und Souvenirs

Einkaufsviertel

Ein ausgesprochenes Einkaufsviertel mit Boutiquen, Schuh- und Oberbekleidungsgeschäften sowie Souvenirläden erstreckt sich im Stadtzentrum von Funchal und dort rund um die Kathedrale Sé. Zu einem Einkaufsbummel laden auch die zahlreichen Geschäfte in der Hotelzone; hier gibt es auch ein Einkaufszentrum mit vielen kleinen Läden.

Casa do Turista

Eine große Auswahl für Madeira typischer Reiseandenken findet man in der Casa do Turista (Rua do Conseilheiro), wo man sich ohne Kaufzwang auch einfach nur über das Angebot orientieren kann.

In den Souvenirgeschäften in Funchal findet man ein reichhaltiges Angebot an hübschen und geschmackvollen Reiseandenken

Einkäufe und Souvenirs (Fortsetzung), Stickereien

Unter den klassischen Souvenirs, die Madeira zu bieten hat, ragen die geschmackvollen und traditionellen Stickereien heraus. Sie sind allerdings nur dann authentisch, wenn sie mit einem Echtheitssiegel aus Blei versehen sind, das vom Institut für Kunsthandwerk (I. B. T. A. M.) vergeben wird. Beliebte Motive sind neben der Spitzenstickerei die Werke alter Meister. In Funchal gibt es nicht nur Geschäfte, in denen man solche Stickereien kaufen kann, sondern auch mehr als 50 Fabriken, die teilweise einen angeschlossenen Werksverkauf bieten. Entsprechende seriöse Adressen erfrage man bei der Tourismusbehörde in Funchal (⟶ Auskunft).

Korbwaren

Ein anderes beliebtes, wenngleich voluminöses Souvenir sind Korbwaren aus Camacha. Während es bei der Mitnahme kleinerer Gegenstände kaum Schwierigkeiten gibt, sorgen die Verkäufer im Café Relógio bei größeren Einkäufen wie z. B. einer kompletten Sitzgarnitur auch für den ordnungsgemäßen Versand per Schiff und übernehmen die Formalitäten.

Madeirawein

⟶ Essen und Trinken

Blumen

Das gilt auch für Blumen (Strelitzien, Orchideen usw.), wie man sie in Funchal auf dem Mercado dos Lavradores – letztere auch in der Quinta Boavista – erstehen kann.

Weiter typische Mitbringsel

Typische Mitbringsel aus einem Madeiraurlaub sind auch der Brinquinho, eine Art Schellenbaum: Er besteht aus einem Holzstab, an dem ein Mechanismus befestigt ist, mit dem kleine Püppchen in traditionellen Trachten auf- und abbewegt werden können. Dabei schlagen kastagnettenartige Holzkläppchen und kleine Glöckchen aneinander und sorgen für den Rhythmus. Brinquinhos gibt es in fast allen Souvenirgeschäften. Zu den eher praktischen Reiseandenken zählen Stiefel aus Ziegenleder sowie Mützen und Jacken aus Schafwolle.

Antiquarische Bücher

Ein gutes Sortiment an Büchern über Geschichte, Kultur von bzw. Leben auf Madeira bietet die Livraria "O Pátio" im Innenhof des Fotomuseum Vicente (Rua da Carreira).

Öffnungszeiten

⟶ dort

Elektrizität

Stromspannung

Das Stromnetz auf Madeira führt 220 Volt Wechselstrom bei 50 Hertz.

Adapter

Bisweilen sind Adapter notwendig, die man im Bedarfsfall entweder an der Hotelrezeption oder in entsprechenden Fachgeschäften in Funchal erhält.

Essen und Trinken

Die portugiesische Küche ist eher bodenständig

Die ethnische Vielfalt der madeirensischen Bevölkerung spiegelt sich auch in der Speisekarte wider. Im Mittelpunkt steht freilich die portugiesische Küche, die sich weniger durch kulinarische Experimente als durch bodenständige und nahrhafte Gerichte auszeichnet. Man bedenke, daß Portugal immer noch zu den ärmeren europäischen Ländern zählt – selbst in besten Restaurants (ausgenommen davon natürlich jene, die sich auf die Versorgung von Touristen ausgerichtet haben) ist die Auswahl an Gerichten auf der Speisekarte eher bescheiden. Wenn es ein Grundprinzip der portugiesischen Küche gibt, dann jenes, aus den zur Verfügung stehenden Produkten der örtlichen Landwirtschaft das beste zu machen. Zur Zubereitung werden Würzkräuter wie Thymian, Rosmarin, Lorbeer u. a. sowie Olivenöl verwendet.

Madeirensische Küche (Fortsetzung)

Wie in anderen südlichen Ländern fällt das Frühstück eher spartanisch aus, nur in den großen Touristenhotels werden neben Kaffee und Brot, Butter und Marmelade auch Wurst, Käse und gekochte bzw. gebratene Eier angeboten. Mehr Aufmerksamkeit genießt das Mittag- bzw. Abendessen, das in aller Regel aus zwei, bisweilen auch drei Gängen besteht.
Zu jeder Mahlzeit wird frisches Brot gereicht; besonders schmackhaft ist das nach traditionellem Rezept im Steinofen gebackene Paõ de Casa, ein Brot mit einem Anteil an Süßkartoffeln.

Landestypische Speisen
Suppen

Die typische Suppe für Madeira ist die Tomatensuppe, in die Zwiebeln sowie – kurz vor dem Servieren – ein pochiertes Ei gegeben werden. Eine andere Suppe ist die berühmte Caldo verde mit feingeschnittenem Weißkohl, die Brühe ist entweder klar oder legiert (Kenner der portugiesischen Küche schwören auf die letztere, allerdings deutlich kalorienreichere Art der Zubereitung).

CALDEIRADA Ã LA REID'S

Fisch, der vor den Küsten Madeiras gefangen wird (aber auch in jedem guten deutschen Fischgeschäft erhältlich ist), ist die Grundlage einer typisch madeirensischen Suppe, wie sie von Manfred Bräuer, Chefkoch in Reid's Hotel, zubereitet wird.

Zutaten: 250 gr Seebarbe, 300 gr Seeteufel, 300 gr Seebrasse, 300 gr Silberbarbe, 4 Tomaten, 1 Karotte, 1 Zucchini, 1 mittlere Zwiebel, 1 kleine Stange Lauch 2 Knoblauchzehen, 1 mittlerer Sellerie, 2 Lorbeerblätter, 1 Thymianzweig, 10 gr gemahlenen Kümmel, 5 cl Olivenöl, 20 gr Butter, Salz, Pfeffer aus der Mühle, 2 cl Weißwein

Zubereitung: Die Fische schuppen, filetieren und in mittelgroße Stücke schneiden
Gemüse schälen, putzen und in feine Streifen schneiden
Tomaten abziehen und in Stücke schneiden, Knoblauch und Zwiebel fein hacken
Aus der Fischkarkasse (Kopf und Gräten) einen Fischfond kochen
Olivenöl im Suppentopf leicht erhitzen, Zwiebel, Knoblauch und Tomaten beifügen, mit Weißwein ablöschen und kurz kochen lassen
Fischfond dazugeben und 35 Minuten köcheln lassen
Fischstücke und Gemüsestreifen beimengen, würzen und 5 Minuten leicht ziehen lassen. Dann im Suppentopf servieren.

Fleischgerichte

Schweine- und Rindfleischgerichte stehen eher selten auf dem Speiseplan einer Familie auf Madeira, allerdings findet man sie natürlich auf den Menükarten aller Restaurants. Eine typische Spezialität ist der Espetada da Madeira, ein Fleischspieß, bei dem Rindfleischstücke auf einen Lorbeerzweig gesteckt und dann über einem offenen Feuer gegrillt werden. Außerdem gibt es Schnitzel (Escalope) und Steaks (Carne) in verschiedenen Zubereitungsarten, letzteres auch als typisch portugiesisches Rindersteak (Bife à portuguesa).
Ein ausgesprochenes Festtagsgericht ist gebratenes Spanferkel (Leitão assado) oder Ziegenfleisch (cabrito).

Geflügel

Gegrillte Hähnchen (Frango assado) sind ein beliebtes und preisgünstiges Essen. Eher selten stehen Truthahn-, Enten- oder Rebhuhnbraten auf der Speisekarte.

Baedeker Special

Madeirawein: Je älter, um so besser

Nirgendwo sonst auf der Welt widerfährt Wein ein solch seltsames Verfahren wie auf Madeira. Und jeder Kenner der Materie würde voller Unverständnis mit dem Kopf schütteln, wüßte er nicht um den außergewöhnlichen Geschmack des Sercial, Verdelhos oder des Malvasiers. Dabei stand einst der Zufall Pate ...

Doch der Reihe nach. Nachdem die ersten Menschen die Insel Madeira besiedelt und einen großen Teil der Wälder per Brandrodung vernichtet hatten, erkannten sie schon bald, daß die Brandasche den ohnehin schon ertragreichen Vulkanboden noch fruchtbarer gemacht hatte. Allerdings erwies sich schon bald, daß der Wein, den man aus den importierten Rebsorten gewann, eine leicht säuerliche und deshalb etwa gewöhnungsbedürftige Note besitzt. Es soll jedoch eher zufällig geschehen sein, daß man erkannte, wie man diesem Wein jenen Geschmack geben konnte, der ihn in aller Welt berühmt gemacht hat: Seeleute, die vor ihren Entdeckungsreisen die Insel Madeira anliefen und Wein für die langen Fahrten luden, berichteten von einer erstaunlichen Geschmacksveränderung, nachdem sie die Fässer der tropischen Hitze ausgesetzt hatten. Und nachdem

Alte Weinkelter in der 'Madeira Wine Company' in Funchal

sie ihm auch noch ein gewisses Quantum Brandy zugesetzt hatten, um die alkoholische Gärung zu stoppen, hatte der Madeirawein seinen typischen Geschmack.

Reifungsprozeß, der mitunter Jahrzehnte dauern kann, wird der genußfähige Wein auf Flaschen gezogen.

Madeiras Weinbau blieb von Katastrophen nicht verschont. Im Jahre 1850 war

Ein Blick in die alten Handelsbücher beweist: Madeirawein wurde – und wird – in alle Welt exportiert

Im Prinzip funktioniert die Weinherstellung auf Madeira heute noch so wie seit mehr als 400 Jahren. Nur wird der Wein nicht mehr auf eine lange Seereise geschickt, sondern in einem speziellen, estufas genannten Verfahren über einen Zeitraum von vier oder fünf Monaten auf ca. 50 Grad Celsius erhitzt. Bevor der Wein überhaupt seine Genußreife erlangt, unterzieht man ihn dem sogenannten Solera-Verfahren. Dabei werden die neuen Weine nach der Fermentation in unterschiedliche Qualitätskategorien eingeteilt und kommt in die criadera, die Kinderstube. Aus diesen criaderas werden Faßreihen (Soleras) aufgefüllt, wobei darauf geachtet wird, daß in jeder Solera Weine mit ähnlichem Charakter nebeneinanderstehen. Da die Faßreihen miteinander verbunden sind, gelangt neuer Wein in Fässer mit älterem. Am Ende der Reihe wird der verschnittene Wein abgezapft und erneut in Fässer gefüllt. Erst nach einem weiteren

es der 'echte Mehltau', der die Reben befiel, und 20 Jahre später drohte gar das völlige Aus für den Madeirawein, als die Reblaus ihr zerstörerisches Werk verrichtete. In der Folge mußten etliche Handelshäuser schließen oder sich mit anderen zusammenschließen. Als Ersatz für die traditionellen Weinstöcke wurden amerikanische Hybridreben auf die Insel importiert – der Hauptgrund dafür, daß die klassischen Rebsorten heute nur noch höchst selten zu finden sind.

Ebenso selten sind Jahrgangsangaben auf Flaschen mit Madeirawein. Im allgemeinen wird auf dem Etikett nur angegeben, wie alt dieser oder jener Wein ist, wobei die meisten der heute gehandelten Tropfen zwischen zehn und 15 Jahre alt sind. Eine Ausnahme von dieser Regel sind Weine älterer und alter Jahrgänge, die dann aber auch ihren Preis kosten.

Was man hingegen findet, ist die jeweilige Rebsorte: Sercial, Verdelho, ▶

Fortsetzung von Seite 147

Bual oder Malmsey – wobei die Weine in dieser Reihenfolge immer süßer und vollmundiger werden. Die Süße des Weines wird allerdings nicht etwa durch die Art der Rebsorte bestimmt, sondern durch die Menge des zugesetzten Branntweins und die Wahl des Zeitpunkts, an dem dies geschieht. Der trockenste ist der Sercial, für den die Trauben erst im November gelesen werden; der süßeste ist der Malmsey, der sich durch eine gewisse Schärfe auszeichnet und als ausgesprochener Dessertwein gilt. Außerdem gibt es noch einige andere Rebsorten, aus denen jene einfacheren Weine gemacht werden, die Küchenchefs in aller Welt für die berühmte 'Sauce Madére' verwenden.

Madeirawein ist schier unbegrenzt haltbar; es gibt sogar noch Tropfen, die ein Alter von 100 und mehr Jahren haben und nach dem Öffnen eine erstaunlich große Frische und Fülle offenbaren.
Und wie lagert man einen Madeira richtig? Im Gegensatz zu anderen Weinen, die man am besten liegend aufbewahrt, mag es der Madeira genau andersherum. Das liegt daran, daß er nicht mehr Sauerstoff durch den Korken aufnehmen muß. Ist der allerdings entfernt und die Flasche geöffnet, sollte man ihren Inhalt nicht mehr allzulange aufbewahren. Aber das wird dem Kenner eines edlen Tropfens ganz gewiß nicht schwerfallen...

Fische und Schalentiere

Fischgerichte sind auf Madeira naturgemäß sehr vielfältig, aber auch sonstige Meeresbewohner wie Hummer, Langusten, Krabben und Krebse sind stets frisch und meist auch preisgünstig zu haben. Von der Vielfalt des Lebens unter Wasser kann man sich vielerorts mit einem Blick in die Kühlvitrinen vor oder in den Restaurants überzeugen.
Unter den Fischen ist der Espada jener, der auf Madeira als ausgesprochene Spezialität gilt. Wegen seiner überdimensional großen Augen wirkt er zwar auf den ersten Blick etwas abschreckend, doch ist sein Fleisch sehr schmackhaft. In einigen Restaurants wird der Espadafisch noch auf traditionelle Art und Weise mit einer gegrillten Banane serviert.
Eine andere Spezialität ist der Espadarte (Schwertfisch), ihn findet man ebenso auf fast jeder Speisekarte wie Thunfisch (Atum), Brasse (Pargo) oder Seebarbe (Salmonete). Schließlich gibt es noch den Stockfisch (Bacalhau a Gomes de Sá), der meist mit Zwiebeln, Knoblauch, Oliven und Kartoffeln zubereitet wird. Köstlich ist eine Kombination von Meeresfrüchten, die dann als Arroz de Mariscos, eine Art Paella, auf den Tisch kommt.

Gemüse und Beilagen

Beliebte Beilagen der portugiesischen Küche sind weiße Bohnen, die vielfach mit Speck geschmort und mit einer Tomatensauce serviert werden (dieses Gericht, das sich Feijâo guisado nennt, ersetzt wegen seiner Nahrhaftigkeit schon fast eine Hauptmahlzeit). Grüne Bohnen werden ebenfalls mit Speck geschmort, dazu kommen aber noch feingeschnittene Zwiebeln und etwas Knoblauch.
Zu Hauptgerichten werden Kartoffeln oder Pommes Frites, bisweilen auch Nudeln serviert. Eine köstliche Alternative sind Kichererbsen, die als Püree aus Tomaten, Öl und Knoblauch (Grâo com tomates) zubereitet werden.

Obst und Früchte

Unter der Vielfalt der Früchte sei besonders hervorgehoben die köstliche Annona oder Cherimoya (auch Peruapfel), eine zum Jahresbeginn reifende, wohlschmeckende Frucht mit der Form eines unregelmäßigen Golfballes. Man kann die Annona durchaus in halbreifem Zustand erwerben und einige Tage lang zum Nachreifen lagern, bis sie eine leicht violette Patina angenommen hat.
Die auf Madeira angebaute Mangofrucht (Mangifera indica) ist recht klein, gelb und faserig, aber von großer Aromafülle.

Obst und Früchte (Fortsetzung)

Die langen Zapfen des Philodendron (Monstera deliciosa), der nicht nur in Gärten und Parks sondern auch wild gedeiht, sind im Inneren von feinem, süßem Geschmack wenn sie wirklich reif sind.
Die Passionsblume oder Maracuja (Passiflora roxo, Passiflora edulis, Passiflora exoniensis und Passiflora antioquiensis) besticht zunächst durch ihre prächtigen Blüten. Ihre Früchte werden als Tafelobst oder zur Saftherstellung geschätzt.

Back- und Konditoreiwaren

Auch die Liebhaber süßer Speisen müssen auf Madeira nicht darben. Eine Spezialität ist der Bolo do mel, ein Honigkuchen, der auch vielfach als Souvenir verkauft wird. Außerdem gibt es eine reiche Palette süßer, leckerer Kuchen.

Getränke
Wein

Wein ist noch immer das traditionelle Tischgetränk; die meisten Weine, die auf Madeira zum Essen getrunken werden, stammen vom portugiesischen Festland. Der bekannteste Tischwein ist der Vinho verde, wobei sich 'verde' nicht etwa auf die Farbe Grün bezieht, sondern auf die Art der Zubereitung: Die Trauben werden relativ früh geerntet und nur kurz vergoren, so daß ein leichter, säurereicher Wein entsteht, der in der Flasche noch etwas weiterfermentiert und eine frische, oft leicht moussierende Art entwickelt.

Madeirawein

Der Wein, der Madeira seit Jahrhunderten in aller Welt berühmt gemacht hat, wird nicht zum Essen, sondern als Aperitif oder Digestif getrunken. Einfachere Sorten finden auch in der Küche und dort besonders bei der Zubereitung feiner Saucen Verwendung.
Madeirawein läßt sich in vier Sorten einteilen, die sich in erster Linie durch den Grad ihrer Süße unterscheiden lassen:

Malmsey	der süßeste, wahrscheinlich auch der beste Madeirawein. Er zeichnet sich durch seine dunkelbraune Farbe aus, besitzt eine leichte Schärfe und eignet sich besonders als Schlußpunkt eines guten Essens.
Bual	ist ein relativ leichter und nicht ganz so süßer Wein wie der Malmsey, eignet sich aber auch als Dessertwein.
Verdelho	besitzt einen Geschmack, der etwas an Honig und Rauch erinnert. Er wird als Aperitif ebenso getrunken wie als Dessertwein.
Sercial	wird aus Trauben hergestellt, die in höheren Lagen wachsen und als letztes gelesen werden. Der daraus gewonnene Wein zeichnet sich durch eine leichte Schärfe ebenso aus wie durch eine gewisse Leichtigkeit und eignet sich gut als Aperitif.

Mineralwasser

Mineralwasser (Água Mineral) ist mit oder ohne Kohlensäure erhältlich (com/sem gás), wobei auch das mit Kohlensäure eher einem stillen Mineralwasser ähnelt. Ein besonders gutes Mineralwasser, dem auch heilende Kräfte innewohnen sollen, kommt von der Nachbarinsel Porto Santo.

Erfrischungsgetränke, Kaffee

Selbstverständlich gibt es auf Madeira die ganze Auswahl internationaler Erfrischungsgetränke (Coca Cola, Pepsi Cola, Sprite usw.), eine weniger kalorien- und zuckerreiche Alternative sind frisch ausgepreßte Obst- und Fruchtsäfte.
Starker, schwarzer Kaffee (Café oder Bica) wird stets zum Abschluß eines guten Essens getrunken; außerdem gibt es Espresso oder Cappuccino nach italienischem Geschmack.

Bier

Neben zahlreichen importierten Biersorten werden auf Madeira zwei auf dem portugiesischen Festland gebraute Biere (Cerveja) ausgeschenkt. Zu den leichten Bieren zählt das "Coral", etwas stärker ist der "Super Bock".

Getränke, Bier (Fortsetzung)

Seit kurzem gibt es vermehrt deutsche Biere, darunter "Erdinger Weißbier" oder auch verschiedene Pilsbiere.

Spirituosen

Ein typisches 'scharfes' Getränk für Madeira ist die Poncha (Rezept zum Selbstmixen: Saft von zwei halben Zitronen, zwei Löffel Honig, 2 cl weißer Rum und 2 cl Aguardente in ein Glas geben und mit einem Holzlöffel quirlen). Einheimische schwören darauf, daß Annabelle in der Bar "O Arsénio" in Camacha die beste Poncha von Madeira mixt.

In der Handhabung des Holzquirls liegt das Geheimnis einer guten Poncha – aber auch am richtigen Quantum Aguardente

Die wichtigste Zutat für die Poncha, der Zukkerrohrschnaps Aguardente, wird auf Madeira und dort in Porto da Cruz gebrannt (die Besichtigung dieser Brennerei ist möglich).

Nach einer opulenten Mahlzeit gilt ein Gläschen Aguardente als beliebter und die Verdauung fördernder Abschluß.

Madeirensische Speisekarte

	portugiesisch	**deutsch**
Allgemeines	Pequeno almoço	Frühstück
	Almoço	Mittagessen
	Jantar	Abendessen
	Ceia	Imbiß zur Nacht
	Antepastos	Vorspeisen
	Sopa	Suppe
	Sobremesas	Nachtisch
	Carta (oder lista, ementa)	Speisekarte
	Prato do dia	Tagesgericht
	Talher	Gedeck, Besteck
	Colher	Löffel
	Garfo	Gabel
	Faca	Messer
	Colher de chá	kleiner Löffel
	Chávena	Tasse
	Prato	Teller
	Copo	Glas
	Guardanapo	Serviette
Arten der Zubereitung	cozido	gekocht
	assado	gebraten, gegrillt
Zutaten und Gewürze	Alho	Knoblauch
	Azeitonas	Oliven
	Azeite	Olivenöl
	Cebolas	Zwiebeln
	Mostarda	Senf
	Óleo	Öl
	Pepinos	Gurken

Pimenta	Pfeffer	Madeirensische Speisekarte, Gewürze (Fortsetzung)
Pimento	Paprika	
Sal	Salz	
Vinagre	Essig	
Vinho	Wein	
Vorspeisen	Antepastos	Speisen
Açorda	Brotsuppe	
Aves	Geflügel	
Bife	Steak, Schnitzel	
Bife à portuguesa	portugiesisches Rindersteak	
Cabrito	Zicklein	
Caldo verde	Portugiesische Kohlsuppe	
Canja	Hühnersuppe mit Reis	
Carneiro	Hammel	
Churrasco	auf Holzkohlen gegrilltes Fleisch	
Coelho	Kaninchen	
Corço	Lamm	
Costeleta de porco	Schweinekotelett	
Frango	Huhn	
Frango Assado	gegrilltes Hähnchen	
Javali	Wildschwein	
Lebre	Hase	
Leitão	Spanferkel	
Leitão assado	gebratenes Spanferkel	
Pata	Ente	
Peixe	Fisch	
Perdiz	Rebhuhn	
Perua	Pute	
Porco	Schwein	
Porco assado	Schweinebraten	
Sopa de legumes	Gemüsesuppe	
Sopa de peixe	Fischsuppe	
Sopa de tomate e cebola	Tomatensuppe mit Zwiebeln	
Vaca	Rind	
Vitela	Kalb	
Arroz	Reis	Beilagen
Batatas	Kartoffeln	
Batatas fritas	Bratkartoffeln	
Masssa(s)	Nudeln	
Pão	Brot	
Pãozinho	Brötchen	
Legumes (hortaliça)	Gemüse	Gemüse
Couve	Kohl	
Couve-flor	Blumenkohl	
Ervilhas	Erbsen	
Espargos	Spargel	
Espinafre	Spinat	
Feijões	Bohnen	
Repolho	Weißkohl	
Tomates	Tomaten	
Arroz doce	Milchreis	Nachspeisen
Bolo do mel	Honigkuchen	
Compota de maçã	Apfelkompott	
Gelado misto	gemischtes Eis	
Pêra Helena	Birne Hélène	
Pudim flan	Karamelpudding	
Sorvete	Fruchteis	
Tarta de amêndoa	Mandelkuchen	

Viele Feste auf Madeira sind religiöser oder traditioneller Natur – bei einigen ziehen Musikanten von Haus zu Haus

Feste und Feiertage

Auf Madeira wird gern und oft gefeiert

Die Bevölkerung von Madeira feiert gern – und oft. Man muß schon ausgesprochenes Pech haben, während eines Aufenthaltes auf der Insel nicht wenigstens eines der zahlreichen Feste, die übers Jahr stattfinden, nicht miterleben zu können.

Kirchlichen Ursprungs ist eine große Zahl dieser Feste, wie beispielsweise die Romárias, die Wallfahrten. Die bedeutendste Romária findet an jedem Mariä-Himmelfahrtstag (15. August) in Monte statt, an diesem Tag strömen die gläubigen Menschen aus allen Inselteilen in den kleinen Ort oberhalb von Funchal. Höhepunkt dabei ist die sogenannte Promessa; dabei rutschen die Pilger auf den Knien die Stufen zur Kirche Nossa Senhora do Monte hoch und erfüllen somit ein Gelübde, das sie einst in Zeiten schwerer wirtschaftlicher Not gaben.

Romárias und Prozessionen gibt es aber auch in jeder anderen Gemeinde auf Madeira, im Anschluß daran ist ein gemeinsames Fest mit Musik, Tanz und gegrillten Spezialitäten obligatorisch. Die farbenprächtigsten und sehenswertesten Romárias finden in Ribeira Brava am Tag des hl. Petrus (29. Juni), am letzten Augustsonntag in Machico und in Caniçal (am dritten Sonntag im September, mit einer Prozession von Fischerbooten auf dem Wasser) statt.

Auch der Karneval wird auf Madeira gefeiert, der Höhepunkt ist ein bunter Umzug durch die Stadt am Karnevalssonntag, an den sich ein ausschweifendes Tanzfest zu brasilianischen Sambarhythmen anschließt. Der Monat April schließlich steht ganz im Zeichen des Blumenfestes, auch hier ist ein farbenprächtiger Umzug durch Funchal mit vielen blumengeschmückten Fahrzeugen der absolute Höhepunkt.

Im Juni findet das "Madeira Musik Festival" mit Konzerten auch international renommierter Interpreten. Im September lohnt sich ein Besuch des

Neben den offiziellen Feiertagen gibt es auch spontane Feste – wie hier den Umzug junger Universitätsabsolventen nach bestandener Abschlußprüfung

Festkalender (Fortsetzung)

Weindorfes Estreito de Câmara de Lobos, wo mit einem großen Fest der Beginn der Weinlese gefeiert wird.
Die Vorweihnachtszeit beginnt offiziell am 8. Dezember, wenn überall in Funchal die festliche Weihnachtsbeleuchtung eingeschaltet wird. Während dieser Zeit gibt zahlreiche musikalische und folkloristische Darbietungen. Ein beeindruckendes Erlebnis ist die Teilnahme an der Christmette in der Kathedrale von Funchal. Doch ist damit der Höhepunkt noch nicht erreicht! Dieser steht schließlich mit dem großen Silvesterfeuerwerk bevor, zu dem nicht nur die Bewohner von Madeira und ihre Gäste herbeiströmen, sondern auch zahlreiche Kreuzfahrtschiffe im Hafen liegen oder in der Bucht vor Funchal vor Anker gehen.

Hinweis

Neben den im folgenden genannten gesetzlichen bzw. beweglichen Feiertagen gibt es auf Madeira zahlreiche ortsgebundene Feiertage. So ruht beispielsweise am 21. August in Funchal das öffentliche Leben, während anderswo auf der Insel normal gearbeitet wird. Hinzu kommt eine Vielzahl religiöser und traditioneller Feste, die ebenfalls von Ort zu Ort unterschiedlich gefeiert werden. Aktuelle Termine von Festen und Feiertagen erfährt man im Büro der Tourismusbehörde in Funchal (⟶ Auskunft).

Gesetzliche Feiertage

1. Januar (Neujahr); 25. April (Feiertag zur Erinnerung an die Revolution von 1974); 1. Mai (Tag der Arbeit); 10. Juni (Camões-Tag), 1. Juli (Tag der Entdeckung von Madeira); 15. August (Mariä Himmelfahrt); 5. Oktober (Tag der Republik); 1. November (Allerheiligen); 1. Dezember (Nationalfeiertag, Tag der Wiederherstellung des unabhängigen Königreiches Portugal); 8. Dezember (Fest der unbefleckten Empfängnis); 25. Dezember (Weihnachten); 26. Dezember (St.-Stephans-Tag)

Bewegliche Feiertage

Karnevalsdienstag (Februar/März); Aschermittwoch (Februar/März); Palmsonntag (Mai/Juni); Karfreitag (Mai/Juni); Fronleichnam (Juni).

Flugverkehr

Flughafen

Santa Catarina, der Flughafen von Madeira, liegt ca. 18 km östlich der Hauptstadt Funchal. Diese Distanz legt man am besten mit dem Taxi zurück, ein Taxistand befindet sich vor dem Ankunftsgebäude. Reisende mit einem Pauschalarrangement werden ebenfalls vor dem Ankunftsgebäude erwartet, der Transfer zum jeweiligen Hotel erfolgt zumeist mit dem Omnibus.

Flugverbindungen

Wie man auf die Insel Madeira gelangt, ist bereits unter dem Stichwort "Anreise" (s. S. 136) beschrieben. Zur Anreise nach Porto Santo ist ein Zwischenstop auf Madeira notwendig.

Flughafenauskunft

Flughafen Santa Catarina (auf Madeira): Tel. 524941
Flughafen auf Porto Santo: Tel. 982379 oder 982711

Fluggesellschaften

TAP – Air Portugal
Rua Dr. Antonio J. Almeida, Funchal
Tel. 239265 (Zentrale), Fax 239203
Reservierungen für Einzelreisende: Tel. 239205
Reservierungen für Gruppenreisende: Tel. 239230
Ein weiteres Büro befindet sich an der Avenida do Mar in Funchal sowie auf Porto Santo (Tel. 982146).

Condor Flugdienst
c/o Operadores Turísticos da Madeira Lda (OTM), Mr. Andrade
Funchal; Tel. 22691, Fax 230002

LTU
c/o Orion Viagens e Turismo S. A.
Rua João Gago 2a, Funchal; Tel. 228222, Fax 228576

Fernsehen

→ Rundfunk und Fernsehen

Fundbüro

Auf Madeira gibt es keine offiziellen Fundbüros. Im Falle des Verlustes von Wertgegenständen wende man sich an das nächstgelegene Polizeirevier oder an einen Polizeibeamten.

Geld

Währung

Die portugiesische Währungseinheit ist der Escudo (sprich 'Schkúhdu'), abgekürzt Esc. oder $, der (theoretisch) in 100 Centavos unterteilt ist. Es gibt Banknoten zu 500, 1000, 5000 und 10000 Escudos sowie Münzen zu 1, 2½, 5, 10, 20, 50, 100 und 200 Escudos.

Wechselkurse (veränderlich)

Da der Wechselkurs des Escudo ständigen Schwankungen unterliegt, kann an dieser Stelle nur ein Durchschnittswert angegeben werden.

100 Esc.	= ca.	1,00 DM	1 DM	= ca.	100 Esc.
100 Esc.	= ca.	7,15 öS	1 öS	= ca.	14 Esc.
100 Esc.	= ca.	0,80 sfr	1 sfr	= ca.	124 Esc.

Geld (Fortsetzung), Devisenbestimmungen

Die Einfuhr von Escudos und ausländischen Zahlungsmitteln nach Portugal bzw. Madeira unterliegt keinen Beschränkungen. Um Schwierigkeiten bei der Ausreise zu vermeiden, empfiehlt es sich jedoch, hohe Beträge zu deklarieren.
Die Ausfuhr der einheimischen Währung ist auf 10000 Esc. begrenzt, die Ausfuhr von Fremdwährung bis zum Gegenwert von 500000 Esc. bzw. bis zur Höhe der deklarierten Einfuhr.

Geldwechsel

Ausländische Zahlungsmittel (Bargeld, Eurocheques, Reiseschecks) können bei Banken gewechselt bzw. eingelöst werden. Die Banken sind Mo.–Fr. von 8.30 bis 11.45 und von 13.00 bis 14.45 Uhr geöffnet. Außerhalb dieser Zeiten ist der Geldwechsel in Funchal an einigen Geldautomaten sowie an den Hotelrezeptionen möglich.
Inhaber von Sparbüchern der Deutschen Postbank können bei portugiesischen Postämtern zu einem günstigen Wechselkurs Geld abheben.
Im übrigen ist es – wie in allen Ländern mit schwacher Währung – vorteihaft, den Geldwechsel erst im Land vorzunehmen. Beim Rücktausch portugiesischer Banknoten muß ein Kursverlust in Kauf genommen werden.

Eurocheques

Eurocheques können bis zu einem Betrag von 35000 Esc. ausgestellt werden. Zur Einlösung benötigt man die Eurocheque-Karte sowie ein gültiges Personaldokument.

ec-Karten-Verlustmeldung

Bei Diebstahl oder sonstigem Verlust von Eurocheques und/oder ec-Scheckkarten alarmiere man zur sofortigen Sperrung unverzüglich den rund um die Uhr erreichbaren Zentralen Annahmedienst für Verlustmeldungen von Eurocheque-Karten in Frankfurt am Main (Tel. von Madeira: 0049/69/74 09 87).

Kreditkarten

Alle gängigen Kreditkarten (American Express, BankAmericard/Visa, Mastercard/Eurocard, Diners Club) werden auf Madeira in Hotels, Restaurants, Einzelhandelsgeschäften, Banken und Reisebüros sowie im Duty-free-Shop am Flughafen Santa Catarina akzeptiert.
Der Kreditkarteninhaber sollte in jedem Falle unmittelbar nach dem Kauf die Rechnungsbeträge auf Original und Durchschlag auf Übereinstimmung prüfen. Aus Sicherheitsgründen ist es ratsam, das Kohlepapier zwischen beiden Belegen selbst zu vernichten.

Verlust von Kreditkarten

Kreditkarteninhaber aus Deutschland sollten den Verlust oder Diebstahl der Kreditkarte unverzüglich dem Kreditkartenunternehmen in Deutschland mitteilen, da nur hier die Karte sofort gesperrt werden kann.
Kreditkarteninhaber aus Österreich und der Schweiz wenden sich an die vom kartenausgebenden Institut genannten Telefonnummern.
American Express: Tel. 0049/69/7240440
Diners Club: Tel. 0049/69/260354
Eurocard/MasterCard: Tel. 0049/69/79331910
Visacard: Tel. 0049/69/770731

Geschäftszeiten

Apotheken

⟶ dort

Behörden

Mo.–Fr. 8.00–12.00 und 13.30–16.00 Uhr

Ladengeschäfte

Mo.–Fr. 8.30–12.30 und 14.00–18.30 Uhr. Einige Geschäfte in Funchal haben durchgehend geöffnet bzw. längere Öffnungszeiten am Abend.

Banken ⟶ Geld
Post ⟶ Post und Telekommunikation
Museen ⟶ dort

Hotels

Die meisten Hotels gibt es in Funchal

Die Insel Madeira bietet hinsichtlich der Übernachtungsmöglichkeiten eine reiche Auswahl. Von den derzeit ca. 17 000 Hotelbetten in 118 Hotels zählen allerdings gut 40% zur gehobenen Kategorie, was sich selbstredend auch im Preis für eine Übernachtung ausdrückt.
Die meisten Hotels befinden sich in und um die Hauptstadt Funchal herum. Einen planmäßigen Ausbau der Beherbergungskapazitäten erfuhr v. a. die westlich des Zentrums gelegene Hotelzone, hier findet man auch eine qualitativ hochstehende touristische Infrastruktur.
Generell ist es günstiger, eine Reise nach Madeira als Pauschalarrangement zu buchen. Individuell reisende Besucher sollten damit rechnen, höhere Zimmerpreise als größere Reiseveranstalter zahlen zu müssen.

Hotelverzeichnis

Bei den portugiesischen Touristikämtern (⟶ Auskunft) erhält man ein umfassendes Hotelverzeichnis, das alle notwendigen Angaben wie Zimmerpreis, Adresse sowie Telefon- bzw. Telefaxnummern enthält.

Quintas (Gästehäuser)

In Funchal, aber auch in den anderen Inselteilen, gibt es kleine Gästehäuser, die in stilvollen, zumeist im vorigen Jahrhundert erbauten Quintas untergebracht sind. Sie haben meist nur wenige Zimmer und bieten daher eher eine familiäre Atmosphäre als große Hotels. Auskunft über und Adressen von Quintas erhält man ebenfalls bei den portugiesischen Touristikämtern.

Unterkünfte für Selbstversorger

In Funchal gibt es zahlreiche Hotels und Pensionen mit einer kleinen Küche, in der es alles gibt, was Selbstversorger benötigen. Einkaufsgelegenheit bestehen zumeist unweit davon entweder in der Stadt oder im Hotel selbst.

Reservierung

Namentlich während der Sommerferienzeit ist Madeira ein beliebtes Urlaubsziel nicht nur für Mitteleuropäer, sondern auch für Familien aus Portugal, Spanien und Großbritannien. Wenn die Möglichkeit besteht, sollte man daher auf die Vor- bzw. Nachsaison ausweichen.
Geradezu überlaufen ist Funchal in den Wochen vor Weihnachten bzw. dem Jahreswechsel. Rechtzeitige Buchung gerade für diese Zeit ist unbedingt angeraten.

Preise

Die im folgenden genannten Zimmerpreise können je nach Saison z. T. erheblich differieren.

Kategorie A	über 25 000 Esc.
Kategorie B	10 000–25 000 Esc.
Kategorie C	5000–10 000 Esc.

Hotels in Funchal (Auswahl)

Kategorie A

*Carlton Palms Suite Hotel, 17, Rua Gorgulho, Tel. 76 60 90, Fax 76 62 47, 75 Zimmer. Wahrhaft beeindruckend ist die Architektur dieses hoch über dem Meer und etwa 3 km von Funchals Zentrum entfernt gelegenen Hotels. Familien mit Kindern sind hier besonders willkommen, für letztere gibt es einen eigenen Kinderclub. Historisches Kernstück ist ein sorgfältig restauriertes Herrenhaus aus dem 19. Jahrhundert.

*Carlton Village Hotel, Largo António Nobre, Tel. 23 10 31, Fax 2 33 77; 164 Zimmer. Diese erst 1996 eröffnete Hotelanlage gehört zum vorgenannten Madeira Carlton Hotel, dessen Einrichtungen ohne zusätzliche Gebühren mitbenutzt werden können. Der Baustil der Gebäude, in denen insgesamt 164 Zimmer untergebracht sind, ist den traditionellen Landhäusern auf Madeira nachempfunden. Großzügige Gartenanlage.

Hotels in Funchal (Fortsetzung)

Casino Park Hotel, Avenida do Infante, Tel. 33111, Fax 33153; 375 Zimmer. Von der Straße her wirkt der Betonbau des Casino Park Hotels wenig beeindruckend, dennoch zählt das Hotel zu den besten Adressen auf Madeira. Bemerkenswert ist die im 'Oskar-Niemeyer-Design' gehaltene Empfangshalle, eine Kombination von Raum, Kunst und Natur. Die geräumigen Zimmer haben zum größten Teil Meerblick, den Gästen steht ein umfassendes Unterhaltungs- und Sportangebot zur Verfügung.

*Cliff Bay Hotel Inter·Continental, Estrada Monumental, Tel. 761818, Fax 762525; 201 Zimmer. Wer Wert auf ein internationales Publikum legt, ist im Cliff Bay – nur wenige Gehminuten vom Zentrum der Hauptstadt Funchal entfernt – bestens aufgehoben. Dafür sorgt schon die Inter·Continental-Kette, die dieses Hotel betreibt. Moderne Zimmer mit allem Komfort, umfassendes Sport- und Unterhaltungsangebot.

*Madeira Carlton Hotel, Largo António Nobre, Tel. 231031, Fax 23377; 375 Zimmer. Unweit des Zentrums gelegenes Hotel der Fünf-Sterne-Kategorie. Swimming Pool, Bademöglichkeit im Meer, mehrere Restaurants und Zimmer mit herrlicher Aussicht auf den Atlantik sind selbstverständlich.

Madeira Palácio, 256, Estrada Monumental; Tel. 764476, Fax 765447З, 253 Zimmer. Zwischen dem Zentrum von Funchal und der Hotelzone gelegenes Luxushotels mit Swimming Pool, Restaurant, Coffee Shop und Einkaufsmöglichkeiten.

*Quinta da Bela Vista, 4, Caminho Avista Navios, Tel. 764144, Fax 765090; 67 Zimmer. Auf den ersten Blick beeindruckt schon die großzügige, gepflegte Gartenanlage, die dieses Hotel umgibt. Die stilvollsten, mit antiquarischen Möbeln eingerichteten Zimmer befinden sich im Herrenhaus, haben allerdings keine Klimaanlagen.

*Reids Palace Hotel, 139, Estrada Monumental, Tel. 763001, Fax 764499; 169 Zimmer. Seit mehr als 100 Jahren ist das legendäre Reid's die allererste Adresse auf Madeira (⟶ *Baedeker Special* s. S. 86/87).

Savoy Hotel, Avenida do Infante, Tel. 222031, Fax 223103; 350 Zimmer. Ähnlich wie in Reid's Hotel legt man im Savoy Wert auf gediegene Atmosphäre. Geschmackvoll eingerichtete Zimmer, großzügiger Swimming Pool und hoteleigene Bademöglichkeit im Meer.

Kategorie B

Atlantic Palms Hotel, Praia Formosa-Arieiro, Tel. 7001000, Fax 761694, 200 Zimmer. Beeindruckend ist der herrliche Blick über den Atlantik, den man von den Zimmern mit kleinen Balkonen davor genießt. Das Hotel befindet sich unter deutscher Leitung und wurde erst 1995 eröffnet. Komfortable Zimmer, Swimmingpool.

Baia Azul Hotel, Estrada Monumental, Tel. 766260, Fax 764245; 215 Zimmer. Unweit des Zentrums von Funchal liegt dieses Hotel, noch näher befindet sich die Meeresbadeanlage "Club Naval". Geräumige und komfortable Zimmer, die bessseren (und ruhigeren) sind zum Meer hin ausgerichtet.

Hotel Eden Mar, Rua do Gorgulho, Tel. 762221, Fax 761966; 146 Zimmer. Sehr zentral in der Hotelzone gelegenes Hotel mit gepflegter Gartenanlage. Das reichhaltige Sportangebot umfaßt auch Squash.

Quinta do Sol, 6, Dr. Pita, Tel. 764151, Fax 766287; 151 Zimmer. Die etwas nüchtern wirkende Betonfassade dieses Hotels täuscht etwas über den hohen Komfort der geschmackvoll eingerichteten Zimmer hinweg. Bekommt man ein Zimmer im Neubau, muß man leider auf den Blick aufs Meer verzichten.

Hotels in Funchal (Fortsetzung), Kategorie C

Mimosa Hotel · Buganvilia Hotel · Estrelicia Hotel, Rua Velha Ajuda, gemeinsame Tel. 765658, Fax 761044. Drei miteinander verbundene Hotels der Mittelklasse mit einfachen, doch zweckmäßig eingerichteten Zimmern (teils mit Kitchenette). Jedes Hotel hat seinen eigenen Swimmingpool mit Snackbar, Restaurants und Nachtclub. Achtung: Wegen der außerordentlich steilen Zufahrt ist allenfalls das Buganvilia Hotel für Reisende geeignet, die in ihrer Mobilität behindert sind.

Hotels außerhalb von Funchal (Auswahl)

Caniço de Baixo

Hotel Dom Pedro Garajau, Sítio Quinta Garajau, Tel. 934421, Fax 934454, 282 Zimmer. Etwa 3 km vom Ortskern von Caniço entfernt liegt oberhalb einer Bucht dieses Hotel, bei dem es in jedem der zweckmäßig eingerichteten Zimmer eine kleine Küche gibt. Bei schlechtem Wetter kann man im Hallenbad baden, bei gutem im Süßwasserpool. Kategorie C.

*Quinta Splendida, Sítio da Vargem, Tel. 934027, Fax 934688, 110 Zimmer, Kategorie A. Sicher eines des schönsten Hotels auf Madeira, das besonders durch seine herrliche Lage in einem ausgedehnten Park mit subtropischem Baumbestand besticht. Kernstück der Anlage ist ein sorgfältig restauriertes Herrenhaus (die eigentliche Quinta), in dem außer einem weithin gelobten Restaurant auch die schönsten Zimmer untergebracht sind. Aber auch die anderen Zimmer verfügen über allen Komfort; vom Swimming Pool hat man einen grandiosen Blick über den Atlantik.

Hotel Galomar, Caniço de Baixo, Tel. 934566, Fax 934555, 45 Zimmer, Kategorie B. An der Südküste von Madeira gelegenes Hotel, nur wenige Kilometer von Caniço entfernt. Die meisten Zimmer haben Meerblick sowie Balkone und sind mit gutem Komfort ausgestattet. Neben einer Sauna gibt es auch einen Squashcourt und eine Tauchschule.

*Hotel Ondamar, Caniço de Baixo, Tel. 934566, Fax 934555, 95 Zimmer, Kategorie B. Nur 14 km von Funchal entfernt liegt dieses Hotel der neueren Generation unter deutscher Leitung. Außer 53 Doppelzimmern gibt es 42 Studios mit eingebauter Kitchenette. Baden kann man entweder beim unter gleicher Leitung stehenden Hotel Galomar im Meer oder im Süßwasserpool.

Machico

Hotel Dom Pedro Baia, Estrada de S. Roque, Tel. 965758, Fax 966889, 218 Zimmer, Kategorie C. Besonders für Familien mit Kindern ist dieses Hotel in Machico geeignet, der Transfer nach Funchal findet mit dem Linienbus statt. Die Zimmer wurden erst kürzlich renoviert und dabei recht komfortabel ausgestattet. Reichhaltiges Sportangebot: Tennis, Tischtennis, Jogging, Dart, Volleyball und Tauchen.

Prazeres

Hotel Jardim Atlantico, 822200, Fax 822522, 97 Zimmer, Kategorie B. Wanderer und überhaupt Madeirabesucher, die sich abseits vom Trubel, den die Hauptstadt Funchal mit sich bringt, eher wohlfühlen, sind im Hotel Jardim Atlantico bestens aufgehoben. Es gibt drei unterschiedliche Zimmerkategorien, die sich im Komfort freilich kaum unterscheiden. Die nächstgelegene Ortschaft ist Prazeres, bis zum Fischerdorf Paúl do Mar mit Bademöglichkeit im Meer sind es 15 km (der Transfer wird vom Hotel aus angeboten).

Santana

*Quinta do Furão, Achada do Gramacho, Tel. 572132, Fax 572131, 42 Zimmer, Kategorie B. Bevor 1997 dieses Hotel auf dem Gramacho-Plateau in Santana eröffnet wurde, war die Adresse bereits als eines der besten Restaurants von Madeira bekannt. Umgeben von weitläufigen Rebgärten und einer gepflegten Gartenanlage mit Swimming Pool bieten die nur 42 Zimmer einen umfassenden Komfort.

Hotels auf Porto Santo (Auswahl)

Vila Baleira

Residençia Central, 1 Rua Colonel Abel Magno Vasconcelos, Tel. 982226, 12 Zimmer, Kategorie C. Sehr zentral zum Hauptort Vila Baleira sowie zum Strand gelegenes Hotel mit allerdings einfachen Zimmern. Bemerkenswert ist der herrliche Blick über Strand und Bucht.

*Hotel Luamar, Cabeço Ponta, Tel. 984121, 113 Zimmer, Kategorie B. Modernes und gepflegtes Mittelklassehotel unmittelbar am schönsten Strandabschnitt von Porto Santo. Komfortable Zimmer, Swimming Pool und reichhaltiges Sportangebot. Mehrmals täglich kostenloser Bustransfer nach Vila Baleira.

Jugendunterkünfte

Gästehäuser der Regierung

Die Regierung von Madeira unterhält zwei Pousadas (Gästehäuser), in denen Wanderer eine einfache Unterkunft finden. Vor allem während der Ferienzeiten ist eine rechtzeitige Reservierung allerdings unbedingt notwendig:

Pousada do Pico do Arieiro (auf dem Pico do Arieiro), Tel. 230110

Pousada dos Vinháticos (in Santo da Água), Tel. 952148

Hinweis

Bei der Touristeninformation in Funchal (⟶ Auskunft) erhält man eine Liste mit preiswerten Privatunterkünften, in denen auch junge Reisende gerngesehene Gäste sind.

Jugendherbergen

Auf Madeira sowie Porto Santo gibt es keine Jugendherbergen. Für Reisende mit schmalem Geldbeutel stehen jedoch zahlreiche Privatunterkünfte zur Verfügung (s. zuvor).

Camping

⟶ dort

Karten (Land-, Straßen- und Wanderkarten)

Hinweis

Als Ergänzung zu der diesem Reiseführer beigelegten Übersichtskarte wird empfohlen, zusätzliche Karten möglichst in größerem Maßstab mitzunehmen bzw. vor Ort zu besorgen. Aktuelles Kartenmaterial, das besonders für längere Wanderungen unbedingt zu empfehlen ist, erhält man auf Madeira entweder im Büro der Touristeninformation in Funchal (⟶ Auskunft) oder in Buchhandlungen und Kiosken. Das Angebot an großmaßstäblichem und deshalb geeigneten Kartenmaterial über Madeira ist reichhaltig und bereits vor der Abreise in jeder Buchhandlung erhältlich.

Madeirakarte (mit Beschreibung einiger Sehenswürdigkeiten), 1:75000; Kümmerly + Frey, Zürich

RV-Verlag: Euro-Tour Freizeitkarte Madeira (mit Sehenswürdigkeiten in Wort und Bild), 1:75000

Kinder

Madeira bietet auch kindgerechte Aktivitäten

Auch für Familien mit Kindern hat die Insel Madeira einiges zu bieten. Der Umstand, daß es einen ausgesprochenen Badestrand nur auf der Nachbarinsel Porto Santo gibt, wird durch die Möglichkeit interessanter und

Madeira mit Kindern (Fortsetzung)

erlebnisreicher Wanderungen beispielsweise entlang der Levadas mehr als wettgemacht. Die vielfältige Natur übt auch auf Kinder ihren Reiz aus. In aller Regel sind die Hotels auf Madeira auch auf die Bedürfnisse von Familien mit Kindern eingestellt, die meisten besitzen ein Schwimmbad. Einige bieten während der Ferienzeit besondere Kinderprogramme mit kindgerechten Aktivitäten.

Kleidung

Strapazierfähige Kleidung genügt

Für einen Urlaub auf Madeira genügt im Regelfall strapazierfähige Kleidung, die v. a. notwendig ist, wenn man Wanderungen im Hochgebirge unternehmen möchte. Dazu zählen lange Hosen ebenso wie feste, zum Wandern geeignete Schuhe (Bergstiefel sind eher ungeeignet). Namentlich im Hochgebirge sollte man vor plötzlichen Wetterstürzen gewappnet sein. Wählt man allerdings eine entsprechende Unterkunft, sollte man gesellschaftsfähige Kleidung (dunkler Anzug, Krawatte usw.) nicht vergessen, da hierauf großer Wert gelegt wird.

Regenschirm nicht vergessen!

Da es selbst aus heiterem Himmel immer wieder zu plötzlichen Regenschauern kommt, sollte ein Regenschirm im Gepäck nicht fehlen. Auch eine Regenpelerine kann vor nassen Überraschungen schützen.

Kriminalität

Die übliche Vorsicht genügt

Die Kriminalitätsrate auf Madeira ist nicht höher als anderswo in Europa. Dennoch sollte man nicht mehr Geld mit sich tragen, als man auszugeben gedenkt und Wertgegenstände (z. B. Photoapparate, Videokameras) nicht unbeachtet lassen. Auf Flughäfen und Schiffen lasse man sein Gepäck nie unbeaufsichtigt – Gelegenheit macht Diebe.

Safes sollten auch benutzt werden!

In fast allen Hotels gibt es Safes, in denen man nicht nur Bargeldbeträge oder Reiseschecks, sondern auch die Reiseunterlagen (Paß, Flugticket usw.) verwahren sollte. Wie überall auf der Welt übernimmt keine Hoteldirektion eine Haftung für Wertsachen, die bei einem eventuellen Zimmerdiebstahl abhandenkommen.

Levada-Wanderungen

⟶ Wandern

Literaturempfehlungen

Hinweis

Weiterführende Literatur über Madeira ist in allen gutsortierten Buchhandlungen erhältlich. Auf Madeira gibt es einige ⟶ Bibliotheken, in denen man Bücher über die Geschichte der Insel einsehen kann.

Aus der Vielzahl der Literatur über Madeira seien an dieser Stelle folgende Bücher empfohlen:

Bildbände

Standl, Günter und Wulf, Kirsten: Madeira – Herbe Schönheit im Atlantik; Rosenheimer Verlagshaus, Rosenheim (1994)

Underwood, Pat und John: Das Madeirabuch; Sunflower Verlag, London (1994)

Ribeiro, Francisco: Madeira und Porto Santo; Editorial Escudo de Oro S.A., Funchal (1993)

Literaturempfehlungen (Fortsetzung)

Hintergrundliteratur

Kolumbus, Christoph: Bordbuch; Edition Erdmann, Thienemann, Stuttgart (1986)

Björn M. Hausen: Die Inseln des Paul Langerhans – Eine Biographie in Bildern und Dokumenten; Verlag Ueberreuter Wissenschaft, Wien – Berlin (1988)

Don Glen Sandy: Madeira Wine at Home (in englischer Sprache); Empresa do Bolhão, Porto (1988)

H. J. Weaver: Reid's Hotel – Jewel of the Atlantic (in englischer Sprache, mit vielen historischen Abbildungen sowie Informationen über die Geschichte Madeiras); Island Hotel Ltd., Funchal (1991)

Wanderführer

Wendula Dahle und Wolfgang Leyerer: Wanderungen auf Madeira; Verlag F. Bruckmann KG, München (1994)

Pat und John Underwood: Landschaften auf Madeira; Sunflower Auto- und Wanderführer, London (5. Auflage, 1997)

Karten

⟶ dort

Märkte

Blumenmärkte

Ein wirklich besuchenswerter Markt ist der Mercado dos Lavradores, der Arbeitermarkt in Funchal. Hier findet man nicht nur eine reiche Auswahl an landwirtschaftlichen und maritimen Produkten, sondern auch die ganze Vielfalt der madeirensischen Flora. Sollte man sich für den Kauf von Blumen als Souvenir entscheiden, achte man auf geeignete, transportsichere Verpackung.
Einen kleinen, allerdings seit vielen Jahren bestehenden Blumenmarkt findet man hinter der Kathedrale in Funchal. Die Blumenverkäuferinnen, die gerne auch Sträuße nach Wunsch zusammenstellen, sind übrigens per Dekret verpflichtet, während der Arbeit ihre traditionellen Trachten tragen zu müssen.

Gipsymarkt

Unter dem eher diskriminierenden Namen Gipsymarkt (Zigeunermarkt) hat sich in der Altstadt von Funchal (der Zona Velho) ein Markt etabliert, auf dem fliegende Händler ihre Waren feilhalten. Vorsicht ist freilich beim Kauf von Textilien angeraten, da ihre Qualität nicht immer das hält, was das Etikett der international renommierten Hersteller verspricht.

Mietwagen

Buchung, Anmietung

Die Insel Madeira mit dem Mietwagen zu erkunden, ist eine durchaus reizvolle Sache. Namentlich in der Hauptstadt Funchal gibt es eine Reihe renommierter Autoverleiher, deren Fahrzeugpark als gepflegt und gut gewartet gelten kann. Die Möglichkeit, ein Kraftfahrzeug zu leihen, besteht auch schon am Flughafen Santa Catarina. Vor allem größere Hotels bieten die Vermittlung von Mietfahrzeugen.

Preise

Die Preise für Mietwagen sind auf Madeira relativ günstig, sie richten sich nach Saison, Fahrzeugggröße und Mietdauer. Pro Tag muß man für einen Kleinwagen (z. B. Renault Twingo) 4400 Esc., für ein Mittelklassefahrzeug mit etwa 7000 Esc. rechnen, zu diesem Preis wird noch die Mehrwert-

steuer aufgeschlagen. Die meisten Autovermieter gewähren für eine längere Mietdauer entsprechende Rabatte. Die Bezahlung der Mietwagenrechnung mit Kreditkarten (⟶ Geld) wird zumeist akzeptiert.

Mietwagenpreise (Fortsetzung)

Um ein Fahrzeug anmieten zu können, ist ein Mindestalter von 21 Jahren sowie die Vorlage eines gültigen Führerscheins notwendig. Einige Autovermieter verlangen zudem mindestens ein Jahr Fahrpraxis. Während eine Haftpflichtversicherung obligatorisch ist, empfiehlt sich außerdem der Abschluß einer Vollkaskoversicherung für die Zeit der Fahrzeugmiete.

Führerschein, Versicherung

So reizvoll es ist, in einem Cabriolet die Insel Madeira zu erkunden – empfehlenswert ist es nicht. Zwar haben Autoverleiher auch offene Fahrzeuge im Angebot, doch vergessen sie manchmal, auf die Unwägbarkeiten der Straßen auf Madeira hinzuweisen. Besonders an den Küstenstraßen sowie an Tunnelein- und ausfahrten ist damit zu rechnen, daß herablaufendes Wasser für eine unerwartete Erfrischung der Fahrzeuginsassen sorgt.

Cabriolets

Autovermieter (Auswahl)

Atlas

Rua Alegria (Funchal); Tel. 223100, Fax 741212

Avis

Largo António Nobre, 164 (Funchal); Tel. 764546
Flughafenstation (Santa Catarina): Tel. 524392
c/o Hotel Monumental Lido (Funchal): Tel. 764546

Budget

c/o Hotel Duas Torres, Estrada Monumental (Funchal); Tel. 766518, Fax 765619 (Außenstelle im Centro Comercial in Machico (Tel. 965305)

Futuro Rent-a-car

Avenida do Infante (Funchal); Tel. 220721 + 220633, Fax 222220 (Außenstelle im Centro Comercial Avenida)

Lidorent Rent-a-car

Edificio Alto Lido, Estrada Monumental; Tel. 761420 und 761421, Fax 761635

Museen

Hinweis

Was Madeira seinen Besuchern an historischen Dingen zu zeigen hat, konzentriert sich auf die Hauptstadt Funchal mit etlichen besuchenswerten Museen. Diese sind in aller Regel täglich außer Samstag, Sonntag und Montag geöffnet. Die genauen Öffnungszeiten entnehme man den jeweiligen Museumsbeschreibungen im Hauptteil dieses Reiseführers.

Museen in Funchal

Madeira Wine Company
Eine sehenswerte Ausstellung zum Thema Madeirawein mit vielen alten Gerätschaften sowie der Möglichkeit zur Weinverkostung.

Photographia Museu Vicentes
Vicente Gomes da Silva richtete hier bereits im Jahre 1848 sein Photoatelier ein, es war das erste überhaupt in Portugal. Neben der originalen Ausstattung beachte man die Alben mit vielen historischen Bildern aus der Geschichte Madeiras.

Club Sport Maritimo
Hier kommen die Freunde des runden Leders auf ihre Kosten – sofern sie sich für eine außergewöhnliche Vielzahl mehr oder weniger origineller Pokale und anderer Siegerpreise begeistern können.

◀ *Vom stilsicheren Geschmack der einstigen Hauseigentümer zeugt der Wintergarten im Museu Frederico de Freitas*

Museen in Funchal (Fortsetzung)

Fortaleza de São Tiago (Museu de Arte Contemporânea)
Dieses Museum zeigt Werke der zeitgenössischen Kunst und ist in der Fortaleza de São Tiago, einer gut erhaltenen Wehranlage aus dem 17. Jh. untergebracht.

Museu da Cidade
Dokumente zur Stadtgeschichte Funchals birgt dieses Museum, das sich im Rathaus (Câmara Municipal) befindet.

Museu de Arte Sacra
Eines der bedeutendsten Museen in Funchal. Gezeigt werden zahlreiche Werke der religiösen Kunst, darunter viele Gemälde flämischer Künstler.

Museu Municipal
Ein naturkundliches Museum mit großen Aquarien im Erdgeschoß sowie einer sehenswerten Sammlung von Fossilien und Tierpräparaten.

Casa-Museu Frederico de Freitas
Alltägliche Gebrauchsgegenstände, aber auch Kunstwerke und antiquarische Möbel bilden einen Teil der umfangreichen Sammlungen, die der Rechtsanwalt de Freitas seiner Nachwelt hinterlassen hat.

Quinta das Cruzes
In einem sorgfältig restaurierten, für das Madeira des 18. und 19. Jh.s typischen Herrenhaus befinden sich umfangreiche Sammlungen zur Kulturgeschichte der Insel. Das Museum ist teils im originalen Stil des 19. Jh.s eingerichtet, in den Außenanlagen verdienen zahlreiche Steinmetzarbeiten Beachtung.

Museu do Vinho
Wie der zuvor genannte Hauptsitz der Madeira Wine Company zeigt auch das Museu do Vinho an der Rua 5 de Outobro allerlei Wissenswertes über die Herstellung des in aller Welt berühmten Madeiraweines (Öffnungszeiten: Mo.–Fr. 9.30–12.00 und 14.00–17.00 Uhr).

Museu do Bombeiro
Wer sich für die Geschichte der Feuerbekämpfung auf Madeira interessiert, wird sicher einen Besuch in diesem kleinen, aber durchaus sehenswerten Museum der Feuerwehr von Funchal an der Estrada Luso-Brasileiro unternehmen (Öffnungszeiten: So. 9.00–13.00 Uhr).

I. B. T. A. M-Museum
Im Institut für Kunsthandwerk auf Madeira befindet sich diese Ausstellung, in der viele, zum Teil sehr alte Stücke des Kunsthandwerks gezeigt werden (Öffnungszeiten: Mo.–Fr. 9.00–12.30 und 14.00–17.30 Uhr).

Museum in Caniçal

An die große Zeit des Walfangs auf Madeira erinnert dieses kleine Museum in Caniçal mit einigen originalen Gerätschaften, die man zum Fang der Säugetiere verwendete. Bilder gegen den Walfang wurden von Kindern aus aller Welt gemalt und hängen nun ebenfalls im Museum.

Musik

Folklore

Viele Hotels wie z. B. das Savoy bieten ihren Gästen regelmäßige Darbietungen madeirensischer Folklore. Auch in einigen Restaurants treten Folkloregruppen in traditionellen Trachten auf und spielen auf überlieferten Instrumenten.

Madeira Musik Festival

Alljährlich im Juni findet in Funchal das "Madeira Musik Festival" statt. Wo man Programme und Eintrittskarten für dieses künstlerisch hochstehende

Ereignis erhält, zu dem auch international renommierte Interpreten von Europa oder Übersee nach Madeira kommen, erfährt man im Büro der Tourimusbehörde in Funchal (⟶ Auskunft).

Madeira Musik Festival (Fortsetzung)

Nachtleben

Nachtschwärmer kommen auf Madeira fast ausschließlich in der Hauptstadt Funchal bzw. in der 'Hotelzone' auf ihre Kosten. In vielen Hotels sind Nachtclubs und Bars, in einigen auch Diskotheken eingerichtet. Im Casino Park Hotel (Rua gibt es pro Woche drei verschiedene Unterhaltungsshows, Karten hierfür erhält man an der Rezeption des Hotels.

Die nächtlichen Aktivitäten konzentrieren sich auf Funchal

Zu den beliebtesten Diskotheken in Funchal zählen das "O Farol" (im Madeira Carlton Hotel) oder der Disco-Pub "Formula 1" in der Rua do Favilha 5. Auch die täglich bis 5.00 Uhr morgens geöffnete Diskothek "Refléx" (Travessa da Praça) wird gern und nicht nur von Einheimischen besucht.

Diskotheken

In der Zona Velho, der Altstadt von Funchal gibt es zahlreiche Bars, in denen der zwanglose Kontakt zu Einheimischen problemlos möglich ist. Beliebte Treffpunkte sind die Bars "Berilights" (Ecke Estrada Monumental/Rua do Gorgulho) , "Salsa Latina" (Rua da Imperatriz D. Amélia) und "Number Two" (Rua do Favilha). Weitere Bars findet man entweder in den Hotels selbst oder innerhalb der 'Hotelzone'. Sehr gemütlich ist hier die "Local Bar" (Rua Casa Branca 25), unweit davon lädt das "White House Pub & Restaurant" (Rua Casa Branca 62) zum Bier an der Theke.

Bars

Das einzige Spielcasino von Madeira befindet sich auf dem Gelände des Casino Park Hotels, geboten werden die international üblichen Spiele wie z. B. Roulette, Bingo und Black Jack. Außerdem gibt es die sog. Einarmigen Banditen (Geldspielautomaten). Der Zutritt ist nur mit einem Ausweisdokument sowie in entsprechender Garderobe gestattet, außerdem gilt ein Mindestalter von 21 Jahren.

Spielcasino

Notdienste

Allgemeine Notrufnummer (Polizei, Feuerwehr): 115

Unfallrettung: 115

Ambulanz: Centro Médico da Sé an der Rua dos Murcas, 42 (Tel. 230127 und 231779-82)

Clínica de Santa Catarina (mit 24-Stunden-Ambulanz), Rua 5 de Outubro, 115 (Tel. 741127)

Ärztlicher Notdienst: Clínica de Santa Luzia (mit 24-Stunden-Ambulanz), Rua da Torrinha, 5 (Tel. 233434)

Die Polizisten auf Madeira sind sehr hilfsbereit und überall präsent.

Zahnärztlicher Notdienst: Clínica Dentária Cinco de Outubro, Rua 5 de Outubro, 79-A (Tel. 228217)

Notdienste (Fortsetzung)	Notruf bei Vergiftungen: Emergências Médicas (Tel. 7950143) Deutsche Rettungsflugwacht e. V. (DRF): Tel. von Madeira: 0049/711/70070; Alarmzentrale: 0049/711/701070

Öffnungszeiten

→ Geschäftszeiten

Pannenhilfe

→ Autohilfe

Post und Telekommunikation

Post Postämter	Das portugiesische Wort für Post heißt Correio, an dieser Aufschrift sind auch die Postämter auf der Insel zu erkennen.
Öffnungszeiten	Postämter sind im allgemeinen Mo.–Fr. von 9.00–12.30 sowie von 14.30–18.30 Uhr geöffnet. Eine Ausnahme bildet das Hauptpostamt in Funchal, das montags bis freitags von 8.30–20.00 Uhr (samstags 9.00 bis 13.00 Uhr) geöffnet hat. Telefonieren kann man hier abends sogar bis 22.00 Uhr. Durchgehend von 9.00–19.00 Uhr geöffnet, dafür aber am Samstag geschlossen, hat das Postamt in der Hotelzone (Estrada Monumental 318, im Lido-Sol-Supermarkt-Komplex).
Posttarife	Briefe und Postkarten nach Deutschland, Österreich und in die Schweiz müssen z. Z. mit 60 Esc freigemacht werden.
Telegramme	Telegramme nach Deutschland, Österreich und in die Schweiz können auf allen größeren Postämtern aufgegeben werden.
Telefax	Geräte zur Übermittlung von Telekopien sind auf Madeira weitverbreitet. Fast alle Hotels bieten ihren Gästen diese Dienstleistung gegen Bezahlung der entsprechenden Gebühren.
Telefon	Auf Madeira gibt es nur noch wenige Telefonzellen, in denen man mit Münzen telefonieren kann. Weitverbreitet sind hingegen Kartentelefone, die entsprechenden Telefonkarten erhält man entweder auf den meisten Postämtern, direkt bei der portugiesischen Telecom oder in Geschäften, die mit mit einem Telecom-Schild auf den Verkauf hinweisen. Telefonkarten (Cartão Credifone) sind zum Wert von 50 und 120 Einheiten (750 bzw. 1800 Esc.) erhältlich.
Ländernetz-kennzahlen	Von Deutschland, Österreich und der Schweiz nach Madeira: 0035191 Von Madeira nach Deutschland: 0049 nach Österreich: 0043 in die Schweiz: 0041 Die Null der nachfolgenden Ortsnetzkennzahl entfällt!
Telefondienste	Telefonauskunft (für Rufnummern auf Madeira): 118 Wettervorhersage: 150 (in portugiesischer Sprache) Zeitansage: 150 (in portugiesischer Sprache)

Über den Service 'Deutschland Direkt' der Telekom lassen sich auch von Madeira aus R-Gespräche abwickeln; ist man im Besitz der 'Telekarte', kann man mit den Gebühren das eigene Telefonkonto belasten. Die Zentralstelle in Frankfurt a. M., die das Gespräch vermittelt, ist rund um die Uhr besetzt und kann von Madeira aus unter der Rufnummer 05 05 00 49 erreicht werden.

Post und Telekommunikation (Fortsetzung), Deutschland-Direkt-Dienst

Reisedokumente

Personalpapiere

Zur Einreise nach Madeira genügt für Bürger der Bundesrepublik Deutschland, der Republik Österreich sowie der Schweizerischen Eidgenossenschaft bei einem Aufenthalt von bis zu drei Monaten ein gültiger Reisepaß oder Personalausweis. Kinder unter 16 Jahren benötigen einen Kinderausweis oder einen entsprechenden Eintrag im Reisepaß der Eltern. Für einen Aufenthalt von länger als drei Monaten benötigt man ein Visum, das man beim Serviço de Estrangeiros in Funchal (Rua do Rochinha, Telefon 29589) erhält.

Führerschein

Um ein Auto mieten zu können, genügt der nationale Führerschein.

Hinweis

Es empfiehlt sich, vor der Abreise Fotokopien der Reisedokumente anzufertigen sowie ein oder zwei zusätzliche Paßbilder mitzunehmen. Im Verlustfalle erleichtert dies die Beschaffung von Ersatzpapieren.

Haustiere

Wer Haustiere (Hund, Katze) nach Madeira mitnehmen will, benötigt für sie ein amtstierärztliches Gesundheitszeugnis, das erst kurz vor der Abreise ausgestellt wurde, sowie einen Nachweis über eine Tollwutschutzimpfung, die mindestens 30 Tage zurückliegen muß und nicht älter als 12 Monate sein darf (mit Angabe des Impfstoffes und des Impfdatums).

Reisezeit

Klima

→ Zahlen und Fakten, Klima (S. 12)

Madeira ist ein Ganzjahresziel

Dank ihrer klimatisch außerordentlich günstigen Verhältnisse kann die Insel Madeira das ganze Jahr über besucht werden. Selbst in den Wintermonaten sinken die Temperaturen nur in den höheren Insellagen auf mitteleuropäische Werte, während das Thermometer z. B. in Funchal auf maximal 18 °C fällt.
Da Madeira ein bevorzugtes Reiseziel nicht nur für Mitteleuropäer, sondern auch für Portugiesen darstellt, ist die Insel v. a. während der portugiesischen Sommerferien zeitweise sehr überlaufen. Wenn es möglich ist, sollte man daher die Monate Juli und August meiden, was ganz besonders für die Nachbarinsel Porto Santo mit ihrem 9 km langen Sandstrand gilt.

Nebensaison

Die Nebensaison – etwa von April bis Juni sowie von Ende September bis Anfang November – bringt naturgemäß mit sich, daß die Zahl der Touristen deutlich geringer ist. Außerdem hat ein Besuch während dieser Zeit den Vorteil, daß Madeira in voller Blüte oder kurz vor der Ernte steht und die Sonne noch nicht bzw. nicht mehr so stark ist.

Restaurants

Im Mittelpunkt steht die einheimische Küche

Knapp eine halbe Million Besucher pro Jahr haben der madeirensischen Gastronomie nichts von ihrer wenigstens teilweise eigenständigen Küche nehmen können. Abgesehen von den üblichen Zugeständnissen, die man

Angebot der Restaurants (Fortsetzung)

den Touristen aus aller Welt machen muß, kommen in aller Regel einheimische Gerichte auf den Tisch. Wie alle Bewohner von Küstenregionen verstehen sich die Madeirenser besonders gut auf die Zubereitung von Fischgerichten, als typische Spezialität sei an dieser Stelle nur der Espada-Fisch genannt.

Das ganzjährig angenehme Klima erlaubt es, daß die meisten Wirte auch Sitzplätze im Freien anbieten. Einige besonders schöne Restaurants dieser Art findet man in der Zona Velha, der Altstadt von Funchal.

Speisekarten

Speisekarten liegen in aller Regel nicht nur in portugiesischer, sondern zumindest in englischer, wenn nicht gar in deutscher Sprache aus.

Preise

Für ein dreigängiges Abendessen, bestehend aus Suppe, Hauptgericht und Nachtisch, sollte man mit einer Ausgabe von ca. 18–25 DM rechnen. Namentlich in Restaurants der gehobenen Kategorie wird das sog. Couvert (Gedeck mit Brot und Butter) extra berechnet.

Reservierung

In 'besseren' Restaurants sollte man rechtzeitig einen Tisch bestellen.

Trinkgeld

⟶ dort

Restaurants in Funchal (Auswahl)

Madeirensische Küche

Restaurante & Bar "Adega A Cuba", Rua do Bispo, 28; Tel. 220986. Rustikal und originell eingerichtetes Restaurant unweit des Zentrums. Vorzügliche Sandwiches und kleine Mahlzeiten. Öffnungszeiten: tägl. 8.00 bis 22.00 Uhr

Restaurante "Arsénio's", Rua de Santa Maria 169 (in der Altstadt); Tel. 24007. Spezialität: Espetada (Rindfleischspieß) vom Holzkohlengrill. Öffnungszeiten: tägl. 10.00 bis 23.00 Uhr.

Restaurante "Casa Madeirense", Estrada Monumental, 153; Tel. 766700. Spezialität: Fischgerichte. Öffnungszeiten: tägl. 11.00 bis 23.00 Uhr.

Restaurante "Le Jardin", Rua D. Carlos (in der Altstadt); Tel. 222864. Spezialitäten: Flambierte Gerichte. Öffnungszeiten: tägl. 10.00 bis 24.00 Uhr.

Restaurante "Montanha", Estrada Nacional 101, Neves de São Gonçalo; Tel. 793182. Besonders erwähnenswert ist dieses etwas außerhalb des Stadtzentrums gelegene Restaurant wegen seines wunderbaren Blicks auf den Hafen von Funchal. Als Spezialität gelten die Grillgerichte. Tip: Wegen der herrlichen Aussicht sollte man sich rechtzeitig einen Tisch am Fenster reservieren lassen!

Restaurante "O Almirante", Largo Poço (in der Zona Velha da Cidade), Tel. 224252 und 225673. Spezialitäten: Fischgerichte, Muscheln, Krustentiere, Spieße. Öffnungszeiten: tägl. 10.00 bis 23.00 Uhr.

Restaurante "O Tapassol", Rua D. Carlos 1 (in der Altstadt); Tel. 225023. Spezialitäten: Espada (Degenfisch), Espetada (Fleischspieß). Öffnungszeiten: tägl. 10.00 bis 23.00 Uhr.

Restaurante "Vagrant", Avenida do Mar (am Hafen); Tel. 223572. Originelles Restaurant, das sich in einem 1941 für den US-amerikanischen Milliardär Vanderbilt gebauten Segelschiff befindet. Von 1966 an gehörte das Schiff für eine Zeitlang den legendären "Beatles", bevor es hier im Hafen von Funchal zum letzten Mal den Anker fallen ließ. Spezialitäten: Fisch- und Muschelgerichte. Öffnungszeiten: tägl. 11.30 bis 15.30 und 18.00 bis 23.30 Uhr.

Hinweis

Am Hafen von Funchal reihen sich entlang der sog. Marina zahlreiche kleine Restaurants, die täglich etwa ab 10.00 Uhr bis in den späten Abend hinein außer madeirensischen Spezialitäten auch internationale Gerichte servieren. Dazu gibts bisweilen traditionelle Volkstänze.

Internationale Küche

"Le Faunes" (im Reid's Hotel), Estrada Monumental, 139; Tel. 7000 77171. Wohl das beste Restaurant auf Madeira. Internationale Küche mit regionalem Einschlag. Teuer, aber allein schon wegen des faszinierenden Blicks auf Funchal wirklich empfehlenswert! Öffnungszeiten: tägl. 19.30 bis 23.00 Uhr außer sonntags (Reservierung unbedingt empfohlen).

Restaurante "Carochinha", Rua de São Francisco, 2-A; Tel. 223695. Spezialität: Englische Küche (Roast Beef, Steaks). Öffnungszeiten: tägl. 12.00 bis 22.00 (samstags 12.00 bis 15.00 und 18.00 bis 22.00 Uhr).

Restaurante "Casa dos Reis", Rua da Penha de França, 6; Tel. 225182. Spezialitäten: portugiesische und französische Küche. Öffnungszeiten: tägl. 7.00 bis 22.30 Uhr.

Italienische Küche

Trattoria "Villa Cliff" (neben dem Reid's Hotel), Estrada Monumental, 139; Tel. 7007079. Herrlicher Blick auf Funchal. Spezialitäten: Pasta. Öffnungszeiten: tägl. 11.00 bis 14.00 und 19.00 bis 23.00 Uhr.

Restaurants außerhalb von Funchal (Auswahl)

Calheta

Restaurante "Costa Verde", Tel. 823422. Empfehlenswertes Restaurant für Gegrilltes vom Rind, gut sind aber auch die Fischgerichte. Öffnungszeiten: tägl. 10.00–02.00 Uhr.

Curral das Freiras (Nonnental)

Restaurante "Casa de Abrigo do Poiso; Tel. 782269. Spezialität: geräucherte oder gegrillte Forellen. Öffnungszeiten: tägl. 11.00 bis 23.00 Uhr.

Restaurante "Nuns Valley", im Ortszentrum; Tel. 712177. Gute madeirensische Küche. Als Spezialität dieses Restaurants gilt freilich ein selbst hergestellter Likör, den man auch flaschenweise erwerben kann. Öffnungszeiten: tägl. 10.00 bis 22.00 Uhr.

Estreito Camara de Lobos

Restaurante "Santo António", Quinta Santo Antonio; Tel. 945439 und 947586. Spezialitäten: Espetada, gegrilltes Hühnchen, Stockfisch. Öffnungszeiten: tägl. 11.00 bis 23.00 Uhr. Telefonische Tischreservierung ist angeraten!

Restaurante "A Capoeira", Sítio da Igreja; Tel. 945226 und 946680, Spezialität: Fleischgerichte vom Grill. Öffnungszeiten: tägl. 11.00 bis 24.00 Uhr.

Ponta do Sol

Restaurant & Bar "Cancela", Tel. 972736. Nicht nur von Touristen, sondern auch Einheimischen wird dieses Lokal gern besucht. Als Spezialitäten gelten Rindfleischgerichte wie z. B. der Espetada.

Porto Moniz

Restaurante "Casa de Pasto", Sítio Chão da Ribeira (Seixal); Tel. 854559 und 854470. Hier wird der Fleischspieß Espetada noch auf die traditionelle Art serviert: Der mit Fleisch bestückte Lorbeerspieß wird an einer Kette über dem Tisch aufgehängt, jeder Gast nimmt sich selbst seine Portion herunter. Öffnungszeiten: tägl. 11.00 bis 22.30 Uhr.

Ribeira Brava

Restaurante "Agua Mar", Tel. 951148. Spezialitäten: fangfrische Fische, Krustentiere. Öffnungszeiten: tägl. 9.00 bis 23.00 Uhr.

Restaurante "Vista Alegre", Estrada Regional 101 (Pinheiro); Tel. 953614 und 953765. Spezialität: Filet vom Espada-Fisch, Espetada, Grillgerichte. Öffnungszeiten: tägl. 12.00 bis 23.00 Uhr außer montags.

Rundfunk und Fernsehen

Rundfunk

Über die Mittelwellenfrequenz 1485 khz sendet Radio Turista täglich ein halbstündiges Programm in deutscher Sprache. Gut zu empfangen sind die Kurzwellensendungen der Deutschen Welle, da die Frequenzen je nach Jahreszeit wechseln, empfiehlt es sich, vor der Abreise einen aktuellen Sende- und Frequenzplan anzufordern:

Deutsche Welle (Abt. Hörerpost)
Postfach 100444, D-50444 Köln
Tel. 0221/3890 oder 3894406

Fernsehen

Die meisten Hotels bieten ihren Gästen seit kurzer Zeit auch deutsche Programm, die via Satellit nach Madeira gelangen. Aktuelle Informationen aus Deutschland bietet z. B. das informative Auslandsprogramm der Deutschen Welle TV, in einigen Hotels sind zusätzliche Programme wie beispielsweise das Dritte Programm des Südwestfunks (täglich mit Übernahme der “Tagesschau”) zu empfangen.

Schwimmbäder

Meeres-schwimmbäder

Namentlich die großen Hotels in und um Funchal bieten vielfach Bademöglichkeiten im Meer, der kostenlose Zugang ist in aller Regel jedoch den Hotelgästen vorbehalten. Für andere Gäste wird meist ein Eintrittspreis verlangt.
Gegen Bezahlung einer geringen Gebühr ermöglichen der Club Naval do Funchal sowie der Club de Turismo (beide Estrada Monumental) Touristen den Zutritt, hier besteht auch die Möglichkeit, im Atlantik zu baden. Eine kostenlose Badegelegenheit findet man an unterhalb der Fortaleza de São Tiago (am östlichen Ende der Altstadt von Funchal).
Außerhalb von Funchal gibt es in Porto Moniz, Caniço de Baixo und Ponta do Sol Bademöglichkeiten im Meer.

Schwimmbäder

So gut wie alle Hotels auf Madeira verfügen über Schwimmbäder, die meisten davon werden beheizt. Familien mit Kindern sei ein Besuch des Lido (Rua Gorgulho) empfohlen, mit einer Fläche von 11500 m^2 und einem Fassungsvermögen von etwa 3000 Besuchern ist es das größte Schwimmbad auf Madeira (mit Zugang zum Meer). Für Liegen und Sonnenschirme ist eine geringe Gebühr zu bezahlen. Ein weiteres Schwimmbad gibt es in der Quinta Magnólia (Rua Dr. Pita), auch dieses empfiehlt sich für Familien mit Kindern.

Badestrände

⟶ dort

Shopping · Souvenirs

⟶ Einkäufe und Souvenirs

Sicherheit

Sichere Reise

Grundvorsorge

Die Versicherungen, die zur üblichen ‘Grundausstattung’ gehören, bieten während einer Urlaubsreise einen weitgehenden Schutz: Lebensversicherung, Unfallversicherung und Privat-Haftpflichtversicherung gelten in der ganzen Welt, die Rechtsschutzversicherung in Europa und in den außereuropäischen Mittelmeerstaaten.

Grundvorsorge (Fortsetzung)

Haftpflichtversicherung

Gerade auf Reisen gibt es immer wieder ungewohnte Situationen. In der zumeist fremden Umgebung genügt eine Sekunde Unaufmerksamkeit, zum Beispiel beim Überqueren einer Straße: Man zwingt einen Wagen zum Ausweichen, und schon ist es passiert. Eine gute Rückendeckung für finanzielle Ansprüche, die aus einer solchen Unachtsamkeit erwachsen können, ist die Haftpflichtversicherung. Diese zahlt übrigens nicht nur bei berechtigten Ansprüchen, sondern wehrt auch unberechtigte Forderungen ab.

Unfallversicherung

Die Reise in den Urlaub ist ein guter Grund für den Abschluß einer Unfallversicherung. Sie gilt rund um die Uhr, im Beruf, im Haushalt, in der Freizeit sowie auf Reisen. Eine Unfallversicherung läßt sich in Leistungen und Beitrag auf die persönlichen Bedürfnisse sowie an die allgemeine Einkommensentwicklung anpassen.

Reisekrankenversicherung

Auch für eine Reise innerhalb Europas sollte man an den Abschluß einer zusätzlichen Reisekrankenversicherung denken. Man bedenke, daß Arzt- und Krankenhausrechnungen in einigen Ländern höher sind als in der Heimat. Eine Reisekrankenversicherung kostet nicht viel, gibt aber allen Reiseteilnehmern Sicherheit bei jedem Auslandsaufenthalt.

Reise-Rücktrittskostenversicherung

Für den Fall, daß Reiseteilnehmer vor Antritt der Reise erkranken oder daß andere gewichtige Gründe von der Reise abhalten, ist eine Reise-Rücktrittskostenversicherung nützlich. Sie kommt für Schadenersatzforderungen von Reisebüros, Hotels und Fluggesellschaften auf.

Hausratversicherung

Während einer Reise bewahrt eine Hausratversicherung zwar nicht vor Schäden durch Brand, Blitzschlag, Explosion, Einbruchdiebstahl, ausströmendem Leitungswasser, Sturm und Hagel, aber vor den finanziellen Folgen solcher Schäden. Wenn die eigene Wohnung allerdings länger als 60 Tage unbewacht bleibt und auch nicht beaufsichtigt wird, muß man dies der Versicherung melden.

Reise-Organisation

Vorbereitungen

Gute Organisation ist schon vor Antritt der Reise wichtig. Die Gewißheit, daß zu Hause alles in Ordnung ist und daß man nichts vergessen hat, macht gelassen und trägt zum Erholungseffekt einer Urlaubsreise bei.
Ein erprobtes Hilfsmittel bei den Reisevorbereitungen sind Checklisten, auf denen man rechtzeitig notiert, woran man noch denken muß. Dinge, die erledigt sind, hakt man einfach ab.
Rechtzeitig klären sollte man auch so einfache Dinge wie z. B. die Frage, wer die Versorgung von Haustieren oder das Gießen von Blumen und Pflanzen übernimmt. Daß ein überquellender Briefkasten geradezu eine Einladung für Einbrecher ist, muß wohl nicht betont werden.
Ausweispapiere bzw. deren Verlängerung, Reisegutscheine, Flugtickets, Visa und Zahlungsmittel sollte man auf jeden Fall rechtzeitig besorgen. Es empfiehlt sich, Wertsachen, Fotokopien persönlicher Papiere sowie die Urlaubsanschrift bei einer vertrauenswürdigen Person zu hinterlassen.

Wichtige Unterlagen

Gültiger Personalausweis bzw. Reisepaß (ggf. mit Visa-Unterlagen)
Führerschein (ggf. mit Internationalem Führerschein)
Automobilclub-Ausweis
Dokumente über Reiseversicherungen
Auslandskrankenschein, Impfzeugnisse
Schiffs- und Flugtickets, Buchungsbestätigungen, Hotelgutscheine
Fotokopien aller wichtigen Papiere (im Gepäck)
Reiseschecks, Eurocheques, Eurocheque-Karte, Kreditkarten, Bargeld

Reiseapotheke

Eine Reiseapotheke kann auch bei Reisen innerhalb Europas wichtige Dienste leisten. Sie sollte neben notwendigen Dingen gegen Unpäßlichkeiten und zur Versorgung kleinerer Verletzungen auch einen Vorrat jener Medikamente beinhalten, die man regelmäßig zu sich nehmen muß. Man sollte bei Reisen in warme Gegenden berücksichtigen, daß dort nicht alle Arzneimittel-Zubereitungen verfügbar sein könnten. Vom Hausarzt bzw. Tropeninstitut sollte man sich rechtzeitig über erforderliche Schutzimpfungen informieren lassen.
Brillenträger sollten eine Ersatzbrille nicht vergessen!

Sicher Autofahren

Mietwagen

Wer sich am Urlaubsort ein Fahrzeug mieten will, sollte sich möglichst an namhafte internationale Automietfirmen wenden. Hier kann man darauf vertrauen, daß die Fahrzeuge den von zuhause gewohnten Sicherheitsstandards für Lenkung, Fahrgestell, Motor, Bremsen, Beleuchtung und Karosserie entsprechen. Man schließe ggf. zusätzliche Versicherungen (Kraftfahrzeug-Haftpflicht mit unbegrenzter Deckungssumme, Fahrzeug- und Unfallversicherung) ab. Übrigens geben viele Autovermieter Rabatt, wenn man den Mitgliedsausweis eines Automobilclubs vorlegen kann. Eine Kreditkarte erspart in vielen Fällen die Hinterlegung einer Barkaution.

Gurte

Man sollte sich bei jeder Fahrt angurten und darauf achten, daß es die Mitfahrer – sowohl auf dem Vordersitz als auch auf den Rücksitzen – ebenfalls tun. Die Gurtbänder sollen straff und nicht verdreht am Körper anliegen. Ein falsch angelegter Gurt kann bei einem Unfall zusätzliche Verletzungen verursachen.
Nur zusammen mit richtig eingestellten Kopfstützen erfüllen Gurte optimal ihren Zweck. Die Oberkante der Kopfstützen muß in Augen- und Ohrenhöhe oder darüber liegen. Nur so schützt man die Halswirbelsäule z. B. vor schmerzhaften Schleudertraumen.

Sicht für Brillenträger

Brillenträger fahren nachts sicherer mit entspiegelten Gläsern. Von einer getönten Brille bei Dämmerung und Dunkelheit muß abgeraten werden. Weil jede Glasscheibe einen Teil des einfallenden Lichts reflektiert, erreichen selbst durch eine klare Windschutzscheibe nur 90% des auf der Straße vorhandenen Lichtes die Augen des Autofahrers. Durch getönte – auch beschmutzte – Scheiben und getönte Brillengläser gelangt nur noch etwa die Hälfte der auf der Straße vorhandenen Lichtmenge bis zum Auge – die Fahrsicherheit wird erheblich eingeschränkt.

Verkehrsunfall: Was tun?

Sofortmaßnahmen

Man kann am Steuer noch so vorsichtig sein – es kann trotzdem einmal etwas passieren. Auch wenn der Ärger groß ist: Man sollte Ruhe bewahren, höflich bleiben und einen klaren Kopf bewahren. Die im folgenden genannten Maßnahmen sollte man nacheinander treffen:

1. Unfallstelle absichern. Das heißt: Warnblinkanlage einschalten und Warnzeichen (Blinklampe, Warndreieck etc.) in ausreichendem Abstand zur Unfallstelle aufstellen.

2. Gibt es Verletzte, sorge man gegebenenfalls für einen Krankenwagen.

3. Vor allem im Ausland empfiehlt es sich, die Polizei zu verständigen.

4. Namen und Anschrift anderer Unfallbeteiligter notieren, außerdem die Kennzeichen und Fabrikat der anderen Fahrzeuge. Wichtig sind auch Zeit und Ort des Unfalls; noch besser sind Photographien aus verschiedenen Perspektiven.

Man sollte kein Schuldanerkenntnis und überhaupt kein Schriftstück unterschreiben, das in einer Sprache abgefaßt ist, die man nicht oder nur mangelhaft versteht! — Sicherheit (Fortsetzung), Unterschriften

Im Ausland gelten für Schadensregulierung und in den rechtlichen Fragen nach einem Unfall vielfach andere Regeln – für Deutsche oft höchst ungewohnt. Recht wird grundsätzlich nach den Rechtsvorschriften des jeweiligen Landes gesprochen, und die Bearbeitung des Schadens dauert meist länger als daheim. Oft wird nicht alles ersetzt. — Andere Rechtsvorschriften

⟶ dort — Notdienste

⟶ dort — Straßenverkehr

Spielcasino

⟶ Nachtleben

Sport

Das Touristenbüro in Funchal (⟶ Auskunft) hält eine Broschüre bereit, in der umfassend Auskunft über Sportmöglichkeiten auf Madeira erteilt wird. — Auskunft

Sportliche Aktivitäten

⟶ dort — Angeln

Namentlich die größeren Hotels verfügen über Fitneßräume mit entsprechenden Geräten, bisweilen auch qualifizierten Trainern. Gegen Bezahlung einer zumeist geringen Gebühr ist die Benutzung dieser Einrichtungen auch Nichthotelgästen gestattet. Welches Hotel dies ermöglicht, erfährt man an der Rezeption. — Fitness-Studios

Wie auch die Portugiesen auf dem Festland sind die Madeirenser begeisterte Fußballanhänger. Traditionsreiche Spiele wie z. B. Benfica Lissabon gegen FC Porto sind regelrechte Straßenfeger. Das Estádio dos Barreios, das größte Stadion Madeiras, befindet sich nördlich der Hotelzone und ist Austragungsort der Spiele des Erstligisten Club Sport Marítimo (aktuelle Spieltermine entnehme man den Zeitungen (⟶ Zeitungen und Zeitschriften) oder erfrage sie an der Hotelrezeption.
Nicht zu kurz kommt freilich auch die aktive Ausübung des Fußballsports, in den vergangenen Jahren wurde die Zahl der Fußballplätze auf Madeira großzügig erhöht. — Fußball

Auf Madeira gibt es zwei Golfplätze, die von Kennern zu den schönsten Europas gezählt werden. Gegen die Bezahlung des obligatorischen Green fee ist die Benutzung der beiden nachfolgend genannten Plätze auch für Nichtmitglieder möglich. Ebenfalls gibt es die Möglichkeit, die notwendige Ausrüstung zu leihen. — Golf

Palheiro Golf (auf dem Gelände der Quinta do Palheiro; 18 Löcher)
Auskunft und Platzreservierung: Tel. 792116
Bemerkenswert ist die herrliche Aussicht auf Funchal.

Santa da Serra (27 Löcher)
Auskunft und Platzreservierung: 552345
Hier finden alljährlich (Januar) die "Madeira Open" statt, an der oft auch Golfspieler der internationalen Spitzenklasse teilnehmen.

Die beiden Golfplätze auf Madeira (hier der Platz bei der Quinta do Palheiro) zählen zu den schönsten in Europa

Gleitschirm- und Drachenfliegen

Aeroclub da Madeira
Rua do Castanheiro (Funchal)
Tel. 228311, Fax 221265

Eurofun · Navio Azul
Estrada Monumental (Funchal)
Tel. 761684, Fax 61693

Terras da Aventura & Turismo
Caminho do Amparo, 25 (Funchal)
Tel. 3 3818 und 61018, Fax 61018

Laufen

Eine ausgeschilderte Joggingbahn findet man auf dem Gelände der Quinta Magnólia (Rua do Dr. Pita).

Reiten

Über Reitmöglichkeiten auf Madeira informiert das

Centro Hípismo da Madeira
Caminho dos Pretos (Funchal), Tel. 792910 und 792582

Auch auf Porto Santo gibt es Reitmöglichkeiten. Auskünfte erhält man hier beim

Centro Hípico do Porto Santo
Quinta dos Profetas (Sitio da Ponta), Tel. 983165

oder in der

Escola de Equitação J. C. C.
Campo de Baixo, Tel. 982741

Sport (Fortsetzung), Segeln, Kanufahren

Einige Hotels in Funchal bieten ihren Gästen die Möglichkeit, kleine Segelboote oder Kanus zu mieten. Wo dies nicht geboten wird, wende man sich an eine der folgenden Adressen:

Associação Nautica da Madeira
Posto público – Marina do Funchal (Funchal)
Tel. 49989

Associação Regional de Vela e Canoagem
São Lázaro, Marina do Funchal (Funchal)
Tel. 224970

Centro de Treino de Mar da Madeira
São Lázaro, Marina do Funchal (Funchal)
Tel. 230825, Fax 231177

Clube Naval do Funchal
Barração de actividades Náuticas
São Lázaro, Marina do Funchal (Funchal)
Tel. 224661, Fax 225733

Tauchen und Schnorcheln

Der Atlantische Ozean rund um Madeira und Porto Santo gilt als interessantes und erlebnisreiches Tauchrevier. Einige Unternehmen haben sich auf Tauchausfahrten und den Verleih von Ausrüstungsgegenständen spezialisiert. Hier eine Auswahl:

Clube Naval do Funchal
Barração de actividades Náuticas
São Lázaro, Marina do Funchal (Funchal)
Tel. 224661, Fax 225733

Scorpio Divers
Complexo Balnear do Lido (im Lido-Schwimmbad, Funchal)
Tel. 66977, Fax 225020

Manta-Reiner
Caniço
Tel. 934611/2 oder 944020, Fax 934680

Urs Moser Diving Center
Rua J. G. Zarco, 5 (Funchal)
Tel. 44989

Squash

Auch die Anhänger des Sports mit der schnellen Gummikugel müssen auf Madeira nicht auf die Ausübung der schweißtreibenden Aktivität verzichten. Wem die Möglichkeit im gewählten Hotel nicht geboten wird, findet im Freizeitkomplex Quinta Magnólia mehrere Squashcourts.

Tennis

Alle größeren Hotels verfügen über eigene Tennisplätze, die teils sogar mit Flutlicht ausgestattet sind. Der Verleih von Schlägern und Bällen ist vielerorts möglich, in manchen Hotels gibt es auch Tennislehrer.

Wandern

⟶ dort

Sprache

Auf Madeira wird portugiesisch gesprochen

Im allgemeinen werden die Buchstaben der portugiesischen Sprache wie die deutschen ausgesprochen. Als Ausnahmen gelten der Buchstabe o, der zumeist als u gesprochen wird (Beispiel: Portugues = sprich: purtugéhsch). Die Betonung der Wörter liegt auf der vorletzten Silbe, wenn die

Aussprache (Fortsetzung)

letzte Silbe auf -m oder -s endet. Schließt das Wort hingegen mit einem Konsonant (Ausnahme: -m oder -s), wird die letzte Silbe betont. In ganzen Sätzen verliert das einzelne Wort jedoch oft seine Eigenständigkeit, da es mit den anderen in einem Redefluß ausgesprochen wird.

Wörterbücher

Die Wörterbücher des Verlages Langenscheidt KG. sind eine nützliche Hilfe bei der Verständigung mit den Einheimischen. Empfehlenswert ist auch der in Mairs Geographischem Verlag erschienene Marco-Polo-Sprachführer "Portugiesisch – Sprechen und Verstehen ganz einfach".

Fremdsprachenkenntnisse

Die Bevölkerung von Madeira versteht am ehesten Englisch oder Französisch. Zahlreiche aus Deutschland heimgekehrte Gastarbeiter brachten jedoch auch Kenntnisse der deutschen Sprache mit auf die Insel, die sie an ihre Landsleute weitergaben.

Grundzahlen

0	zero	22	vinte-e-dois (duas)
1	um, uma	30	trinta
2	dois	31	trinta-e-um (uma)
3	três	40	quarenta
4	quatro	50	cuinqenta
5	cinco	60	sessenta
6	seis	70	setenta
7	sete	80	oitenta
8	oito	90	noventa
9	nove	100	cem, cento
10	dez	101	cento-e-um (uma)
11	onze	200	duzentos, -as
12	doze	300	trezentos, -as
13	treze	400	quatrocentos, -as
14	catorze	500	quinhentos, -as
15	quinze	600	seiscentos, -as
16	dezasseis	700	setecentos, -as
17	dezassete	800	oitocentos, -as
18	dezoito	900	novecentos, -as
19	dezanove	1000	mil
20	vinte	2000	dois (duas) mil
21	vinte-e-um (uma)	1 Mio.	um milhão de

Ordnungszahlen

1.	primeiro, -a	11.	undécimo, -a; décimo primeiro
2.	segundo, -a	12.	duodécimo, -a; décimo segundo
3.	terceiro, -a	13.	décimo terceiro
4.	quarto, -a	20.	vigésimo, -a
5.	quinto, -a	21.	vigésimo primeiro
6.	sexto, -a	30.	trigésimo, -a
7.	sétimo, -a	40.	quadragésimo, -a
8.	oitavo, -a	50.	quinquagésimo, -a
9.	nono, -a	60.	sexuagésimo, -a
10.	décimo, -a	100.	centésimo

Anrede

Herren werden für gewöhnlich mit 'Senhor' angesprochen, Damen mit 'minha Senhora'. Wenn man den Namen kennt, so spricht man Herren mit diesem an und setzt ein 'Senhor' voran. Damen werden mit 'Senhora Dona' und dem Vornamen angesprochen, soweit dieser bekannt ist.
'Sie' in der Anrede heißt 'o Senhor', 'a Senhora' oder 'Você', in der Mehrzahl 'os Senhores', 'as Senhoras' oder 'Vocês'.

Redewendungen

Guten Morgen!	Bom dia!
Guten Tag (nachmittags)!	Boa tarde!
Guten Abend! Gute Nacht!	Boa noite!
Auf Wiedersehen!	Adeus! Até à vista!
Ja, nein (mein Herr)!	Sim, não (senhor)
Entschuldigen Sie!	Desculpe! Perdão!

Bitte (nach Entschuldigung oder als Dank)	De nada! Não tem de quê!	Redewendungen (Fortsetzung)
Bitte, bedienen Sie sich!	À vontade!	
Bitte (um eine Gefälligkeit)	Faz favor!	
Danke (sehr)!	(Muito) obrigado!	
Wie geht es Ihnen?	Como está?	
Sehr gut!	Muito bem!	
Sprechen Sie deutsch?	O senhor fala alemão?	
Ein wenig, nicht viel!	Um pouco, não muito!	
Ich verstehe nicht!	Não compreendo (nada)!	
Was heißt (das) auf portugiesisch?	Como se diz em português?	
Haben Sie ein Zimmer frei?	Tem um quarto livre?	Im Hotel
Wieviel kostet es?	Quanto custa?	
Frühstück	pequenho almoço o café da manhã	
Mittagessen	almoço	
Abendessen	o jantar	
Halbpension	meia pensão	
Vollpension	a pensão completa	
Alles inbegriffen	Tudo incluído	
Bitte zahlen!	Faz favor, a conta!	
Bitte machen Sie die Rechnung fertig!	Prepare-me a conta, se faz favor!	
→ Essen und Trinken		Mad. Speisekarte
Wo ist der nächste Taxistand?	Pode-me dizer, se faz favor, onde é a praça de táxis mais próxima?	Auf der Reise
Bitte zum Bahnhof!	Para a estação, por favor!	
Bitte zum Hotel.	Para o hotel, por favor.	
Bitte zum Flughafen!	Para o aeroporto!	
Nach ..., bitte.	Para ..., se faz favor.	
Touristeninformation	poste de turismo	
Tankstelle	posto de gasolina	
Supermarkt	supermercado	
Bitte halten Sie hier!	Pare aqui, por favor!	
Wieviel kostet es nach ...?	Quanto terei de pagar para ir até?	
Haben Sie etwas zu verzollen?	Tem alguma coisa a declarar?	
Reisepaß	o passaporte	
Personalausweis	o bilhete de identidade	
Rechts, links	Á direita, esquerda	
(Immer) geradeaus	(Sempre) a direito	
Oben, unten	Em cima, em baixo	
Wie weit?	Que distância?	
Wo ist die Toilette?	Quarto de banho, faz favor?	
Damen/Herren	senhoras/senhores	
Alto!	Halt!	Verkehrstafelaufschriften und Warnungen
Atenção!	Achtung!	
Cuidado!	Vorsicht!	
Perigo!	Gefahr!	
Devagar!	Langsam!	
Auto-estrada	Autobahn	
Curva perigosa	Gefährliche Kurve	
Dê passagem!	Vorfahrt achten!	
Proibido ultrapassar	Überholverbot	
Passagem proibida	Durchfahrt verboten	
Desvio	Umleitung	

Verkehrstafelaufschriften und Warnungen (Fortsetzung)	Devagar!		Langsam!	
	Direcção única; sentido único		Einbahnstraße	
	Estacionamento proibido		Parkverbot	
	Parque de estacionamento		Parkplatz	
	Polícia		Polizei	
Geographische Begriffe	Osten	Leste	Westen	Oeste
	Süden	Sul	Norden	Norte
	Berg	Monte	Tal	Vale
	Stadt	Cidade	Dorf	Aldeia
	Straße	Estrada	Weg	Caminho
	Allee	Avenida	Bairro	Stadtviertel
	Strand	praia	Meer	Mar
	Fluß	Rio	Felsen	Rocha
	Hafen	Porto	Leuchtturm	Farol
	Kirche	Igreja	Museum	Museu
	Kathedrale	Sé	Turm	Torre
	Markt	mercado	Haus	Casa
	Landhaus	Quinta	Hof	Pátio
	Aussichtspunkt	Mirador	Rundreise	Circulação
Monate	Januar	Janeiro	Juli	Julho
	Februar	Fevereiro	August	Agosto
	März	Março	September	Setembro
	April	Abril	Oktober	Outoubro
	Mai	Maio	November	Novembro
	Juni	Junho	Dezember	Dezembro
Wochentage	Montag	segunda-feira		
	Dienstag	terça-feira		
	Mittwoch	quarta-feira		
	Donnerstag	quinta-feira		
	Freitag	sexta-feira		
	Samstag	sábado		
	Sonntag	domingo		
Feiertage	Neujahr		Ano Novo	
	Karneval		o Carnaval	
	Fastnachtsdienstag		Terça-Feira de Carneval	
	Aschermittwoch		Quarta-Feira de Cinzas	
	Karfreitag		Sexta-Feira Santa	
	Himmelfahrt		Ascensão	
	Ostern		Páscoa	
	Pfingsten		Espírito Santo, Pentecostes	
	25. April (Tag der Freiheit)		Dia da Liberdade	
	1. Mai (Tag der Arbeit)		primeiro de Maio	
	Fronleichnam		Corpo de Deus	
	10. Juni (Portugiesischer Nationalfeiertag)		Feriad Nacional (10 de Junho)	
	7. September (Brasilianischer Nationalfeiertag)		Festa Nacional (7 de Setembro)	
	Allerheiligen (1. November)		Todos de Santos	
	Heiligabend		consoada	
	Weihnachten		o Natal	
	Silvester		a passagem do ano	
Auf der Post	Hauptpostamt		a estação central dos correios	
	Wo ist das nächste Postamt?		Onde é o correio mais próximo?	
	Wo ist der nächste Briefkasten?		a caixa de correio mais próxima?	
	Briefkastenleerung		a tiragem	
	Diesen Brief bitte per Luftpost!		Queria mandar esta carta por avião!	

Sprache: Auf der Post (Fortsetzung)

Was kostet dieser Brief?	Quanto é que se paga para uma carta?
Was kostet diese Postkarte?	Quanto é que se paga para uma postal?
Briefmarken	selo
Eilbrief	carta por expresso
Ich möchte bitte telefonieren!	Eu queria uma chamada para, se faz favor!
Hallo, mit wem spreche ich?	Está? Quem fala?
Kann ich bitte Herrn/Frau ... sprechen?	Posso falar com o senhor/a senhora ..., se faz favor?
Telefongespräch	chamada
Auslandsgespräch	chamada internacional
Vorwahlnummer	indicativo
Vermittlung	a central telefónica

Straßenverkehr

Straßenzustand

Die Straßen auf Madeira sind vielfach eng und kurvig. Gerade für ortsunkundige Autofahrer ist eine defensive und vorsichtige Fahrweise unbedingt angeraten. Das Straßennetz wird jedoch u. a. mit erheblichen Finanzmitteln der Europäischen Union z. Z. ausgebaut und verbessert.

Rechtsverkehr

Auf Madeira herrscht – wie im übrigen Portugal – Rechtsverkehr.

Straßensperrungen

Es ist jederzeit damit zu rechnen, daß Straßen auf Madeira durch Witterungseinflüsse (Erdrutsche, Felsabstürze usw.) unpassierbar und deshalb vorübergehend für den allgemeinen Vrkehr geschlossen werden. Da es in den meisten Fällen keine Ausweichstrecken gibt, bleibt einem nichts anderes übrig, als umzukehren. Auf eigene Gefahr weiterzufahren, kann u. U. lebensgefährlich sein.

Verkehrsvorschriften

Auf den Küstenstraßen rund um Madeira gilt vor allem die Vorschrift, daß jener Verkehrsteilnehmer zu warten bzw. zurückzufahren hat, dessen Distanz zum nächstgelegenen Ausweichraum geringer ist. Die Beschilderung folgt der europäisch üblichen.

Warndreiecke

Die kurvenreichen Straßen Madeiras erfordern das möglichst rasche Aufstellen von Warndreiecken, wenn das eigene Fahrzeug liegenbleibt.

Promillegrenze

Die Höchstgrenze für den Blutalkoholgehalt liegt bei 0,5 Promille. Es ist jedoch anzuraten, auf die Einnahme alkoholischer Getränke völlig zu verzichten, wenn man beabsichtigt, am Straßenverkehr teilzunehmen.

Gurt- und Helmpflicht

Die Pflicht, sich während der Fahrt anzuschnallen, ist zwar gesetzlich vorgeschrieben, in der Praxis hält sich jedoch nur eine Minderheit an diese Vorschrift. Daß das Anschnallen gerade auf so engen und kurvenreichen Straßen auch bei geringer Geschwindigkeit sinnvoll ist, sollte man nicht betonen müssen. Motorradfahrer müssen einen Schutzhelm tragen.

Höchstgeschwindigkeit

Innerhalb geschlossener Ortschaften gilt eine Höchstgeschwindigkeit von 50 km/h, außerhalb darf man nicht schneller als 90 km/h fahren.

Kraftstoff

Namentlich um die Hauptstadt Funchal gibt es ausreichend Tankstellen, schwieriger ist es bei Fahrten über die Insel. Es empfiehlt sich daher, bei größeren Ausflügen rechtzeitig vollzutanken.

Fahrzeugpapiere → Reisedokumente
Pannenhilfe → Autohilfe
Sicherheit → dort

Strom

→ Elektrizität

Tauchen · Schnorcheln

→ Sport

Taxi

→ Verkehrsmittel

Trinkgeld

Hotels

Auch auf Madeira ist es üblich, für gute Leistungen ein entsprechendes Trinkgeld (englisch: Tip) zu geben. Ein Betrag von 1000 Esc. (umgerechnet ca. 10 DM) pro Woche für das Zimmermädchen wird als ausreichend betrachtet.

Restaurants

Obwohl in Restaurants das Trinkgeld bereits im Preis enthalten ist, ist es üblich, den Rechnungsbetrag nach oben aufzurunden.

Gepäckträger

Gepäckträger am Flughafen sowie im Hotel erwarten ebenfalls ein kleines finanzielles Anerkenntnis für ihre Dienste.

Taxifahrer

Auch Taxifahrer sind es gewohnt, daß man den Fahrpreis nach oben aufrundet bzw. auf die Herausgabe des Wechselgeldes im üblichen Rahmen verzichtet.

Trinkwasser

Das Trinkwasser, das in Hotels und Restaurants auf Madeira gereicht wird, stammt zumeist vom portugiesischen Festland und erfreut sich einer hohen Qualität. Auch Reisende mit empfindlichem Magen können auf die Unbedenklichkeit vertrauen.

Umweltorientiertes Reisen

Die Natur auf Madeira bedarf der schützenden Hand des Menschen

Die großartige Naturlandschaft auf Madeira zu schützen, sollte für jeden Reisenden selbstverständlich sein. Mittlerweile gibt es sogar einige Hotels, deren Management bewußt zum Umweltschutz beiträgt und beispielsweise die Vermeidung von unnötigem Müll propagiert. Man bedenke, daß jeglicher Abfall auf der Insel entsorgt werden muß. Besonderen Schutz genießt der Laurazeenwald auf Madeira. Er erfüllt eine wichtige Funktion bei der Trinkwasserversorgung von Einheimischen und Touristen.

Umweltverträgliches Verhalten des Reisenden

Nachstehend sind einige Ratschläge aufgelistet, wie man durch vorbildliches Verhalten einen Beitrag zum Umweltschutz auf Madeira leisten kann:

1. Man erwerbe keine Souvenirs, die aus Pflanzen und Tieren bestehen, die vom Aussterben bedroht sind.

Umweltorientiertes Reisen (Fortsetzung)

2. Bei Wanderungen – insbesondere entlang der Levadas – halte man sich an die vorgegebenen Wege und weiche nicht von ihnen ab. Dies ist nicht nur ein Beitrag zum Schutz der Natur, sondern kann auch gefährliche Situationen in der teils rauhen Landschaft auf Madeira vermeiden.

3. Umweltbewußte Wanderer nehmen ihren Müll wie Batterien, Filmdosen und Plastiktüten wieder mit ins Hotel, wo eine entsprechende sachgerechte Müllentsorgung gewährleistet ist.

4. Man spare das unter hohem Energieeinsatz und aufwendig aufbereitete Trink- bzw. Brauchwasser und vermeide durch den übermäßigen Gebrauch von Waschmitteln chemisch belastete Abwässer. Eine Mehrfachnutzung von Handtüchern sollte für den verantwortungsbewußten Reisenden kein Problem darstellen.

5. Taucher, Schnorchler und Führer von Wasserfahrzeugen denken bei ihren Ausflügen an die besonders empfindliche Meeresfauna und -flora.

Veranstaltungskalender

Veranstaltungshinweise

Hinweise auf aktuelle Veranstaltungen enthält das regelmäßig erscheinende, deutschsprachige Anzeigenblatt "Madeira Aktuell", das man in allen Hotels sowie an den Zeitschriftenständen in Funchal erhält.

Feiertage

⟶ Feste und Feiertage

Februar/März

Wie in fast allen Ländern mit katholischer Glaubensprägung spielt auch auf Madeira der Karneval eine wichtige Rolle. Vier Tage lang feiern die Madeirenser dieses Fest, der Höhepunkt ist ein farbenprächtiger Umzug am Fastnachtssamstag mit anschließendem buntem Treiben auf dem Platz vor dem Rathaus von Funchal. Ein weiterer Umzug findet am Fastnachtsdienstag statt, hier stehen weniger die organisierten Gruppen als das Volk im Mittelpunkt. Der Karneval wird aber auch in allen anderen Orten der Insel mit großer Ausgelassenheit gefeiert.

April

Das farbenprächtige Blumenfest (Ende April) ist eines der wichtigsten Ereignisse im Veranstaltungskalender von Madeira. Es dauert zwar mehrere Tage, auf keinen Fall versäumen sollte man jedoch den Umzug durch Funchal, an dem zahlreiche Gruppen aus allen Teilen der Insel teilnehmen.

Mai

Zu den Musical Weekends of Madeira (Musikfestival), die im Mai und Juni v. a. in Funchal veranstaltet werden, kommen auch namhafte Interpreten und Orchester klassischer Musik aus aller Welt. Die Konzerte finden z. T. in den Kirchen von Funchal sowie im Theater statt.

Juli

An den Wochenenden von Juli bis September finden überall auf Madeira Wallfahrten statt, deren Anlaß zumeist die Verehrung des jeweiligen Dorfheiligen ist. Höhepunkt dieser Feierlichkeiten ist stets ein farbenprächtiger Umzug am Sonntag, über die ganze Dauer des Festes gibt es auf den Straßen Stände mit madeirensischen Spezialitäten. Wo gerade ein solches Fest bevorsteht, erfährt man bei der Touristenauskunft in Funchal.

August

Am ersten Augustwochenende findet seit 1959 die traditionelle "Madeira Wine Rally" statt, dessen Ergebnis zur Europacup-Wertung zählt. Die Rennstrecke verläuft über die ganze Insel.

September

Anläßlich des Beginns der Weinlese findet Mitte September das "Madeira Wine Festival" statt, am eindrucksvollsten wird dieses Fest in Estreito Câmara de Lobos gefeiert. In Funchal gibt es außerdem Veranstaltungen mit madeirensischer Folklore und Weinproben.

Veranstaltungs-kalender (Fortsetzung), Dezember	Weihnachten und Neujahr: Farbenprächtige Illuminierung der Stadt Funchal ab 8. Dezember. Ein erster Höhepunkt der Feierlichkeiten ist die Mitternachtsmesse in der Kathedrale von Funchal; Besucher aus aller Welt kommen zum berühmten Großfeuerwerk in der Silvesternacht.

Verkehrsmittel

Allgemeines

Der öffentliche Nahverkehr auf Madeira ist so gut ausgebaut, daß man alle Ziele auf der Insel rasch und bequem erreichen kann.

Omnibusse

Autobus heißt auf Portugiesisch Autocarros, die Haltestellen sind mit dem Wort Paragem gekennzeichnet.

Auskunft

Auskünfte über den Omnibusverkehr in Funchal erhält man im Einkaufszentrum 'Bom Jesus' (Rua 31 de Janeiro).

Omnibuslinien

Linie 1	Funchal – Ponte dos Frades – Funchal (über Vila de Cámara de Lobos)
Linie 2	Funchal – Assomada (Caniço – Funchal
Linie 3	Funchal – Castelejo – Funchal (über Estreito de Cámara de Lobos)
Linie 4	Funchal – Madalena do Mar – Funchal (über Estreito de Cámara de Lobos, Ribeira Brava und Ponta do Sol)
Linie 6	Funchal – Boaventura (über Estreito de Cámara de Lobos, Ribeira Brava, Serra D'Água, Encumeada, Sáo Vicente und Ponta Delgada)
Linie 7	Funchal – Ribeira Brava – Funchal
Linie 20	Funchal – Santo da Serra (über Flughafen Santa Catarina und Machico)
Linie 27	Funchal – Caldeira – Funchal (über Vila de Cámara de Lobos)
Linie 29	Funchal – Camacha – Funchal
Linie 53	Funchal – Fajal – Funchal (über Flughafen Santa Catarina und Ribeiro de Machico)
Linie 56	Funchal – Porto da Cruz – Funchal (über Monte, Poiso und Santo Roque Faial)
Linie 60	Boqueirão Santa Cruz – Funchal (über Gaula)
Linie 77	Funchal – Santo da Serra – Funchal
Linie 78	Funchal – Faial – Funchal (über Flughafen Santa Catarina und Machico)
Linie 80	Porto Moniz – Funchal (über São Vicente, Encumeada, Ribeira Brava und Estreito de Cámara de Lobos) Zur Fahrt von Funchal nach Porto Moniz benutze man den Bus Nr. 139!

Omnibuslinien (Fortsetzung)

Linie 81	Funchal – Curral das Freiras – Funchal
Linie 96	Funchal – Corticeiras/Jardim da Serra – Funchal (über Estreito de Cámara de Lobos)
Linie 103	Funchal – Boaventura-Funchal (über Monte, Poiso, Cruzinhas, Faial, Santana, São Jorge, Arco de Jorge)
Linie 107	Funchal – Ponta do Pargo – Funchal (über Estreito de Cámara de Lobos, Ribeira Brava, Canhas, Estrela Calheta, Prazeres, Ponta do Pargo und Santa)
Linie 113	Funchal – Caniçal – Funchal (über Flughafen Santa Catarina)
Linie 132	Santana – São Vicente – Santana (über São Jorge, Arco São Jorge, Fajá do Penedo, Boaventura und Ponta Delgada)
Linie 136	Funchal – Vargem – Funchal (über Garajau)
Linie 138	Funchal – Cabanas – Funchal (über Monte, Poiso, Cruzinhas, Faial, Santana und São Jorge)
Linie 139	Funchal – Porto Moniz – Funchal (über Estreito de Cámara de Lobos, Ribeira Brava, Encumeada und São Vicente) Zur Rückfahrt nach Funchal benutze man den Bus Nr. 80!
Linie 142	Funchal – Ponta do Pargo (über Estreito de Cámara de Lobos, Ribeira Brava, Canhas, Estrela da Calheta und Prazeres)
Linie 148	Funchal – Boa Morte – Funchal (über Estreito de Cámara de Lobos)
Linie 155	Funchal – Ponta da Oliveira – Funchal
Linie 156	Funchal – Maroços – Funchal (über Machico)

Taxis

Taxis auf Madeira sind an der gelben Wagenfarbe mit einem blauen Streifen zu erkennen; zur Verfügung stehen fast ausschließlich sehr gepflegte Fahrzeuge der Marken Mercedes-Benz und Volvo. Die Taxifahrer auf Madeira haben sich zu einer Kooperative zusammengeschlossen, was den Vorteil einheitlicher Fahrpreise mit sich bringt.

Taxiruf

Unter den zentralen Telefonnummern 2220911, 222000 und 222500 können Taxis zu jedem Ort innerhalb des Stadtgebietes von Funchal bestellt werden, auf Wunsch übernimmt dies auch die Hotelrezeption bzw. das Restaurantpersonal. Da alle Taxis mit Sprechfunkgeräten bzw. Mobiltelefonen ausgestattet sind, dauert es im allgemeinen nie lange, bis man abgeholt wird.

Taxistandplätze

Taxistandplätze befinden sich im Zentrum von Funchal u. a. an der Rua D. Carlos, an der Avenida do Mar, an Rua de Sante sowie in der Hotelzone. Außerhalb der Hauptstadt von Madeira findet man in jeder größeren Ortschaft Taxistandplätze jeweils unweit der Omnibushalteplätze bzw. in der Ortsmitte.

Verkehrsmittel, Taxis (Fortsetzung), Fahrpreis

Bei Fahrten innerhalb des Stadtgebietes von Funchal gilt ein Grundpreis von z. Z. 300 ESC für die ersten 120 Meter, pro weitere 60 Meter werden derzeit 20 ESC berechnet. Es ist mittlerweile üblich geworden, den Fahrpreis auf die nächsthöhere gerade Summe aufzurunden.

Überlandfahrten

In jedem Taxi muß eine Liste bereitgehalten werden, auf der die Preise für Überlandfahrten genannt werden; auch diese sind vereinheitlicht. Handeln ist allenfalls dann möglich, wenn man beabsichtigt, ein Taxi für mehrere Ausflüge an verschiedenen Tagen zu mieten. Für eine ganztägige Fahrt ist z. Z. mit einem Betrag von 15000 ESC zu rechnen. Die Kooperative der Taxifahrer ist Herausgeber eines Faltblatts, in dem Angebot und Preise für verschiedene Halb- oder Ganztagestouren auf Madeira genannt werden. Rechtzeitige Reservierung eines Taxis ist v. a. dann erforderlich, wenn man einen Deutsch sprechenden Fahrer engagieren möchte.

Reklamationen

Bei Reklamationen wende man sich unter Angabe der entsprechenden Taxizulassungsnummer oder des Kraftfahrzeugkennzeichens an die Zentrale der Taxikooperative (Tel. 220492).

Wandern

Madeira ist ein Refugium für Wanderer

Wer Madeira besucht und nicht wenigstens einmal eine Wanderung entlang der Levadas unternommen hat, sollte nicht für sich in Anspruch genommen haben, die Atlantikinsel wirklich gesehen zu haben. Selbst weitgereiste Wanderer geraten ins Schwärmen über die Einzigartigkeit und Ursprünglichkeit der Landschaft, die man bereits bei einfachen und problemlos zu bewältigenden Spaziergängen erleben kann.

Empfohlene Wanderungen

Eine Auswahl empfohlener Spaziergänge und Wanderungen wird im Hauptteil dieses Reiseführers unter den entsprechenden Reisezielen genannt. Von hohem Nutzen sind die beiden Wanderführer, die unter dem Stichwort ⟶ Literaturempfehlungen in den "Praktischen Informationen von A bis Z" genannt sind. Sie enthalten eine Vielzahl von Routenvorschlägen, die in ihren Ansprüchen jeder Kondition gerecht werden.

Ausrüstung

Während bei Spaziergängen entlang der zahlreichen ausgeschilderten Wege normales festes Schuhwerk mit griffiger Sohle genügt, sollte man bei ausgedehnten Levadawanderungen so nützliche Dinge wie z. B. Regenschirm, Regenpelerine, wetterfeste Jacke und evtl. einen Wanderstock denken. Man bedenke, daß das Klima auf Madeira die Gefahr plötzlicher Wetterstürze mit sich bringt, mangelhafte Ausrüstung kann dabei lebensgefährliche Folgen haben! Während einiger Levadawanderungen passiert man kürzere oder längere Tunnel, weshalb die Mitnahme einer Taschenlampe unbedingt anzuraten ist.

Wetterbericht

Der aktuelle Wetterbericht kann per Telefon (Tel. 150) abgefragt werden, allerdings nur in portugiesischer Sprache.
Man kann sich jedoch in aller Regel auch auf ein allgemeingültiges Prinzip verlassen, das auf der Beobachtung der südöstlich der Hauptinsel gelegenen Desertas verlassen. Wenn man diese klar erkennen kann, sind die südöstlichen, nordöstlichen und östlichen Teile von Madeira klar, die westlichen hingegen bewölkt. Zeigen sich die Desertas mit Wolken verhangen, und kommt der Wind aus Nordosten, sind die westlichen, südwestlichen und nordwestlichen Inselteile von Madeira klar, während die östlichen Teile bewölkt sein können. Sind die Desertas schließlich kaum zu erkennen und der Wind bläst aus nordöstlicher Richtung, ist es höchstwahrschein-

lich nur im Süden Madeiras bewölkt. Dies ist die beste Zeit für Wanderungen im Gebirge.
Die Desertas sind übrigens auch ein guter Indikator für die generelle Wettervorhersage: Glaubt man sie ganz nah zu sehen und erkennt man am Horizont eine weiße, dunstige Linie, wird es aller Wahrscheinlichkeit nach bereits in Kürze regnen.

Wetterbericht (Fortsetzung)

Bevor man zu Wanderungen ins Gebirge und entlang der Levadas aufbricht, sollte man sich bei Einheimischen unbedingt nach dem zu erwartenden Wetter erkundigen und evtl. Warnungen beherzigen. Plötzliche Wetterumschwünge können eine solche Wanderung zu einem lebensgefährlichen Unternehmen werden lassen!

Wichtiger Hinweis

Zeit

Auf Madeira wie auch auf dem portugiesischen Festland gilt die Westeuropäische Zeit (WEZ=MEZ -1 Stunde). Da von Ende März bis Ende September die Sommerzeit eingeführt wurde, muß man als mitteleuropäischer Besucher das ganze Jahr über bei der Ankunft seine Uhr um eine Stunde zurückstellen.

Madeira und port. Festland

Zeitungen und Zeitschriften

Deutschsprachige Tageszeitungen ("Süddeutsche Zeitung", "Die Welt", "Frankfurter Allgemeine Zeitung") sowie Wochenmagazine ("Der Spiegel", "Stern") erhält man an einigen Zeitschriftenständen in Funchal sowie in mehreren Hotels. Tageszeitungen kommen allerdings in aller Regel mit eintägiger Verspätung auf die Insel.

Deutschsprachige Lektüre

Zollbestimmungen

Mit der Verwirklichung des Binnenmarktes sind im Reiseverkehr zwischen den Mitgliedsstaaten der Europäischen Union und damit auch zwischen der zu Portugal zählenden Insel Madeira und Deutschland bzw. Österreich die mengen- und wertmäßigen Beschränkungen für Waren, die weder zum Handel noch zur gewerblichen Verwendung bestimmt sind, entfallen. Damit sind allerdings nicht jene Waren gemeint, die zollfrei (Tax free) erworben wurden, wie z. B. in Duty-Free-Shops oder an Bord eines Flugzeugs.
Für Waren, die folgende Freimengen überschreiten, sind nach wie vor Zoll sowie Einfuhrumsatzsteuer (= Mehrwertsteuer) zu bezahlen: Eingeführt werden dürfen von Personen über 15 Jahren 500 g Kaffee, 100 g Tee und 50 g Parfüm oder 0,25 l Toilettenwasser. Abgabenfrei sind zudem pro Person ab 17 Jahren 200 Zigaretten oder 100 Zigarillos oder 50 Zigarren oder 250 g Rauchtabak, 1 l Spirituosen über 22 Vol.-% oder 2 l Spirituosen mit bis zu 22 Vol.-% oder 2 l Schaum- oder Likörwein, außerdem 2 l Wein.

Einreise nach Madeira bzw. Wiedereinreise nach Deutschland und Österreich

Abgabenfrei sind Reiseproviant sowie (gebrauchtes persönliches) Reisegut; außerdem für Personen über 17 Jahre an Tabakwaren 200 Zigaretten oder 50 Zigarren oder 250g Rauchtabak, an alkoholischen Getränken 1 l Spirituosen mit mehr als 22 Vol.-% Alkoholgehalt sowie 2 l Wein mit bis zu 15 Vol.-% Alkoholgehalt und 1 l mit bis zu 22 Vol.-% Alkoholgehalt. Souvenirs dürfen in die Schweiz bis zu einem Wert von bis zu 100 sfr zollfrei eingeführt werden.

Wiedereinreise in die Schweiz

Register

Verzeichnis der Karten, Pläne und graphischen Darstellungen

Bildnachweis

Baedeker-Archiv: S. 32/33, 39 (unten),
Dahle: S. 111, 112, 114, 120, 121, 123,
Gstaltmayr: S. 3, 5, 6/7 (links, unten, Mitte, rechts, rechts oben), 8/9, 11, 14/15 (9x), 17, 18, 19 (3x), 21, 22, 23, 24, 25, 27, 29, 30, 36, 41, 43, 45, 48, 49, 54, 56/57, 60, 62, 64, 67, 69, 70, 71, 73, 75, 76, 77, 80, 82, 83, 84, 85, 87, 88, 89, 90, 91, 94, 95, 97, 98, 100, 102, 104, 105, 106, 107, 109, 110, 116, 118, 124, 126, 129, 130, 131, 134/135, 138, 143, 146, 147, 150, 152, 153, 162, 165, 174
Museu de Arte Sacra (Funchal): S. 42, 92
Reid's Hotel: S. 28, 37 (oben), 40, 52
Ullstein Bilderdienst: S. 37 (unten), 38, 39 (oben)
ZEFA: S. 1, Titelbild

Impressum

Ausstattung:
108 Abbildungen (Bildnachweis s. zuvor)
2 Stadtpläne, 1 Inselkarte, 6 Übersichtskarten, 1 graphische Darstellung
(Kartenverzeichnis s. zuvor)
1 große Reisekarte

Textbeiträge: Monika I. Baumgarten, Dr. Peter H. Baumgarten, Heiner F. Gstaltmayr

Bearbeitung: die textwerkstatt (Heiner F. Gstaltmayr), Pfullingen

Kartographie: Franz Huber, München; Franz Kaiser, Sindelfingen; Mairs Geographischer Verlag GmbH & Co., Ostfildern (große Reisekarte)

Gesamtleitung: Rainer Eisenschmid, Baedeker Stuttgart

1. Auflage 1997

Urheberschaft:
Karl Baedeker GmbH, Ostfildern
Nutzungsrecht:
Mairs Geographischer Verlag GmbH & Co., Ostfildern

Druck: Mairs Graphische Betriebe GmbH & Co. KG., Ostfildern
Printed in Germany
ISBN 3-89525-435-5

Gedruckt auf 100% chlorfreiem Papier